IF HUAWEI CAN, SO CAN YOU
IPD PRODUCT MANAGEMENT PRACTICE

华为能，你也能
IPD重构产品研发

第2版
刘劲松 著

北京大学出版社
PEKING UNIVERSITY PRESS

内 容 提 要

本书从IPD重构产品研发出发,针对企业在研发、产品、技术、变革等业务创新和管理创新中遇到的典型问题,系统阐述要解决这些问题必须遵循的核心思想,以及需要引入的方法论、工具、流程、组织和绩效激励方式等。

本书更加强调系统工程作为核心方法论在IPD体系上的运用,特别适合企业高管、产品经理、研发人员、项目管理人员、业务单元管理人员、流程管理人员及企业和科研中的高层管理者阅读,也可供对IPD体系感兴趣的高等院校师生和普通读者作为参考。

图书在版编目(CIP)数据

华为能,你也能.IPD重构产品研发 / 刘劲松著. — 2版. — 北京:北京大学出版社,2024.3

ISBN 978-7-301-34841-3

Ⅰ.①华… Ⅱ.①刘… Ⅲ.①企业管理–产品开发 Ⅳ.①F273.2

中国国家版本馆CIP数据核字(2024)第012398号

书　　　名	华为能,你也能:IPD重构产品研发(第2版)
	HUAWEI NENG, NI YE NENG: IPD CHONGGOU CHANPIN YANFA(DI-ER BAN)
著作责任者	刘劲松　著
责任编辑	刘　云
标准书号	ISBN 978-7-301-34841-3
出版发行	北京大学出版社
地　　　址	北京市海淀区成府路205号　100871
网　　　址	http://www.pup.cn　新浪微博:@北京大学出版社
电子邮箱	编辑部 pup7@pup.cn　总编室 zpup@pup.cn
电　　　话	邮购部 010-62752015　发行部 010-62750672　编辑部 010-62570390
印　刷　者	河北滦县鑫华书刊印刷厂
经　销　者	新华书店
	720毫米×1020毫米　16开本　19.75印张　342千字
	2024年3月第1版　2025年3月第3次印刷
印　　　数	7001-10000册
定　　　价	79.00元

未经许可,不得以任何方式复制或抄袭本书之部分或全部内容。
版权所有,侵权必究
举报电话:010-62752024　电子邮箱:fd@pup.cn
图书如有印装质量问题,请与出版部联系,电话:010-62756370

前言

书名常会误导读者。"华为能，你也能"这样的书名会让人认为这又是一本讲华为或华为IPD的书，所以先说明这本书不是什么，这样才能让大家更好地理解它是什么。

（1）本书的重点不是讲华为IPD，而是讲IPD本身，华为仅是IPD的一个应用案例。

（2）这不是一本讲华为整体发展历史的书。

（3）这不是一本讲华为文化、组织和人力资源管理的书，这方面的书已有很多。

那么，本书是什么？一言以蔽之，本书针对企业在创新和变革管理中遇到的典型问题，以华为作为案例之一，说明要解决这些问题需要遵循的核心思想，以及可以采纳的方法论和工具。如果企业各部门之间能够达成共识，形成管理制度和流程，并坚持不懈地贯彻和应用它们，就可以显著提高企业的创新和变革管理水平，促进企业从制造走向创造，有助于战略目标的达成。

本书以IPD为主线，探讨如何构建企业创新和变革管理体系，告诉读者这些核心思想是什么，方法论是什么，管理体系架构是什么，以及如何开展相关的管理变革。

本书第1版自2015年出版以来，得到不少企业家、公司高管、专家学者和一线管理者的反馈。其中很多反馈让我始料不及和备受鼓舞。

"这本书在类似IPD书籍中，体系性最强，也易读。"

👉"华为太厉害，这么长时间坚持一个IPD体系不动摇，我们公司老板要是能这样就好了。"

👉"很亲切，书中所说的研发管理问题，和我们公司简直一模一样。"

👉"我们公司老板买了几百本送给员工阅读。"

👉"这本书是人生智慧的总结。"

……

他们在给出正面反馈的同时，也提出了不少建设性意见。例如，不容易操作，看不太懂；书很好，就是有些"啰唆"，希望篇幅减少一些。大家问得最多的问题是：最近几年IPD有什么最新发展，什么时候出第2版？

除了读者和客户的鞭策，促成第2版的，还有我们咨询团队在实践中帮助企业实施IPD的感悟，把这些感悟进行分享是我的乐趣之一。

经过长时间研究国内外企业创新与研发管理实践，结合IBM的IPD和PRTM公司（已被普华永道收购）的PACE（Product and Cycle-time Excellence，产品及生命周期优化法），我们更加确信，无论华为、苹果、IBM、方太、老板、美的，还是其他成功运用IPD的企业，都遵循了一些共同的规律或底层逻辑，就是本书归纳、总结、提炼的IPD七大核心思想和七大组成部分。

第2版进一步强调了IPD的生命力在于这些核心思想和方法论，这也是本书和其他IPD书籍的最大不同。IPD如何适配各行各业的特点，是在实践中不断完善的。我们把IPD提升和抽象为企业经营的一种模式，并探讨IPD本身。我们认为，只有通过抽丝剥茧，找到背后的原理，才能真正指导实践。

华为把IPD应用于了不同的业务类别（比如电信设备、智能手机和云服务），以及每个业务类别的不同层次（比如智能手机的操作系统软件、应用软件、芯片和整机）。有一本描写华为的书写道："世界上只有一个华为，华为你学不会。"我们认为这句话只说对了一半，无论是华为还是其他标杆企业，都无法完全复制，因为企业的领导人不同、经营环境不同、面临的问题及问题背后的原因各不相同。但同时必须注意到，成功企业背后的原理和方法都有规律可循，可以学习，华为本身也是这样做的，否则管理学本身和管理咨询行业就没有存在的基础。

对于IPD体系的导入，持之以恒非常重要。但是在过去几年中，呈现出两极分化的特点：从中受益的公司能更加深刻理解IPD的价值，不断加大投入；也有更多的公司浅尝辄止，认为IPD不适合，或者经过一年半载导入后，认为已经掌握了，兴趣点又转移到其他管理方法。我们并不认为IPD是唯一可行的管理模式，但我们坚信，无论选择了哪一种管理模式，都必须坚持，并在坚持的基础上，持续优化发展。

在变革的规划、导入和优化的方法论上，过去几年的实践更加表明，用IPD方法论来实施IPD不仅完全可行，还会使企业员工在这个过程中再次深刻掌握IPD的精髓，真正做到学以致用。

同时，我们在过去近20年的咨询实践中，进行了更多行业的适配，积累了大量的经验，并在这个过程中对IPD的方法论原理进行深入研究，把系统工程、门径管理、PACE、并行工程、CMMI、卓越绩效、TS16949等的精髓纳入IPD体系。

IPD的核心思想之一是"与时俱进、灵活发展"，在过去十来年中得到了极大体现。包括华为在内的很多公司都在不断丰富和完善IPD体系，在IPD中纳入系统工程、并行工程、JTBD（Jobs To Be Done，待办任务）、敏捷开发、MVP（最小可行产品）、精益开发等元素，并针对不同场景进行IPD适配，在本书中也会把这些发展纳入。

IPD从狭义的产品开发过程，演变为指导企业经营的方法论，改变的不仅是研发，而且是整个企业的经营，包括企业的管理变革。

华为在创新和研发管理上，不断苦苦追寻IPD背后的逻辑并成功运用，不断发展IPD体系，终于青出于蓝（IBM）而胜于蓝。正如本书第一版所预测的那样，2018年华为销售收入第一次超越IBM，并将进一步与IBM拉开差距。虽然从2020年之后在"中美脱钩"背景下，差距有所缩小，但我们有理由相信，在IPD体系的支撑下，华为会排除万难，在智能手机等领域再次和苹果、三星等一争高下。

为方便读者阅读，本书设计了"管理术语"、"华为实践"和"案例"等栏目。

▶管理术语：解释本书涉及的若干重要管理概念，深入理解这些概念是阅读本书和进行实践的基础。

🔖**华为实践**：是为了让读者区分华为的IPD实践与IPD本身，针对华为在IPD思想和方法论指导下的实践设计的一个栏目。

🔖**案例**：通过分析其他公司成功或失败的案例，让读者进一步理解IPD思想、方法和工具。

注：本书所涉及的资源已上传至百度网盘，供读者下载。请读者关注封底"博雅读书社"微信公众号，找到"资源下载"栏目，输入本书77页的资源下载码，根据提示获取。

目录
Contents

第1章
如何学习标杆企业

引言：IBM、苹果与华为 - 002

学习标杆的误区和出路 - 003

华为值得学习吗 - 005

向华为学习什么 - 006

本章要点 - 013

第2章
创新与变革为什么会失败

引言：IPD背后的问题、思想和方法论 - 015

创新和变革中的七大典型问题 - 015

IPD的七大核心思想 - 021

IPD的七大组成部分 - 026

七七四十九：思想和方法论的融合 - 030

本章要点 - 031

第3章
用MM方法论确保做正确的事

引言：战略与规划工作不能外包 - 033

案例：华为的战略误判 - 034

企业在规划中的典型问题 - 035

MM方法论的核心逻辑与应用 - 038

本章要点 - 053

第 4 章
用IPD方法论管理创新过程

引言：大规模创新需要一致的方法和语言 - 055

案例：打造世界级产品的苹果公司ANPP流程 - 055

企业在产品和技术研发过程中存在的典型问题 - 057

IPD产品开发流程的结构化 - 062

基于APQC的IPD产品开发流程的分层 - 079

用IPD方法论构建统一的创新语言 - 082

IPD与敏捷开发、MVP的融合 - 087

本章要点 - 090

第 5 章
以客户需求为中心

引言 - 093

案例：满足客户需求也有错吗 - 093

企业在需求管理中的主要问题 - 094

建立规范的需求描述方法 - 100

把需求作为重要的管理对象 - 108

本章要点 - 123

第 6 章
用一致的方法管理创新型项目

引言：项目管理是创新和研发的"临门一脚" - 125

企业在研发项目管理中的典型问题 - 126

创新型项目管理是一个管理体系 - 130

知识域：一个都不能少 - 140

把价值观与文化融入项目管理 - 147

将敏捷项目管理思想融入RDPM - 150

本章要点 - 153

第 7 章
构建双元驱动型组织

引言：组织规模大了如何保持灵活性 – 155

案例：从"微软已死"到重回巅峰 – 155

阻碍创新的典型组织问题 – 156

组织设计要为战略与业务服务 – 161

双元驱动：打造跨部门团队，建设资源池 – 172

本章要点 – 185

第 8 章
绩效与激励：达成组织和个人目标

引言 – 187

案例：绩效主义毁了索尼 – 187

企业在绩效管理和激励中的主要问题 – 189

统一概念和理念是关键 – 195

在一个流程中实现绩效管理和激励 – 204

管理个人绩效 – 207

本章要点 – 221

第 9 章
用 IPD 方法论打造变革管理体系

引言 – 223

案例："南橘北枳"的 IPD – 223

IPD 实施过程中的主要问题 – 225

成功导入 IPD 体系的关键 – 229

基于 IPD 方法论的变革项目开展流程 – 236

如何衡量 IPD 体系带来的成果 – 243

不同规模的企业如何实施 IPD – 246

不同行业企业如何实施 IPD – 248

本章要点 – 253

第10章
IPD核心思想和体系的结合

引言 – 255

以客户需求为中心 – 256

创新是投资行为 – 258

平台化开发 – 261

结构化流程 – 263

跨领域协作 – 266

业务与能力并重 – 268

灵活发展，与时俱进 – 271

本章要点 – 273

第11章
华为IPD体系的持续发展

引言 – 275

华为整体业务流程体系建设的3个阶段 – 276

华为IPD：24年磨一剑 – 277

华为IPD的发展过程总结 – 279

华为IPD的核心思想和理念 – 281

华为IPD的"3大流程" – 283

华为的IPD管理体系 – 286

华为IPD进入全面集成时代 – 293

终曲：华为最新IPD架构解读 – 295

本章要点 – 300

术语表

参考文献

第1章

如何学习标杆企业

引言
IBM、苹果与华为

2014年,我用iPhone打电话,用iPad看电子书,用苹果电脑写本书的第一版。当时,我大胆预测华为将超过苹果和IBM。之所以说"大胆预测",是因为当时华为的年收入只有IBM的三分之一,华为的终端产品和苹果并不构成真正竞争。九年后,2023年,我用华为手机打电话,用华为MatePad看电子书,用华为电脑写本书,还戴着华为智能手表跑步。2019年,华为营业收入与IBM持平,2020年远超IBM。如果不是美国在2019年开始对华为进行制裁,华为在营业收入上接近甚至超过苹果并非不可能。

这些变化是如何产生的?背后的原因之一,就是华为持之以恒地向标杆学习如何管理企业,用任正非的话说,就是虚心向西方公司学习管理,包括学习的方法。

2013年11月25日,华为总裁任正非在法国巴黎接受媒体联合采访,讲述华为创业和发展的历程,有段对话令人印象深刻。

《世界报》经济评论员菲利普·埃斯坎德(Philippe Escande)说:"很多和您同一代的创业家以美国的韦尔奇为管理典范,您是否受到他的影响?"

任正非说:"我没有受到他的任何影响,因为我不了解韦尔奇。我们学的方法是IBM的。IBM教会了我们怎么爬树,我们爬到树上就摘到了苹果。我们的老师主要是IBM。"

这段简单的对话,谈到通用电气和IBM,也让人联想到苹果公司。虽然这段话中的"苹果"并没有特指史蒂夫·乔布斯(Steve Jobs)创立的美国苹果公司,但在今天的时代背景下,我们还是不由自主地把它们联系起来,因为华为在消费电子领域,已经成为苹果的全球竞争对手。

美国著名企业管理大师、领导力专家沃伦·本尼斯(Warren Bennis)曾说:"真正深刻和原创性的洞见只能在研究榜样的过程中发现。"乔布斯在《连线》杂志(WIRED)的一次采访中说:"创造力就是连接……连接生命中的各种体验,然后把它们组合成一种新的东西。"

华为过去20多年的实践,为我们指明了一条如何学习的有效路径。这条路就是,在一定方法论的指导下,持之以恒地模仿、跟随、固化、优化一套经过验证的管理体系,再结合企业特点不断向深度发展,然后超越。

学习标杆的误区和出路

法国ESSEC商学院战略和管理教授杰罗姆·巴塞勒米（Jérôme Barthélemy）在他刊登在《MIT斯隆管理评论》上的 *Why Best Practices Often Fall Short*（《所有最佳实践都是短命的》）一文中指出，最佳实践常常是在特定场景下的做法，其和经营结果有相关关系，但不一定有因果关系。但是最佳实践的诱惑力又是如此巨大，导致企业领导者对最佳实践抱有很多不切实际的期待和幻想。哈佛商学院教授克莱顿·克里斯坦森在《颠覆性创新》一书中也表达了同样的观点：企业要关注和选择适合的优秀理论来指导实践，而不是简单模仿某个企业在某个阶段的做法。

我们发现，大部分企业在学习标杆时走了弯路，主要体现在以下四个方面。

第一，选错了对标企业。很多企业热衷于选择近期知名度最高、发展最快的企业进行对标。在国内，鞍钢、海尔、联想、华为、谷歌、阿里巴巴等都成为过对标的热门对象。这些企业往往处在当时的一个快速增长的行业，也就是行业风口期。发展速度快的一部分原因是行业本身在快速发展，以及企业家精神的推动，这和管理并不一定有很强的因果关系。

第二，机械地套用标杆公司的模板、表单等"物理层"内容，对背后的原理不深究、不理解。在相关人员没有达成共识的情况下，就开始实施新体系。究其原因，一是低估了引入一套新体系的难度，二是不认可模板、表单背后的原理、方法论和共识的价值。

第三，没有始终坚持学习一套体系，未能在一个体系下不断深化。很多企业的问题就出在引入了太多的管理体系。对于不同的管理体系，虽然看上去"差不多"，但背后有不同的逻辑。业务的开展与背后的管理体系，其实是相对独立的。业务本身就已经很复杂，如果背后还导入基于不同逻辑的管理体系，就会导致员工无所适从。

第四，对管理是如何推动业务开展的机理认识不深入，过早宣告变革成功。相对于业务，管理体系是否适配，以及适配的程度如何，衡量起来相对较难和主观，不如对业务的衡量那么客观和易见，比如市场占有率和产品竞争力。尤其是在行业本身高速发展的过程中进行管理变革，会把管理改善和业绩增长之间在时间上的相关性，简单当成因果关系。这样做的结果，一是会高估管理的作用，二是会误解管理变革的难度，并过早宣告变革成功。有一句话，在风口上猪都可以飞。

但是当行业发展速度降下来时，管理不善的企业就很难经得住考验。

综合以上几点，企业之所以在学习标杆时会走弯路，本质上是因为没有掌握一套如何学习和导入标杆企业管理体系的方法。应当如何学习？我们认为有四点非常重要。

第一，要从内心认可管理的价值。在业务和管理方面哪个更加重要，很多企业家和管理者都举棋不定，业务快速发展时趁机快速发展业务不重视管理，业务出问题时把精力放在具体业务上更加不重视管理。还有些技术出身的管理者，往往认为技术比管理更加重要。但在这点上，任正非多次明确指出："管理第一，技术第二。"只有从内心认可管理的价值，才能将管理落实到企业中。

第二，要重视和学习具体的管理措施背后的原理。标杆企业具体做法的背后，有普适的管理思想和方法论，因此在学习标杆的同时要进行提炼，要知其然更要知其所以然。一开始就找对标杆很重要，但不如重视标杆背后的原理重要。一旦我们找到标杆企业背后的原理，就应把原理和标杆企业的具体做法分离开来，即便标杆企业风光不再，因为我们已经掌握了标杆企业背后的原理，就可以根据具体情况继续对管理体系进行优化。

第三，要持之以恒。在管理成为一门独立的学科后，各种各样的管理方法层出不穷，但细究之下不难发现，背后有很多核心思想是一致的。如果我们总是不断切换管理方法，就会浪费大量时间在熟悉新的管理规定上，让员工无所适从。例如，在新产品开发上，有精益研发、门径开发、PACE、IPD、敏捷开发等，哪一种方法更适合本企业？我们的观点是抓住一种方法作为主线，可以融入其他管理方法。本书以IPD为主线，但是并不排斥其他方法。

第四，要在企业内部达成共识，培养全员贯彻执行新体系的意愿。新体系不能在企业生根的一个重要原因是太多的人不理解新体系背后的原理，人们很难支持不理解的管理体系。因此，在新体系形成过程中，要让与体系相关的人员充分参与到体系设计中来，以达成共识和意愿。

管理术语：IPD

IPD是一整套确保企业以客户需求为中心，把创新和研发作为投资行为的思想、方法论、流程、工具和管理体系。IPD可用于构建战略与规划管理体系、产品和技术创新管理体系、业务变革管理体系等。IPD体系总体上包括流程、组织和绩效三大部分。IPD的组织和绩效部分，也叫IPD管理体系。

华为值得学习吗

随着技术和管理的变革，西方曾经的明星企业摩托罗拉、柯达、朗讯等纷纷陨落，微软、苹果、谷歌、亚马逊、奈飞等不断发展和崛起，成为其他企业的标杆，也是我们国家很多企业学习的对象。但随着中国公司的崛起，尤其近几年国内互联网公司的崛起，很多企业的学习对象也从国外转向国内，于是向阿里巴巴、腾讯、字节跳动、美团等学习成为新时尚。其中，华为在近二十年来，都是中国企业学习的榜样。尤其是华为在智能终端领域的崛起，让华为成为中国企业学习的超级样板，探讨华为的成功秘诀也成为管理学界的时尚，华为创始人任正非的一举一动也成为媒体追逐的热点。

但是在2012—2014年，国内互联网行业蓬勃发展，势头远远超过华为，华为作为当时的学习标杆备受质疑，专家和媒体都扎堆寻找华为公司和任正非的"破绽"，很多人认为华为陷入了"创新者的窘境"。

🖈 当任正非说要追求利润的时候，他们说这和互联网精神不合。互联网精神要的是"烧钱买流量"，小米、京东、BAT一开始都不追求利润，最终才有利润。

🖈 当任正非说要科学管理、规范化管理，向"蓝血十杰"和西方管理持续学习的时候，他们说任正非老了，跟不上时代的发展，华为因为管理太僵化，快要步朗讯、摩托罗拉、北电网络等的后尘了。

🖈 当任正非说要艰苦奋斗、加班加点奉献（尤其是管理层）时，他们说这不符合"80后"和"90后"的需求。

🖈 当任正非说要坚持自我批判时，他们说这是什么年代了，现在年轻人要的是个性、自我，这样才能创新。

🖈 当任正非说要以客户需求为中心、围绕客户需求创新时，他们说客户并不知道客户需求是什么，乔布斯从来不做市场调研……

面对质疑，任正非和华为的头脑一直都是清醒的，始终重视管理的作用，尤其是基础管理的作用。任正非在2014年"蓝血十杰"表彰会上说道：

有一种流行的观点认为，在互联网时代，过去的工业科学管理的思想和方法已经过时了，现在需要的是创新，是想象力，是颠覆，是超越。我们认为互联网还没有改变事物的本质,现在汽车还必须首先是车子,豆腐必须是豆腐。当然不等于将来不会改变。

但现在互联网已经改变了做事的方式,使传送层级减少,速度加快。我们今天坚持用五年时间推行LTC落地,实现账实相符及"五个一工程",继续推行"蓝血十杰"的数字工程的目的,就是用互联网精神改变内部的电子管理,并实现与客户、与供应商的互联互通。

从1998年起,华为邀请IBM等多家世界著名顾问公司,先后开展了IT S&P、IPD、ISC、IFS和CRM等管理变革项目,先僵化,再固化,后优化。僵化是让流程先"跑起来",固化是在"跑"的过程中理解和学习流程,优化则是在理解的基础上持续优化。我们要防止在没有对流程深刻理解时的"优化"。

华为是不是合格的学习标杆?我们应当如何学习华为?

向华为学习什么

任正非曾多次强调,华为没有秘密,华为的成就来自20多年持续坚守常识:以客户为中心,坚持自我批判和艰苦奋斗,长期坚持压强原则,只做一件事(专注通信设备)。华为轮值CEO徐直军则强调,华为的成功,一是坚持利益分享机制,通过股权稀释让大部分员工成为华为股东,分享经营利润;二是持续坚持自我批判和艰苦奋斗的企业文化。最高层强调的这些要素,华为在2009年以核心价值观的形式进行了固化,在华为的六大核心价值观中,成就客户、艰苦奋斗、自我批判位列前三。

不过,价值观固然重要,但必须转化为管理体系,否则就会是挂在嘴边、贴在墙上的口号。那应该如何探寻华为成功的"秘密"呢?

为了满足读者好奇心,以华为为主题,或者假以华为名义的出版物可谓汗牛充栋。不同的书籍从不同的角度讨论,都各自指出华为的成功要素。总结下来,除了上面提到的全员持股、以客户为中心、艰苦奋斗、自我批判以外,还包括以下要素。

(1)长期聚焦在特定领域。

(2)研发上的持续高投入。

（3）市场营销能力，尤其是国际市场营销能力。

（4）管理体系和IT。

另外，还有作者将华为的成功要素总结为外部市场环境，比如中国通信市场高速发展、固定汇率带来的海外市场低成本优势等。

的确，华为在以上这些方面都非常有特色，和其他企业有显著区别，但是这些是否就足以解释华为的成功了呢？

我们认为有两点被忽略了。

第一，各项活动的相互匹配和强化。迈克尔·波特（Michael Porter）在《什么是战略》一文中指出，独特的定位固然重要（比如华为长期坚持在通信设备领域耕耘），但还要有支撑其定位的相互匹配的各项运营活动，并认为匹配是战略的一部分。

第二，华为在管理体系建设上的持之以恒。这点最容易被华为的研究者们忽略，甚至很多华为员工都没有注意到。华为一旦选定了某种管理方法，就不顾一切、排除万难，"一条道走到黑"，IPD体系建设就是典型。我们认为这是华为到目前为止最重要的成功要素之一。

所以，学习华为，首先就要学习华为在管理体系建设和优化上的持之以恒。

IPD：华为管理体系中至关重要的IPD

华为高管郭平和顾问黄卫伟教授提出的"云、雨、沟"概念，为我们探索华为管理体系建设提供了一个方向。2014年6月，任正非在表彰管理领域做出重大贡献的"蓝血十杰"会议上说：

> 近20年来，我们花费数十亿美元从西方引进了管理。今天我们来回顾走过的历程，我们虽然在管理上已取得了巨大的进步，创造了较高的企业效率，但还没真正认识到这两百多年来西方工业革命的真谛。郭平、黄卫伟提出了"云、雨、沟"的概念，就是所有的水都要汇到沟里，才能发电。这条沟就是IT S&P、IPD、IFS、ISC、LTC、CRM[①]……。没有挖出这么一条能汇合各种水流的沟，就无法实现流

---

① IT S&P指IT战略规划；IFS指Integrated Financial System，即集成财务体系；ISC指Integrated Supply Chain，即集成供应链；LTC指Lead to Cash，即从销售线索到回款；CRM指Customer Relationship Management，即客户关系管理。

程的混流。我们现在就是要按西方的管理方法，回溯我们的变革，并使流程端到端地贯通。

在这里，"云"对外指行业变化、技术变化、市场机会等，对内指企业的核心价值观；"雨"是指企业各部门的经营活动；"沟"是指跨部门、跨领域的工作流程。云只有转变为雨，雨再汇集起来才能"发电"，任正非用这个比喻来强调跨部门流程的重要性。

任正非提到的IT S&P、IPD、IFS、ISC、LTC、CRM等，就是企业流程体系这条"沟"。只有把公司所有的活动都纳入这些为客户创造价值的跨部门流程，并把流程之间的接口关系厘清，才能实现端到端贯通，最终满足客户需求。

在这些流程体系中，IPD至关重要。本书提出并得到大量客户验证的PTIM（Product & Technology Innovation Management，产品技术创新管理）体系，就来源于华为IPD实践，并结合不同企业特点进行了优化。

在华为，IPD体系充当"黏合剂"，把以下内容"集成"起来。

（1）各级组织的使命、愿景、目标。这些组织包括华为集团、业务群（Business Group，BG）、针对行业和场景应用的"军团"、产品线、子产品线及各个产品和技术研发职能领域等。

（2）华为的战略规划（Strategy Planning，SP）和业务计划（Business Planning，BP），以及对这些过程的端到端管理。

（3）各个产品线、子产品线、产品族和职能部门的SP和BP。

（4）各个层级的需求管理。

（5）集团、业务群和各个产品线的技术战略和技术规划。

（6）所有解决方案、产品、平台和技术的项目开发任务书。

（7）所有解决方案、产品、平台和技术的研究和开发。

（8）为华为战略、市场营销与产品和解决方案体系（Products and Solutions Staff Team，PSST）的组织框架提供的指导，包括部门分工和跨部门团队运作。

（9）所有产品的全生命周期管理。

IPD在华为实施20多年后，已经融入华为管理的方方面面，可以说绝大多数员工都是在IPD这个大框架下开展工作，即便很多普通员工浑然不知。经历过整个IPD导入过程的员工，都会发现IPD给华为带来的改变。可以说，如果没有这个体系的支撑，华为难以取得今天的成就。

特别需要指出的是,在华为2006年从IBM引入业务领先模型(Business Leadership Model,BLM)后,把部分公司战略方面的流程从IPD体系中剥离出来,但是BLM模型的核心方法论和IPD是一致的,比如市场洞察、业务设计等。

从某种程度上说,华为就是用IPD体系来管理的。无独有偶,IBM前董事长郭士纳(Gerstner)也曾经说过:"IBM就是用IPD流程来管理的。"华为不仅在国内开创性地应用了IPD管理体系,同时又丰富了这个体系。

经过多年的发展,尤其是IBM、华为、三星、Intel、苹果等各行各业知名企业的实践验证,IPD可以提升企业对市场的响应速度,缩短开发周期,提高产品质量,降低研发成本,最终大大提高研发效益和产品竞争力。

同时,通过IPD管理体系中的团队和组织适配、人力资源和激励体系建设,能够为企业培养一大批具有企业家精神的业务型管理人才和各领域的专业人才。

IPD的整体导入是一场长期变革,需要公司董事长、总经理和高管团队的长期努力。IPD可以作为变革方法指导其他体系的建设,确保与它们的有机融合。

IPD始终坚持以客户为中心,并且与时俱进、不断发展。华为公司从1999年开始引入和发展IPD体系,至今已在多个领域实现全球领先。

在使用IPD这个术语时,可以从以下3个不同的视角来理解。

(1)狭义IPD:也叫"小IPD",指产品开发流程。IPD体系最初从规范产品开发过程开始,在很多场景谈到IPD的时候,通常指的就是产品开发流程。

(2)中观IPD:包括产品开发(狭义IPD)、市场管理及产品规划(Market Management,MM)和需求管理(Requirement Management,RM)。三大流程及相关管理体系,是IPD体系最重要的组成部分。

(3)宏观IPD:也叫"大IPD",指的是端到端产品和技术创新管理体系,甚至可以延伸到公司管理体系的大部分内容。宏观IPD包括产品和技术的战略规划、立项、研发、生命周期管理等环节的流程,以及组织和团队、人力资源管理、绩效和激励等内容。在华为公司最新IPD体系框架中,融入了持续规划、开发、交付和反馈的敏捷思想,还把基于愿景的理论突破、技术发明、技术创新等的管理纳入其中。

发展与超越:青出于蓝,而胜于蓝

华为通过咨询公司引入大量管理体系,IBM提供的服务相对较多,其中最核心的方法论就是IPD。IBM在20世纪90年代初深陷危机，处于破产边沿，董事长郭士纳1993年上任后启动了一系列变革，IPD是其中之一，他在1996年7月12日的内部会议中说：

IPD是关键！我们必须更加规范地开发产品，在开始阶段便考虑市场情报和客户需求，确定所需资源，进行里程碑式管理，只是基于里程碑变更需求和项目方向，因此我们不会不断地修补项目。整个IPD重整至关重要，如果你不知道它是什么，你就需要回去学习。我的意思是说，公司的每个人都需要熟悉IPD。我们准备根据这个流程来经营公司。

注意最后一句话："我们准备根据这个流程来经营公司。"先不探究IBM是否还在用IPD流程来经营公司，但华为却把IPD理念和方法应用在了公司管理的各个方面。值得注意的是，担任过麦肯锡顾问、运通公司总裁和纳贝斯克董事长的郭士纳，在就职IBM前，并没有计算机、IT相关领域从业经验，他是从"纯管理"角度，采用IPD等管理工具来挽救IBM的。

朗讯、摩托罗拉、西门子、北电网络等西方企业，在华为导入IPD前，都有成熟的产品研发管理体系。为什么只有华为公司能够"青出于蓝而胜于蓝"，在竞争异常激烈的通信市场打败这些西方公司呢？ IBM的贡献功不可没，但更重要的是华为自身的消化吸收，在实践中不断发展和完善IPD，同时把自己的成功经验纳入IPD，不断拓宽IPD的应用范围。正如2011年华为公司在总结IPD的精髓时所说："IPD是灵活的、发展的，在不断吸纳业界最佳实践和解决业务问题的过程中，与时俱进。"

2009年，任正非在企业的内部讲话中谈道：

西方的职业化，是从一百多年的市场变革中总结出来的，它这样做最有效率。穿上西装，打上领带，并非为了好看。我们学习它，并非完全僵化地照搬，难道穿上中山装就不行？我们二十年来，有自己成功的东西，我们要善于将其总结出来，再将这些管理理念，用西方的方法规范，使之标准化，有利于广为传播与掌握并善用之，培养各级干部，适应工作。只有这样，我们才不是一个僵化的西方样板，而是一个有活的灵魂的管理有效的企业。西方企业来到中国，成功的不多，就是照搬了西方的管理，而水土不服。一个企业活的灵魂，就是坚持因地制宜和实事求是。这两条要领的表示，就是不断提升效率。

1999年，华为引入IPD体系时，规模是IBM的1/80（1998年华为销售收入89亿元，IBM同期销售收入800亿美元左右）。2014年，华为年销售收入是465亿美元（折合人民币2890亿元），IBM是928亿美元，从销售收入看已经超过IBM的50%。到2019年，华为的销售收入和利润均超过IBM。

IPD改变了华为，同时华为也改变了IPD。今天，华为的IPD已经不再是IBM的IPD。每个企业都可以像华为一样，在IPD思想和方法的指导下，在实践中形成自己的IPD。

曾在惠普任职的高建华在《赢在顶层设计》一书中提到，国内企业在管理上应该"模仿"西方公司，在产品上要创新。华为在管理改进上的做法也是如此。华为在学习西方公司的管理模式上，不是一开始就要求适应华为的特色，而是先低下头来认真学习，深入理解，让华为去适应IPD，先"僵化"再优化，经过20多年坚持不懈的努力，在强化核心思想的前提下，建立起一套更加先进的管理体系。华为在产品创新上也是如出一辙，先模仿、跟随，再寻求领先和突破，最终成为很多领域的领导者。

管理体系的建设必须持之以恒

德鲁克说，检验管理是否有效的唯一标准是成果。华为在引入包括IPD在内的一系列西方管理体系后，取得了较好的成绩，这验证了良好的管理对业务有巨大的正向推动作用。

华为为什么能取得成功？这与华为对待管理的态度有关。当华为意识到IPD可以解决华为在战略管理、规划和立项管理、产品和技术创新管理方面的绝大多数问题后，便投入重金，持之以恒地推广和完善IPD体系。即便内部有很多声音，遇到很多困难，华为也没有轻易挑战外部顾问（如有外部顾问参与变革），而是多从自身找原因：绝大多数情况下是自己没有吃透管理体系的精髓，没有做好变革的准备。对包括IPD在内的任何管理体系，只有把握其精髓，抽取出普遍适用的规律性方法论，在实际应用过程中与企业实际情况深入结合，才能取得成功。

从华为CEO任正非在不同时期关于IPD的讲话中可以看出，任正非对IPD的认知是逐步深入的，他从一开始号召全公司摆正学习态度，以"空杯心态"僵化学习，到把IPD视作一种方法论，最后使IPD成为一个管理平台。

1999年4月17日，任正非在华为和IBM合作的IPD咨询项目启动会上提出：

要向人家学习，就要摆出一个认真的架子来，要全面理解人家的深刻内涵，而不要就抓住一点不放，因为你可能在这一点上理解得并不够。

2000年5月，任正非在第一个PDT试点项目启动会上的讲话中说道：

现在我们没有经验，所以肯定要向顾问学习，坚定不移地按照顾问的要求扭转观念。世界上有很多好的东西，有很多公司比IBM还要好，但是我们只学一家。

2001年3月，任正非与IBM顾问陈青茹有一段谈话，进一步表明了坚定向IBM学习的决心：

我们的IT建设思想方针是，坚定不移地相信IBM的体系，坚信IBM顾问能对我们负责，全力以赴给予支持、配合。

2003年，IPD已经推行5年，并取得了一定成效，当时任正非说：

很庆幸的是，在IBM顾问的帮助下，现在我们终于可以说IPD、ISC没有失败。注意，为什么还不能说成功呢？因为IPD、ISC成不成功还取决于未来数千年而不是数十年实践的努力和检验。

随着智能手机和4G、5G的普及，百度、阿里巴巴、腾讯发展迅猛，京东、字节跳动、美团、抖音、哔哩哔哩等企业的风头盖过华为。很多人都在质疑，IPD是否过时了，限制了华为的发展？面对这样的质疑，华为在2016年召开了一次IPD专场"蓝血十杰"表彰大会，任正非在主题发言中说道：

构建一个大的系统、大的平台，必须有一些规划，不然就不能建立万里长城。历史上的万里长城是死的，而我们的万里长城是活的，随时都会部分改建。若底层基础的砖头不能随着时代的进步而改变，那么我们就是一个僵化的公司。

构建IPD就像修万里长城一样重要，不要因为互联网公司总是攻击我们，就对IPD失去信心……IPD、IFS、ISC、LTC等流程让我们奠定了行业领导者的地位，全世界没有第二家公司能做到十七万人一条心、一股劲、一个平台。我们只有把"万里长城"的基础建扎实，才会在未来比互联网公司有更坚实的屏障去抵御海浪的冲击。

在任正非眼里，IPD体系是华为管理的基石，为公司业务发展奠定了管理基础，把华为公司接近20万人高效连接在一起，形成一条心。但是，他同时也指出，基石的各个组成部分要与时俱进，要在IPD中纳入敏捷等元素。实际上，从2008年开始，华为IPD就开始和敏捷结合起来。

从以上几段任正非在不同时期有关IPD的谈话中可以看出，这个体系在华为和任正非心中有着至高无上的地位。我们认为，正是华为对IPD体系建设的"一根筋"精神，使华为没有在纷繁复杂的管理方法中迷失。相比之下，很多企业在管理体系的建设上显得非常不专一，在一种管理方法上取得一定成绩或遇到困难后，就转向另一个体系，不但浪费了大量的时间和精力，还分散了管理层和员工的注意力，最后成了管理专家、教授、咨询顾问、培训讲师的试验场。

IBM在20世纪90年代的成功转型，加上华为导入IPD的成功，吸引了大量企业争相通过IBM、华为或其他咨询公司引入IPD，有些企业引入IPD体系后，业务迅速发展，但并非所有企业都达成了预期目标。本书讲述的不仅是华为的故事，还包括其他企业成功或失败的故事。我们尽力从个案中抽取出普遍适用的创新和变革管理核心思想和方法论，结合作者近20年的咨询实践经验，希望能对企业有所帮助。

本章要点

（1）学习标杆企业不是在"物理层"上照抄照搬（比如完全参照标杆的流程、活动、操作指导书、模板表单等），而是要学习它们背后的原理和方法论。

（2）管理体系的建设必须持之以恒，要在一个适合的理论、思想和方法论指导下持续发展，不朝三暮四。华为心无旁骛，持之以恒地在IPD上高强度投入，最终使IPD成为华为公司内部管理的核心方法论。

（3）战略的实现需要各项运营活动的相互匹配，IPD就是实现匹配的"管理胶水"。利用IPD的思想和方法论，持之以恒地打造创新与变革管理体系，是华为的核心竞争力之一。

（4）IPD和华为IPD不是管理上的独创，大多数创新型公司所采用的产品管理、创新和研发管理体系有非常一致的地方，运用IPD能对这些最佳实践进行总结、提炼和抽象，然后形成了自己的思想和方法论。

Chapter 02

第2章

创新与变革
为什么会失败

引言 IPD 背后的问题、思想和方法论

国内外统计数字都表明，企业创新和变革的失败率（或没有达成预期目标的比率）非常高。针对不同企业，问题表现有所不同，但有一些是共同的，可归纳为本章的七大问题。

如何解决这些问题？20世纪80年代以来，经过各大企业、专家学者、咨询机构的努力，管理界形成了各种解决方案，比如系统工程、并行工程、精益研发、门径、APQP、PACE、设计思维、敏捷方法等。其中IPD因其体系的完整性和适应性，在众多的管理体系中脱颖而出，在全球得到广泛实践，并在实践中不断获得完善，成为解决创新和变革管理问题的最佳整体解决方案。

究竟什么是IPD？本书把IPD体系总结提炼为七大核心思想和七大组成部分，在此基础上，衍生出针对不同场景的管理解决方案。

思想决定行为，行为决定结果，对个人和企业都是如此。成功或失败，都是某些行为的结果，而行为的背后是有原因的，包括动机、价值观、企业文化、管理理念等，我们把这些核心的决定因素，称之为"思想"。如果说按照IPD体系运作，企业会产生良好的创新和变革结果，那首先要具备起决定作用的"思想"，我们将其归纳为IPD的七大核心思想。思想需要工具方法来落地，IPD体系集成了众多成功的实践经验，其背后包含着各种理论、方法、工具，我们把这些归纳为IPD的七大组成部分。

创新和变革中的七大典型问题

企业要求生存谋发展，必须根据外界环境、竞争对手和客户需求的变化，持续进行业务创新，包括产品、技术、营销、商业模式等。所有这些要素都需要被有效管理，当它们发生变化时，相应的管理体系也要发生变化，也就是战略、业务和管理要相互适配。这个适配过程也是一种创新，是管理的创新，我们称之为业务变革管理，简称变革管理。

我们注意到企业在创新管理和变革管理上，主要存在七大问题。

问题1：没有基于客户需求进行创新

2016年诺贝尔文学奖得主美国乡村歌手鲍勃·迪伦（Bob Dylan）有一首令人印象深刻的歌——*Gotta Serve Somebody*。歌词大意是：无论你是国王、亿万富豪、外交官，还是乞丐、小偷……，都要服务于某个人或某些人。我们可以将其理解为每个人都要满足别人的需求。任正非在被问到华为的商业模式时，都会谈到"以客户为中心"，他认为满足客户需求是华为存在的唯一理由。任何企业，都要把满足客户需求作为一条重要的宗旨，否则将无法生存。

但企业在发展过程中，关注重点经常会发生偏移，最常见的情形是以技术为中心，把自己能够实现的技术想象为客户的需求，轻则带来投资的浪费，重则殃及企业的生存，IBM在20世纪90年代初遭遇的危机，原因之一就是以技术为中心。有的企业认为客户提不出需求（通常会以乔布斯的话作为借口），应该把产品拿出来摆在客户面前引导客户需求，这种方法操作好了的确不错，但如果没做好则会误导客户需求。

除了以技术为中心，部门、员工、股东、社区、运营效率等都可能成为企业关注的重心。有的大型企业特别强调"国家利益""大国重器""不被卡脖子"，这些目标在方向上没错，但是很多企业的这些目标并没有和客户需求连接起来，尤其是客户的长期需求，没有这方面的兼顾，也就不能形成核心竞争力。

我们认为，企业经营应先以客户为中心，再以产品、解决方案和服务等实现手段满足客户需求。客户花钱，终究是为了购买满足他们需求的产品（包括服务），产品是客户和企业的纽带，其他都是"衍生品"。如果产品满足了客户需求，那么以需求为中心和以产品为中心也就合一了，技术上的领先只有和客户需求挂钩，才能成为企业真正的核心竞争力。

如果把企业比作人，根据弗洛伊德（Freud）的精神分析理论，以客户为中心，满足客户需求，相当于其人格理论中的"超我"，是用来审视其他一切活动的基准。

问题2：没有把创新、研发和变革作为投资行为

在华为，研发是作为一种投资行为来管理的，然而很多企业却忽略了这一点。很多企业在创新和研发管理上，虽然满足了客户需求，但却没有充分考虑投

资收益。这个问题具体表现在：虽然满足了客户需求，甚至让客户很满意，但是因为成本太高导致亏损；满足了部分客户的特定需求而不是共同需求，导致销量太低不能收回成本；有的企业过度关注技术，在研发上投入太多导致亏损，例如21世纪初摩托罗拉陷入困境，不是因为技术不先进，而正好相反，是铱星计划投入太多；还有一些企业涉足的领域过多，研发了很多产品，满足了太多需求，一旦现金流出问题就会陷入困境。

同时，很多企业没有把与业务创新相应的管理变革作为投资进行精心管理，低估了变革的难度，希望在短期内就能看到变革在财务和市场上带来的成果。

需要指出的是，将创新和变革作为投资行为，不应要求每一项投入都要立刻赚钱，而应从整体考虑，搞清楚这些项目之间的关系，投资组合是什么，能够给企业带来什么好处，因此管理层要做好长期投入的准备。

如果把企业比作人，那么投资行为就是弗洛伊德精神分析理论中的"本我"，若是不加控制任其泛滥可以摧毁自己，若是升华了就可能成就一番大事业。企业不用讳言自己的商业目标，但同时要通过满足客户需求来达成。然而，"成也萧何，败也萧何"，如果企业不能在满足客户需求的同时达成商业目标，也就不能长久生存。

问题3：不能平台化、系列化地开发产品

很多企业在起步阶段只有两个产品，然后不断增加产品种类和数量。仔细分析下来就会发现，这些不同的产品表面上是针对不同客户需求开发的，然而在设计方案和产品形态上，却有很多相似和相同之处。因为企业没有在一开始就进行系统的规划、立项和开发，本来可以共享的部件、组件，却千差万别，导致不同的开发团队、不同的部门不断"重新发明轮子"，在低水平上进行重复操作。这种现象，我们称为没有平台化、系列化地开发产品。

每个产品都需要研发、生产制造、采购等部门的投入，都要进行生命周期的管理。每增加一个不同的产品和零部件，都意味着成本的大量增加。当产品数量增加时，管理的复杂度和成本也呈指数级增长，企业的管理能力就成为制约企业发展的瓶颈。在这样的企业，虽然每个团队、每个部门都很忙，但整体的综合能力却没有提升。

比如，某家居企业的床架产品系列就是如此。该企业的研发部门在接到一线

门店的竞争对手畅销品照片或客户特定需求后，两周内就完成设计、研发、打样、生产、测试等工作，然后快速提供给客户，大部分产品都是"独一无二"和"手工打造"的。该企业有上千家门店，每家门店都有特定需求，研发及相关部门忙于应对众多定制需求，队伍不断扩大，产品种类和SKU也越来越多，产品质量不断下降。最终的结果是，虽然销售额在增加，但利润率却越来越低。十多年过去了，公司高层发现企业的设计和研发能力并没有提升，畅销的还是在创业初期精心打造的几款老产品。对于该家居企业存在的问题，无论在B2C行业还是B2B行业，也都大量存在。

其实，绝大多数客户喜欢的不是"独一无二"和"手工打造"，而是高质量、低成本、交付快。只有平台化和系列化地开发产品，才可以同时达成这三大目标。

问题4：创新缺乏一致的方法和结构化流程

企业在创新和变革的过程中必然会开展很多活动，但很多企业没有在科学的方法指导下开展活动，也没有对这些活动进行总结、提炼，从而带来一系列问题。

一是经验的浪费。任正非曾经说过"华为最大的浪费，就是经验的浪费"。如果没有对经验进行总结沉淀，那么再做同一件事情，就会有不同的方法，不同的团队和部门之间进行交流也很困难。

二是增加了管理的复杂度。与前面提到的产品研发上的问题类似，因为流程和制度没有经过精心设计，会形成大量不同的流程、制度、管理方法，增加了业务管理的复杂度，以及对这些体系进行管理的复杂度，而它们本来可以在一致的思想方法指导下开展。

三是不能发挥管理平台的作用。没有把看起来是不同类型的类似工作进行进一步提炼总结，形成共同的语言和方法论工具。例如，产品开发和技术开发，看上去不一样的两种任务，背后却有共同的逻辑；对于应当做什么，可以归纳为战略、规划和立项；对于如何把事情做好，可以归纳为研发过程和项目管理。

四是不能有效地分工与合作。对于复杂的事情，没有进行科学分解，既没在时间维度上划分为若干阶段，也没有事先确定每个阶段的目标。在同一个时间段内，如果没有（在空间上）把活动按专业领域及其对应的目标进行分解，就会缺乏业务上的逻辑结构。如果没有一个业务流程框架对业务进行分解，就不能把复杂的事情进行拆分，没有降低难度，在创新和变革上的大规模分工与合作就无法完成，最终仍然依赖个人，无法形成组织能力，不能为流程型组织的打造提供基础。

对于以上问题，我们归纳为缺乏结构化流程。例如，某从事大型机械装备的企业，客户包括国企、民企、军企、国外500强企业，每个客户会有不同的需求。为了满足客户需求，该企业制定了不同的流程和制度，从而大大增加了管理成本。因此当企业没有统一的方法时，规模优势也就得不到发挥。

问题5：企业的组织方式不支撑创新

企业在创新中的问题，呈现出来往往是业绩不佳、流程方法不对，但背后往往是组织管理存在问题，两者相互影响，犹如生产力和生产关系的相互作用。所以，除了要解决创新和变革中的方法和流程问题，还要解决对业务流程的管理问题，包括组织结构的适配、组织能力的构建、绩效衡量、绩效评价、薪酬激励机制、任职资格和职业发展机制等，我们统称为创新中的组织和人力资源管理问题。

业务流程也可以脱离于组织而存在，我们称之为流程和组织的松耦合。如果要高质量地完成流程中的活动，就需要组织能力的支撑。因为大多数任务无法依靠单个专业领域完成，需要整合不同领域的资源和能力，所以，组织能力的打造，要根据流程的要求来进行。很多企业反其道而行之，没有根据战略和流程来进行组织设计，虽然各个部门的能力建设看起来不错，但是不能形成合力。下面列举一些常见的情形：业务表现不佳，企业在竞争中处于劣势，营销部门认为产品不好，而研发部门认为营销能力不够；产品成本增加了，研发部门认为采购和制造部门没有做好成本管控，而采购和制造部分则认为成本与产品设计相关，是研发的问题；客户对产品不满意，各个部门相互推卸责任。

组织管理问题还体现在创新工作的价值评价和价值分配。例如，某电子设备企业承担了某项"卡脖子工程"，从全球招募了近千名相应领域的高科技人才。从生产企业调任的公司总经理，对如何评价这些人才、如何进行奖金分配难犯了。他表示希望能在每月月底，根据工作任务、工作量、工作质量等，通过一套软件程序"自动"对每个人进行评价，计算每个人的浮动工资和奖金，减少分配过程中的人为干预。这就是典型的针对生产线的绩效薪酬管理模式，当任务简单、明确时，有可能做到。但对不确定性很高的研发和创新工作，就难以移植这样的管理方式。

问题6：业务开展不错，但没有形成企业核心竞争力

产品和服务都有生命周期，能否持续满足客户的需求、为客户提供有竞争力的产品，是企业长期存在和发展的基础。很多企业昙花一现，或者大起大落，就是因为没有在开展业务的同时形成自己的核心竞争力。当行业低迷或者产品的生命周期结束后，企业的生命周期也结束了。

这类企业在经营上的特点是，当外部市场环境好的时候，将资源用于获取现有客户和推广现有产品，扩大市场份额，增加销售收入和利润。当外部市场环境不好时，同样也把资源投入在如何抢夺市场份额，以争取如何在今天活下去，而无暇顾及未来的发展。两种情况下，企业都没有为未来的生存做好充分准备。具体表现在人力资源上，就是没有提前根据公司战略培养干部队伍和技术队伍。而表现在产品和技术研发上，就是投入过少或根本没有投入，当现有产品的生命周期到达中后期或竞争对手推出更好的产品时，企业就会在竞争中处于劣势。例如，某企业在20多年前，对传统塑料材质一体化电水壶的容器和加热装置进行分离，通过该技术迅速占领全国的塑料电水壶市场，成为该品类的龙头企业。但之后几年，消费者需求和外部环境发生变化，电水壶材料由塑料变为不锈钢，该企业因为没有提前做好相关的人才和技术准备，最终在电水壶市场上败北。

此外，在管理上，有些企业没有根据不同战略和业务的特点适配不同的管理体系，也就是"生产关系不适应生产力的发展"。从根本上讲，是没有构建一套变革管理体系，不知如何对管理体系本身的变革和优化进行管理。这样的企业管理者，大量时间忙于按照现有管理体系运作，却还试图得到不同的经营结果，最终的结果是低水平重复。

问题7：没有意识到变革本身也需要被管理

面对外部环境的不确定性，企业战略和业务也要随之进行转型或调整，与新的战略和业务对应的组织管理体系也要发生相应的变化。企业要把核心竞争能力最终构建在主营业务及对应的管理体系上，两者的良好匹配，是业务发展的必要条件。但是，变革通常是战略和业务都需要变化，尤其是涉及战略方向和路径的变革。然而对于如何管理这种转变，大多数企业并没有特别重视，没有意识到变

革本身需要被管理。其表现如下。

因为对变革缺乏有效的管理，变革的成功率并不高，有一种非常悲观的说法是"不变等死，变是找死"，可见变革之困难。因为产品、技术和营销的创新，与客户和公司盈利紧密相关，所以对它们的管理已经被大多数企业家和管理者所认知。但是，变革管理对大多数人来讲还是新名词，甚至变革是否需要被管理，都还有争议，犹如创新是否需要被管理一样。

另外，变革管理对企业来讲是有一定难度的，往往需要引入第三方咨询管理机构。在这点上有一项研究表明，中国企业在管理咨询上的投入，只有美国企业平均水平的10%左右，即便在管理上投入最大的华为公司，也大致与美国持平。如果这个研究的数据是真实的，说明大部分中国企业，还没有认识到变革的难度，或者还在自我摸索。当然，这也和中国国内第三方机构的成熟度有关。

在信息社会，企业的战略方向和举措，不再是秘密，包括与它们对应的管理模式，也不再是秘密，甚至管理模式背后需要的人才、技术、资金等能力，也不是秘密，不是制约企业发展的最核心障碍。那么，什么是企业要具备的核心能力呢？本书有一个观点，变革管理能力是企业长期取得成功的核心能力。汇川技术创始人朱兴明曾表示，技术力、管理力、变革力都具备的企业才算是一个好企业。

战略和业务的转型，背后需要管理体系的转型，而这些变革本身也需要被系统、精心地进行管理。也就是说，战略与结构相互影响，业务与管理要适配，管理变革本身也需要管理。

IPD的七大核心思想

心理学家库特·列文说："没有比好的理论更实用的了。"理论是对现象、实践、经验及教训的总结和提炼，好的理论不但可以解释现状，还可以预测未来，减少不确定性。好的理论指导下的实践，比经验更加实用，因为经验只是在特定场景下的实践。本书对IBM、华为、老板电器、方太、杰克股份等公司的IPD实践进行提炼总结，结合PRTM咨询公司的PACE，以及作者近20年的咨询实战，将创新和研发管理中共同的成功之道归纳为IPD核心思想，也叫IPD的原则和理念。只要在日常管理活动中有效贯彻了这些思想，就可以认为企业是在按IPD运作，并不局限于是否采用了某种形式上的方法、流程、组织结构或绩效激励方式。我们认为，IPD体系的核心思想有7个。在7个核心思想中，最核心的是"以客户需求为中心"和"创新是投资行为"，其他5个核心思想是支撑。

思想1　以客户需求为中心

满足客户需求是企业生存的基础，无论是公司战略、市场规划、产品和技术规划、各功能部门的规划，还是产品和技术的立项和研发，以及公司其他运营活动，都必须围绕客户需求进行。客户需求是多方面的，需要通过管理层、营销、研发、供应链、售后、质量等"神经末梢"进行系统收集和分析，并层层传递到企业内部的各个体系和部门，后者称作内部客户。内部客户的需求主要来源于外部。从实现客户需求的角度来看，企业就是一部"需求加工机"。在这个过程中，产品是媒介和纽带，企业管理的本质就是管理好客户的需求，并通过提供产品满足需求。也可以说，经营企业就是通过经营客户需求和产品，实现客户和企业的目标。

对于B2C（Business to Customer，企业对个人）业务，客户需求除了有功能需求，还包括情感需求。情感需求往往和产品的外观设计、风格和品牌等相关。例如，一件大衣产品考虑的不仅仅是保暖，考虑更多的是这个基本功能以外的其他需求，比如款式、面料、色彩……

思想2　创新是投资行为

实现企业商业目标和满足客户需求，两者相辅相成、缺一不可。所以，满足客户需求的所有行为都要作为投资进行管理，从一开始就要考虑技术、产品、服务、解决方案的投资回报。投资回报与竞争状况、市场容量、销售数量、定价和成本等相关，这些因素远远超越了客户需求范畴。如果满足客户需求是技术问题，那么取得投资收益可以认为是商业问题。在IPD的七大核心思想中，满足客户需求和取得投资收益，要同时融入经营活动，必须做到两者的矛盾统一。

尤其是对于B2B（Business to Business，企业对企业）业务，还要站在客户角度进一步考虑他们的投资回报，只有客户成功了，自己才会成功。例如，华为的电信运营商业务，只有运营商获得了投资回报，华为才能获得投资回报；郑州宇通等客车企业需要考虑客运和公交公司的效益；金风科技、阳光电源等新能源企业，需要提升风电厂和太阳能电厂的运营效益，才能使自身的设备和解决方案得到客户的青睐。

思想3 平台化开发

企业在满足客户需求的同时，也要取得商业利益，还要有平台化思想。通俗地说，就是"不重新发明轮子"。一方面，要求我们在做开发的时候，要充分利用以前的成果；另一方面，要让我们今天的开发成果被更多的产品用到。

为了提高产品开发效率，需要通过需求管理、规划和立项、架构和系统设计来提前识别公共技术和模块，单独立项开发，这样才能在不同产品开发过程中调取这些资源，从而在快速响应客户需求、提高质量、降低成本等方面同时取得领先优势。为了做到这一点，抽取现有产品共同使用的模块和技术形成平台只是最基础的工作，更为重要的是要探索和研究目标客户未来（而不仅仅是现在）的共同需求，在此基础上形成平台，为产品开发提供有力支撑。是否基于平台和核心技术进行系列产品开发，是公司研发实力的最终体现。

平台化开发思想，除了可以用于产品和技术的研发，还可以延伸到企业运营的各个方面。在每个部门的日常运作中，尤其在开展创新性工作时，不能"就事论事"。首先，要考虑是否能利用以前的成果，不做重复的事情。其次，要思考如何利用目前的工作为未来的发展奠定基础，也就是让现在做的事情能够产生更大的价值。

思想4 结构化流程

结构化流程是把企业的业务活动按照一定的逻辑进行分解，在时间顺序上进行分解，就形成不同的阶段；在专业领域进行活动的归类，就形成角色及其要完成的任务，并让角色和组织相匹配。完成同一个活动，可以有不同的方法和工具，也就是有不同的逻辑结构。结构化流程的假设是，完成某项工作一定要在理论上和实践上有最佳的方法，一定要在这些方法论指导下进行流程建设。在这个意义上讲，是企业要适应流程，而不是流程去适应企业。在企业适应流程的过程中，需要企业的组织行为和个人行为发生变化，这个过程就是管理变革，也就是管理体系的创新过程，这个过程也需要进行结构化。

IPD中的结构化流程包括需求管理、规划、立项、开发等流程，每个流程被划分为若干阶段，每个阶段会设置评审点。评审点分为决策评审点（Decision Check Point，DCP）和技术评审点（Technology Review，TR）。通过决策评审实现高层决策团队（投资方）和规划团队、研发团队（承诺方）等团队的互动，资源分批受控投入，既满足项目进展需要，又避免投资失控。通过流程中的技术评审，可以实现专家与项目团队的充分互动，各领域专家能够充分利用其专业经验为团队提供指导，确保产品最终满足客户需求。

有了好的分层结构化流程架构，就形成了一个"容器"，管理工具、规范、标准、经验教训等都可以纳入其中。同时，结构化流程为构建其他管理体系奠定了基础，比如组织和团队设计、人力资源管理体系建设、绩效管理体系设计、薪酬体系设计等。目前，被广泛参考和采用的结构化流程架构是APQC（美国生产力与质量中心）的流程分类框架。

思想5　跨领域协作

结构化流程的良好运作，需要流程中所有活动都被高质量执行。但流程中的活动责任主体往往分布在企业内的不同部门，有的还分布在企业外部，如果没有一种良好的组织方式，流程就无法得到良好执行。基于专业分工的部门间接力棒式的串行开发方式，往往会带来不断返工、质量不佳、延期、成本高等大量问题。

无论"正确地做事"（比如产品规划和立项），还是"做正确的事"（比如产品研发过程），都需要跨部门协作。IPD体系将广泛地跨部门协作，汇集各个领域的专业智慧，共同满足客户需求，为产品的商业成功负责。各个职能部门的职责也由此发生重大变化，从直接为项目负责，转化为向这些执行流程、完成项目的跨部门团队提供高质量的资源和支持。同时，公司的企业文化、任职资格体系、绩效管理和激励机制也要进行相应的调整，支撑跨部门团队运作。

跨领域协作，不仅包括企业内部的跨部门协作，还包括企业外部协作。必要时，需要在团队中纳入企业外部成员。

思想6 业务与能力并重

法国社会心理学家H. M·托利得（托利得定理）表示，测验一个人的智力是否属于上乘，只需看其脑子里能否同时容纳两种相反的思想，而无碍其处世行事。我们认为，企业的运营也是如此。任正非说的"灰色管理"也反映了这个思想。

在企业运营中，业务开展和内部能力建设是一对矛盾。开展业务需要消耗企业资源，比如占用各级管理层的时间。虽然通过业务开展能够获取经验，可以提升能力，但独立进行能力构建也是必需的，正所谓"磨刀不误砍柴工"。由于能力建设对业务促进有滞后性，因此往往得不到重视。IPD体系特别强调，在快速响应市场需求的同时也不能忽略内部能力构建，两者都很重要。内部能力构建包括技术能力和人力资源能力的构建，尤其是与IPD体系适配的人才体系的建设。无论产品多有竞争力，都会有生命周期结束之时，然而企业一旦持续拥有创新能力，尤其与战略匹配的核心竞争力，就能源源不断地推出新产品。

企业可以根据不同的发展阶段、外部环境和企业战略目标，有策略地把某个阶段的重点放在业务发展或内部能力的建设上。

业务和能力若要均衡，需要在规划上做到上下（上下级之间）、左右（部门之间）、长中短期、内外（规划与外部环境之间）"四个对齐"，并在绩效管理机制上加以牵引。华为的"拧麻花"机制（把看似相反的目标有机地结合在一起），正是为了促进业务和能力的均衡发展。

思想7 与时俱进，灵活发展

企业与好的管理体系，是一个相互适配的过程。导入新体系的过程，是一场业务管理变革，不能过度强调企业的特殊性，而不愿意改变自己来适应新的管理要求。同时，管理模式要发挥作用，必须结合企业内外部环境。任正非2009年曾说过："西方企业的管理方法在中国的失败，是在于照搬西方的管理。"IPD不是一套固化的、完全不变的思想、流程、子流程、组织架构、激励机制，更不是各种纷繁复杂的工具、模板、表单和考核指标。IPD是灵活发展的，必须在不断吸取业界最佳实践和解决业务问题的过程中与时俱进。华为目前运行的IPD与20多年前在IBM咨询顾问的指导下引入的IPD，已经有非常大的不同。IPD体系的生命力在于它的开放性和灵活性，其经过适配后可以运用在不同的创新场景。

IPD体系中任何一个单独的核心思想，都有似曾相识的"大道理"，但该体系的独特之处就是把这些思想集成在一起，并通过七大组成部分落地，每个组成部分包括相应的方法论、流程和管理体系。IPD体系架构如图2-1所示。

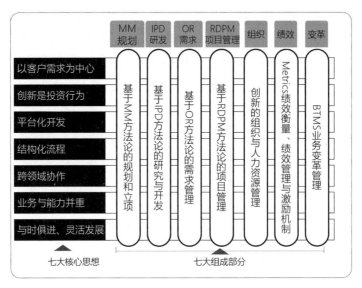

图2-1　IPD体系架构

IPD的七大组成部分

IPD体系的七大核心思想的提出，最终是要解决企业在创新和变革方面的七大问题。但是，光有思想不行，还要有把思想落地的手段，即IPD体系的主要内容。

通过对华为创新和变革管理的深入研究、亲身实践，以及近20年来在各行各业中应用IPD体系的经验，我们把该体系划分为七大组成部分或者七大模块，它们相对独立，相互关联，共同构成一个有机的整体。

在本书中，当我们谈到宏观的IPD，如果不做特别说明，通常指的是"IPD体系"，包括IPD七大核心思想和IPD七大组成部分。

组成 1　需求管理：把需求作为重要的管理对象

无论是被动响应客户的需求，还是主动通过战略规划、技术和产品创新"创造"客户需求，企业创新的最终目的都是要满足客户需求，让客户满意。

任正非说："华为的商业模式就是以客户需求为中心。"虽然很多企业家也会这么说，但并不是所有企业都在这么做。在企业内部，正式把需求作为一个管理对象，用规范的方法、流程和工具来管理需求的就凤毛麟角了。没有好的需求管理，就无法为产品和技术的规划、立项和研发提供高质量的输入，无法从一开始就"做正确的事"。需求管理包括五个过程：需求探索和收集、需求分析、需求分配、需求实现、需求验证。

组成 2　基于 MM 方法论的战略与规划：做正确的事

公司的产品线、单个产品、区域市场及各个部门等都需要规划，有的是定期规划，有的是在某些事件触发下开展规划或立项。如何让这些规划、立项相互匹配呢？MM 方法论为所有层级的规划提供了一致的方法论。MM 方法论分为六个步骤：理解市场，细分市场，组合分析，制订商业计划，融合和优化商业计划，管理商业计划并评估绩效。MM 方法论是工作方法，也是思想方法，实际运作中绝非按部就班"填模板"就能完成，而需要通过各个步骤的内部、相互之间的迭代创新，最终制订出可执行的业务计划。

组成 3　基于 IPD 的研发：如何进行创新

只要是做以前没有做过的事，都是创新，比如产品开发、技术开发、平台开发、预研。对管理体系进行变革和优化，也是创新。这些非重复性工作，是否能在统一的方法论指导下进行呢？答案是肯定的，这个方法就是狭义 IPD 研发方法论（也叫"小 IPD"）。它为企业内部所有类型的创新工作提供了一致的方法，为企业提供了统一的创新语言。IPD 方法论也分为六个阶段：概念、计划、开发、验证、发布和生命周期管理。相对 MM 方法论的六个步骤，IPD 方法论要针对不同的对象进行适配。针对投资大、研发周期长、参与人员多的对象，比如全新的航空发动机、电信系统，一般严格按照"瀑布模型"进行，以便控制风险，提高质量。对于有些需要在迭代循环中完成的对象，比如女士时装软件开发，应该使用"敏捷过程模型"进行开发。小IPD的发展方向是，把需求管理和规划全部纳入一个全功能团队内完成。

组成4　研发项目管理：管理的"临门一脚"

创新型工作都以项目方式开展，前期所有规划成果都必须通过一个个项目来落地。如果把创新比作一场足球赛，那么规划和立项是足球赛的后场和中场，产品开发流程和项目管理就是前场，尤其是项目管理，是"临门一脚"。即使前面的工作做得再好，如果项目管理没有做好，就不能开发出成功的产品和技术。项目管理有通用的方法论框架，比如PMP的PMBOK（Project Management Body of Knowledge，项目管理知识体系）。但是，产品和技术研发类项目和其他类型项目相比，有很大不同，这决定了其管理方法也应有所不同。为此，华为调集各个部门的精兵强将，在参考PMBOK和业界优秀实践做法的基础上，制定了RDPM（R&D Project Management，研发项目管理）框架。RDPM创新性地把各种管理方法和工具集成在一起，为成功开展研发项目提供了坚实的保障。

组成5　矩阵组织与重量级团队：职能部门支撑团队运作

管理大师亨利·明茨伯格曾表示，矩阵结构是未来组织的终极模式，但同时矩阵结构又是不稳定的。很多企业因为没有信心或无法应对矩阵架构中的"多头管理"而选择放弃，要么寻找更加"先进"的组织模式，要么回到传统职能制的"统一指挥"原则，导致公司集权和官僚化，无法快速响应市场需求，公司的组织方式成为创新的障碍。有的企业则走向另一个极端，把公司拆分为若干个子公司或独立业务单元，难以实现资源共享。华为主动选择"不稳定的"矩阵结构，将业务线与资源线进行相对分离，构建重量级团队，打造流程型组织。华为的成功实践证明，矩阵结构不是洪水猛兽，而是解决如何合理分工、如何高效合作的最佳组织模式。在动作良好的矩阵组织里，得到充分授权的重量级团队像小公司一样能快速灵活地响应市场，同时，各个重量级团队能充分共享资源，发挥大公司的规模优势。

组成6 绩效衡量、绩效管理与激励机制：让员工获益

很多人认为，华为之所以能让二十多万人充满激情地工作，主要就是靠员工所有制、股权和高工资。有的企业高管设想，只要能像华为一样让员工持股就可以解决本企业的绩效激励问题。有的国企领导人甚至以此为理由"躺平"，认为无法像华为那样调动员工积极性，是因为国企不能给股权和高薪酬。其实不然，仅仅靠股权和薪酬，是不能把员工的积极性调动起来的。员工的激励，尤其知识型员工的激励并不是这么简单。股权本质上是一种风险很大的投资，根据赫兹伯格的"双因素理论"，薪酬也不是一种激励因素。那么，在调动员工积极性方面，是什么在起作用呢？

公司把人员组织在一起，让大家在同一平台上工作，并构建流程，虽然解决了谁来做事、如何做事的问题，但要让员工充满工作激情，还有很多工作要做。

第一，需要对绩效进行有效的测量，包括组织绩效和个人绩效。犹如行驶中的飞机和汽车需要仪表盘，随时可以掌握机器的运行状况，IPD体系也需要一个"管理仪表盘"，对整个组织、需求、规划、研发等流程和项目团队的运作状况进行测量，随时知晓所处的状态，做到"双眼紧盯"。

第二，要把公司战略和目标进行分解，转化为各个层级的组织目标和个人目标，并使这些目标"对齐"，这个过程也叫战略解码。上级主管要通过绩效管理过程帮助下级达成个人目标，在过程中要和员工保持持续沟通，在过程中实现对员工的激励。激励手段是多方面的，既有物质的，也有非物质的，应满足员工多方面的需求，而不应为了考核而考核，考核只是绩效管理的一部分。对于绩效与激励，不是让员工受约束或有自我牺牲精神，而是满足员工在整个绩效管理过程中多方面的需求，让员工即便像雷锋一样做好事也不会吃亏。

组成7 业务变革管理体系（BTMS）

很多企业因为引入IPD实现了重大改变，而有的企业引入IPD却并不顺利，甚至"失败"了。虽然有些企业认为IPD是个好东西，但又觉得它太复杂，不适合本行业、本企业；有些企业在引入IPD之后，企业状况仍没有发生变化，便认为IPD不适合，大有把企业经营不好的责任甩锅给IPD的嫌疑。只要企业不想引入IPD，

总可以找到理由。

其实导致引用IPD没有达到企业预期的原因有很多。要把IPD的七大核心思想和七大组成部分成功引入企业并产生效果，是一个系统工程。最高层的重视、空杯的学习态度、时间上的投入是基础。我们可以把IPD体系的导入可被视为一种服务产品，可以由外部顾问提供，也可以由企业内部人员提供。IPD体系的导入需要改变企业和员工的做事方法，是一个变革过程，也是一个管理创新过程。通过变革需求、变革规划和立项、变革实施和项目管理、变革组织、变革团队和激励机制等来系统管理变革过程，也就是业务变革管理体系（BTMS）。

七七四十九：思想和方法论的融合

从系统角度出发，如果把IPD看作一个系统，那么其又包含着多个子系统。系统具有"涌现"的特征，一个好的系统所具有的能力，会远远超过单个子系统能力的简单相加。IPD之所以能够帮助大量企业管理好创新和变革，就是因为该系统集成了各种方法和工具，并把它们有机地整合在一起，从而"涌现"出强大的能力，推动创新与变革。

由此，我们对IPD体系的构成做出如下总结。

➤ IPD七大核心思想通过七大组成部分落地，思想和各个组成部分是多对多关系。

➤ 每个组成部分有各自的方法论，方法论包含若干工具，最终表现为流程和管理体系。

➤ 方法论和工具需要反复练习，才能形成组织能力和个人能力。

➤ 流程中的不同角色，要与组织中的岗位对应，角色和岗位可以是一对多、多对一和多对多的关系。

➤ 可以通过同心圆模型构建各个角色的能力模型，依次进行能力建设。

➤ 可以通过3E（培训、实践、曝光）模型不断学习、实战、曝光、相互交流，提升能力。

➤ 流程和管理体系的表现形式与企业内外部环境相关，也和企业对管理的理解和认知相关。

第 2 章　创新与变革为什么会失败

IPD体系七大组成部分中的方法论要有机地结合在一起，形成价值流，解决企业创新和变革中的若干管理问题，让企业始终以客户需求为中心。IPD体系的概要框架可用一个小房子结构来表示，如图2-2所示。图片中居中的是需求管理，无论是产品创新还是技术创新，都要围绕客户需求进行。图片的下方是使能器（Enables），也叫支撑流程或子流程，可以根据功能领域来设计，确保三大关键任务的完成。图片的上方是战略与决策，为创新提供方向指导和阶段性决策。图片的两侧是组织和绩效，其可以确保流程体系的运作。

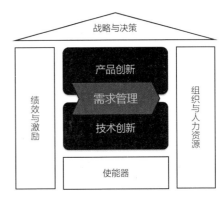

图2-2　IPD体系概要框架

本章要点

（1）企业在创新管理和变革管理方面，存在七个方面的主要问题。

（2）IPD的核心逻辑与系统工程是一致的。IPD框架适用于不同行业、不同规模、不同所有制性质的企业，其中既包括B2B企业（企业对企业）又包括B2C企业（企业对消费者）。

（3）IPD框架包括以客户为中心的七大核心思想和七大组成部分。核心思想和组成部分是多对多的关系。核心思想需要通过组成部分及基于这些组成部分的业务流程和管理体系来落地。同时，业务流程和管理体系要有核心思想和方法论作支撑，才有灵魂和生命力。

（4）IPD的七大核心思想包括基于需求的研发（以客户需求为中心），创新是投资行为，平台化开发，结构化流程，跨领域协作，业务与能力并重，与时俱进、灵活发展。

（5）企业需要对IPD核心思想、方法论、业务流程和管理体系达成共识，并围绕方法和工具进行反复练习，才能形成个人和组织能力。

Chapter 03

第3章

用 MM 方法论
确保做正确的事

战略与规划工作不能外包

就产品和技术管理的逻辑顺序而言,先有产品和技术的战略与规划,然后是立项与研发,最后是产品提供与服务,企业的管理体系如图3-1所示。

产品提供与服务确保企业今天的生存,对应的关键任务是产品的制造和销售。产品的战略、规划、立项与研发,事关企业未来的生存发展,需要提前投入,但是企业往往会忽视这些能力的建设,尤其战略与规划能力的建设,这种能力的构建非常难,短时间内不会产生业绩,是重要而不紧急的事情。

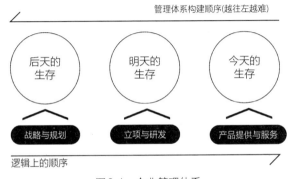

图3-1 企业管理体系

产品提供与服务要关注今天如何生存,立项和研发要关注明天如何生存,战略与规划需要关注后天的生存,即需要解决的问题是要研发什么技术和产品。制造可以外包,销售可以交给批发商和零售商或利用电商渠道,研发可以委托给设计公司或用OEM、ODM[①]等方式外包。但是,企业究竟应当进入什么市场?提供什么产品?如何定义产品?为此,应当构建什么能力?这些有关"后天的生存"的工作无法外包。虽然有大量提供战略与规划服务的咨询公司,但这些公司主要是提供战略咨询,以项目方式开展,一般不涉及产品规划、立项和具体产品定义,咨询公司通常也不会将背后的规划方法论系统传授给企业。因此,企业要长期发展,必须掌握市场管理、产品与技术战略、规划和产品定义等方面的方法论和工具,构建规划和规划管理能力。

---

① OEM(Original Equipment Manufacture,原始设备生产商),ODM(Original Design Manufacture,原始设计制造商)。

案例：华为的战略误判

2019年10月，任正非在接受欧洲新闻台记者采访时，谈到华为在发展史上抓住的若干机会，看起来似乎一切都很顺利，似乎是天时地利人和的结果。但是，任正非没有谈到的是，华为早期曾存在严重的战略失误，差点让华为"寿终正寝"。

20世纪90年代末期，华为已经成为一颗不可小觑的新星。当时的华为没有规范的战略和产品规划体系，只有简单的产品和技术路标，并且这些路标的形成缺少严谨的市场分析，导致华为在发展历史上出现两次战略误判。

第一次误判发生在2000年左右。当时，中国电信为了和中国移动竞争，引入小灵通技术（PHS）。小灵通辐射小，资费便宜，有很大的市场空间。对于小灵通技术，华为的部分高层也颇为心动，但任正非个人的态度非常坚决，他认定小灵通的市场机会短暂，其技术很快会被更先进的技术取代，华为不会去投资即将落后的技术。虽然任正非的决策并不能服众，但华为还是放弃了小灵通业务。2000—2003年，中兴通讯和UT斯达康抓住了市场机会，依靠小灵通业务，在规模上逼近华为，年销售收入均达到200亿元左右，导致华为2002年出现创业以来的首次销售收入负增长，员工大量流失。

华为的第二次误判也与小灵通有关，没有把研发资源投入小灵通技术，转而把大部分研发资源投向GSM。不做小灵通，过早放弃CDMA技术，都让华为错失了巨大的市场机遇。2014年4月，任正非在华为上海研究所专家座谈会上表示，追赶是容易的，但领队却不容易，因为不知道路在哪儿。小灵通让他痛苦了8～10年，内心充满了恐惧。他并不怕来自外部的压力，而是怕来自内部的压力。不做小灵通，会不会使公司走向错误的道路，甚至崩溃？做了，是否会让华为损失争夺战略高地的资源？

2019年，任正非接受记者采访时透露，2002年华为管理层已经决定把公司卖给摩托罗拉，转行进入如日中天的房地产市场或传统的机械制造业。如果不是摩托罗拉新任董事长否决了该项收购案，华为已不复存在。

为了扭转被动局面，2003年，华为在小灵通市场上杀了个"回马枪"，但这时的目标已不再是赢利，而是用低价与对手竞争。虽然后续发展表明，正是华为在3G等主流技术上的持续高强度投入挽救了华为，使其最终成为全球主流通信设备供应商,但是,如果华为没有错过小灵通的市场机会,那么在2001—2003年也就不会那么被动。

基于对战略失误的深入思考,华为决定加大在产品战略规划和立项上的投入,从2005年开始更大规模地推广市场管理体系。轮值CEO徐直军在2012年接受记者采访时,回忆道:

从2005年开始,华为就开始建立战略营销体系,更多聚焦怎么倾听客户需求、怎么理解客户需求,跟客户探讨他们到底需要什么,然后来定义自身的产品,这个体系的成功建立提升了华为的判断能力、决策能力。

企业在规划中的典型问题

与产品制造过程、开发过程类似,规划过程也需要被规范管理。但是,大部分企业还没有深刻意识到这点,不能做到"四个对齐"。"对齐"是指各项工作之间的相互匹配和加强。

(1)上下对齐:指高层、中层和基层的工作的对齐,也表现为战略规划、产品规划、立项和产品开发的对齐。

(2)左右对齐:指不同部门工作的对齐,也表现为不同产品线、产品系列的对齐。

(3)长中短期对齐:指长期规划(5年以上)、中期规划(1~5年)、短期规划(年度计划)和目前正在开展的工作的对齐。

(4)内外部对齐:指规划要满足客户和市场需求,适应外部环境变化。同时,规划要和外部合作伙伴对齐。

具体来讲,存在以下几个方面的问题。

公司战略对产品规划的输入不足

如果把公司比作一个大系统,那么每个业务单元则是大系统中的子系统,子系统的设计必然要遵循大系统的要求,否则,当若干子系统整合在一起时将不能实现大系统的目标。因此,在各业务单元的规划开始前,在公司层面要先确定好方向，对各个业务单元提出要求，避免产品规划无法承接公司战略。

不少公司的战略规划报告洋洋洒洒几十页，甚至上百页，重点放在行业环境、市场特点、公司使命、愿景、战略目标、各个领域的策划，但缺少对客户需求的分析，也缺少清晰的产品发展路标。

很多企业在进行产品规划时，高层没有给予充分的指导，对未来需要发展的核心业务、各业务单元在公司内部的定位及相互之间的关系等均没有提出明确的要求。

各种规划不能做到相互支撑

每到年底或年初，绝大部分企业都会开展各种"规划"工作，包括公司战略规划、市场营销规划、产品和技术规划、人力资源规划、供应链规划、财务规划、IT规划……但很多时候，这些规划之间往往不能有效匹配和协同，为什么？

首先，制订这些规划的工具和方法由不同部门分别完成，各个部门都有一套自己的规划逻辑和语言，高层需要花费大量的时间和精力来理解。

其次，在操作上，这些规划基本都是相互"背靠背"完成，相互之间沟通不充分，造成不能互相支撑。例如，营销规划仅有销售目标如何完成的规划，没有把目标分解到各个产品上。究其原因，不少企业认为营销规划是营销的事，而产品规划是产品和研发部门的事。

最后，在组织层面，大量企业没有专职从事规划的部门或岗位，仍然由公司和各部门领导"兼职"完成规划。有的企业虽然有规划部门或岗位，但是没有接受过正规的、一致的方法论训练，导致公司层面、各个业务单元、各个职能部门的规划方法不一致，规划的过程、质量、输出也不统一。

还有，各部门的规划没有统一的方法论、没有一致的流程，没有人员负责统筹规划工作，导致各部门规划割裂，无法通过规划形成组织的一致行动。

没有基于客户需求进行产品规划

产品路标规划必须来自或充分考虑客户需求，即便是技术推动的规划也是如此。这个看起来简单的逻辑，在实际操作过程中，往往被企业所忽视。很多企业在开展产品规划时，没有从市场、客户需求出发，而是更多地基于现有能力和产品，过度考虑自身现状，没有体现外部宏观环境、行业竞争格局、技术发展趋势、市场状况、客户需求场景等因素。导致的结果是，要么创新不足无法满足市场需求，要么创新的成本高、收益低。

任正非特别强调，产品规划一定要基于客户需求，他曾在某次产品路标规划会议上说：

> 波音公司的777客机是成功的。波音在设计777时，不是一开始就自行去设计，而是把各大航空公司的采购主管纳入PDT中，由各采购主管对下一代飞机的设计要求进行讨论，将他们的想法吸纳到设计中。这就是产品路标，并以客户需求为导向。产品路标不是自己画的，而是来自客户！
>
> 企业发展之魂是客户需求。我们一定要真正明白客户需求，坚定不移地以客户需求为导向。我们要真正认识到客户需求导向为企业的生存发展指明了方向。需求就是命令，我们一定要重视客户需求。

现在，华为在很多领域都全球领先，对核心技术的掌控成为企业发展驱动力，但是华为依然强调产品和技术要"拧麻花"，技术最终要服务于产品，产品要满足客户需求。

长中短期业务的规划不均衡

"人无远虑，必有近忧"，对企业也是如此。不少企业的规划，没有处理好现有优势业务、发展中业务和未来业务的关系。要么过度关注现有产品的规划，要么过度把重心放在新机会上。在B2B行业中，不少企业忽略现有成熟产品的规划，几乎将所有关注点都放在新机会上，尤其是一些在行业中处于领先地位的企业，他们认为自己对现有业务和产品已经非常了解，规划的重点应该是寻找新机会。在这些企业中，订单型业务尤其如此，企业认为订单型业务很难进行产品和技术规划，而往往根据客户需求进行研制。

在咨询实践中，有一家工程机械行业企业，其主要产品在国内市场占有率已经超过30%，稳居行业第一位已有若干年。该细分领域随着城市轨道交通建设的放缓，不再增长，于是这家企业将战略和产品规划的重点放在了周边领域，但对这些领域并不擅长。几年过去，这家企业发现自己擅长的优势业务被对手赶上来了，而新业务的发展并不理想。痛定思痛，在顾问的帮助下，企业高层终于意识到现有业务规划的重要性。也就是说，在开拓新业务的同时，首先要把现有的"基本盘"业务规划好，否则会造成现有阵地的丢失。

通过高成本的不断试错形成产品规划

很多企业认为自己的产品简单、生命周期短或市场变动快，做中长期的产品规划费时费力，没什么用。

从短期来看，这样的做法问题不大。但从长期来看，如果不注重打造核心竞争力，一味被动响应市场，慢慢就会落后于竞争对手，形成"竞争对手做啥我做啥，客户要啥我做啥"的局面。最终导致针对现有市场需求开发了很多产品，但成功率却逐步降低。因为这些企业的现有产品布局是在被动响应和试错中形成的，而不是经过主动的、规范的规划过程产生的。虽然有一些产品成功了，但也为此付出了惨痛代价。当企业发展到一定阶段，这种运作方式将大大增加经营风险。

我们不否认"先开枪，再瞄准"的重要性，尤其在环境变化快、需求不明确的情况下，的确要采用敏捷方式不断更新规划，但同时，也要重视"先瞄准，再开枪"的重要性，两者要结合起来。

没有考虑平台和技术规划

企业在产品规划中的问题，还表现在产品规划和平台规划、技术规划相互割裂，没有基于业务的分类和分层来进行产品和技术的规划和开发，也没有引入产品架构和平台的概念和方法，导致不能充分考虑各个产品之间、各个产品线之间的技术共同点，不能形成产品平台和技术平台，难以在公司层面形成核心技术壁垒。结果是企业开发了很多产品，但没有形成系列，每次开发新产品都要从头做起，研发成本高，产品上市速度慢，质量也得不到保证。同时，因为产品之间差异性很大，导致供应链成本、销售成本和后期维护成本升高。

MM方法论的核心逻辑与应用

孙子曰："上下同欲者胜。"

前面提到，企业要在竞争中取胜，必须做到目标的"四个对齐"：上下级之间的"上下对齐"，部门之间的"左右对齐"，时间维度的"长中短期对齐"，这些目标和外部环境之间的"内外对齐",如图3-2所示。

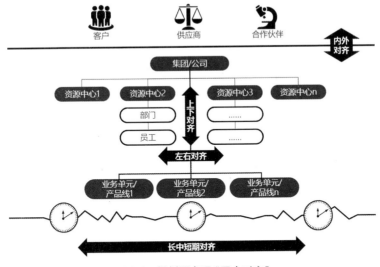

图3-2 规划要实现"四个对齐"

为了实现"四个对齐",众多企业孜孜以求,但又纷纷铩羽而归。企业越大,越难做到。

基于MM方法论的战略与规划体系让"四个对齐"成为可能,本章将从原理和应用上进行概述。

所有流程的背后都有方法论做支撑,规划流程背后的核心方法论就是MM,它为各层级规划提供了一致的解决方案。具体来讲,就是把公司、各业务单元/产品线、各部门的规划纳入整个MM大体系中,在规划过程中把各个部门并行起来,确保各自的规划围绕整体目标进行,从而最大限度实现"对齐",实现公司所有层级的行动都以客户需求为导向。

管理术语: MM方法论

MM方法论需要通过一系列流程来运作,把相关工具融入其中。它运用严格、规范的方法分析市场走势、业务要求及需求,创建合理的市场细分规则,对要投资和取得领先地位的细分市场进行优先级排序,从而制订可执行的业务计划和产品规划,驱动新产品的开发和各领域活动,并闭环管理业务计划。严格执行MM流程可使各项举措成功付诸实施。

完整的方法论包括6个步骤:理解市场,细分市场,组合分析,制订业务计划,融合和优化业务计划,管理和评估业务计划,如图3-3所示。

图3-3　MM方法论的6个步骤

与IPD产品开发流程（小IPD）不同，MM的6个步骤是循环迭代的。因为在规划过程中，随时可能修订前面的结论，而且对规划的管理也是周而复始的。

MM方法论的总体逻辑是先确定要服务的对象（细分市场和客户）及其需求，再用产品和服务进行匹配，然后确保能力能够支撑，最后进行闭环管理。

（1）在明确使命、愿景和目标的基础上，确定要服务的对象（细分市场和客户）及其需求。

（2）确定用什么产品/服务/解决方案等来满足细分市场和客户的需求。

（3）确定采取哪些行动/构建哪些能力来提供这些交付。

（4）对规划过程进行闭环管理和评估。

MM方法论逻辑结构清晰，容易理解，是一种通用的规划方法论，为企业所有层级规划提供一致的解决方案，图3-4列举了一些具体的应用。

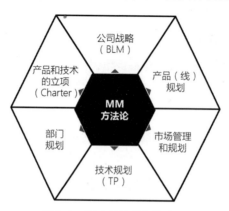

图3-4　MM方法论的具体应用

MM方法论用于产品规划

下面以分子公司、业务单元或产品线作为规划对象，来介绍MM方法论指导下的产品规划流程如何运作。

规划的启动和输入

对于以下几个问题，答案都是产品线规划的输入。

（1）产品线的使命是什么？
（2）产品线的愿景是什么？
（3）产品线的目标是什么？
（4）产品线的战略是什么？

这些问题通常是公司战略要回答的，或者是上一层规划的输出。如果不是第一次进行规划，只需对之前的结论进行更新。如果是第一次进行完整规划或刚进入该领域，输入可以适当模糊，但在规划过程中要和上一级规划组织或团队、高层取得共识，并逐步进行完善。

产品规划的输入，还包括一些战略指导原则和方针，比如在华为，任正非一直强调的"压强原则""针尖战略"为规划框定了范围。

华为实践：针尖战略

在华为，聚集战略一直被摆在重要位置。任正非在2013年第四季度内部讲话中曾表示只允许员工在"主航道上"发挥主观能动性与创造性，盲目的创新会分散公司的资源与力量。对于非主航道的业务，还是要认真向成功的公司学习。坚持稳定运行，保持合理有效、尽可能简单的管理体系。要防止盲目创新，如果四面八方都喊响创新，将会是企业的葬歌。

在中美贸易摩擦背景下，华为很多核心部件继续面临"断供"风险。2022年8月，任正非在内部文章《整个公司的经营方针要从追求规模转向追求利润和现金流》中，对战略和预算提出以下要求。

2023年的预算要保持合理节奏，盲目扩张、盲目投资的业务要收缩或关闭。全公司都要有效使用预算，将项目关闭后释放出来的人力压到前线去，继续优化机关业务，合理编制人员ICT基础设施，对于挂在上面搭车的项目都要摘出来。

军团是建基础信息平台，更好地卖ICT，基础设施卖底座不是做生态，终端是未来我们崛起的突破口，但不能盲目进行。现在要缩小战线，集中兵力打歼灭战，提升盈利水平。

➤ 华为云计算要踏踏实实以支撑华为业务发展为主，走支持产业互联网的道路。要抓住战略机遇窗口，在数字能源上加大投入，创造更大价值。收缩机关，加强作战队伍。

➤ 智能汽车解决方案战线不能铺得过长，要减少科研预算，加强商业闭环，研发要走模块化的道路，着力提升几个关键部件的竞争力，剩余部分可以与其他企业合作。

除了关乎生存的连续性投资及能够盈利的主要目标，未来几年内不能产生价值和利润的业务都应该缩减或关闭，把人力物力集中到主航道上来。我们要面对现实，不要有太遥远、太伟大的理想，要快刀斩乱麻，将富余人员调整到战略预备队，再把他们分配到合理的岗位上去"抢粮食"。

一定要把边缘业务从战略核心中抽出来。边缘业务抽出来以后，应先评估一下能不能做好，还需要投入多少资源，资源消耗巨大的业务不如将其关闭以后让别人去做，我们不要"包打天下"。如果确实是在战略管道里的，我们必须做又做得不够好的，就改组作战队伍。如果出现了一些机会窗，我们就扩大战略预备队和干部专家战略资源池，组成突击队去突击。

坚持实事求是，在市场上的收缩要坚决。我们以前怀抱全球化理想，立志为全人类服务，现在我们的理想是什么？活下来，哪里有钱就在哪里赚一点。从这个角度出发，我们要调整市场结构，研究一下哪些可以做，哪些应该放弃。

2013年，华为的主航道业务是运营商业务，非主航道业务是终端和企业业务。但是非主航道业务也是动态的。2018年，终端业务成了华为的主航道业务。自2019年，在美国的打压下，华为不得不出售终端公司旗下的荣耀手机业务，确保运营商业务有足够的现金流"过冬"。此外，在每个业务单元的内部，也有主航道业务和非主航道业务，比如华为终端公司的主航道业务就是智能手机。

💡 MM流程各个阶段的输入和输出

在MM流程的6个阶段中，每个阶段的输出就是下一阶段的输入。MM流程中6个阶段的输入和输出如表3-1所示。MM流程中，还包括了大量工具方法，本书不做深入讲解，有兴趣的读者可通过阅读相关书籍进一步了解。

表3-1 MM流程中6个阶段的输入和输出

阶段	输入（主要活动）	输出（主要活动）
理解市场	输入：使命、愿景、目标、战略 • 宏观环境分析 • 行业竞争分析 • 市场和需求（$APPEALS）分析 • 自我分析	• SWOT • 市场地图 • 业务设计（Business Design, BD）
细分市场	• 确定细分市场标准 • 进行市场细分 • 进行初步的市场调研 • 进行初步的组合分析	• 初步选定的细分市场 • 细分市场概况
组合分析	针对每个初步选定的细分市场，用"理解市场步骤"中的工具进一步进行分析 • 进行市场吸引力分析 • 进行竞争地位分析（蜘蛛图/雷达图） • 进行战略定位分析 • 进行财务分析	最终选定的细分市场列表及其对应的信息 • 详细市场数据 • 详细客户需求信息 • 详细竞争信息 • 市场和产品对应表
制订业务计划	• 进行安索夫（Ansoff）分析 • 进行产品和技术生命周期分析 • 制订创新策略：避免"创新者的窘境" • 采用4P+2①框架制订业务计划	• Ansoff分析结论 • 细分市场业务计划 • 产品线初步业务计划
融合和优化商业计划	• 不同细分市场间的融合优化 • 不同产品线间的融合优化 • 与功能部门间的融合优化 • 公司级项目组合分析	• 最终产品线业务计划（PL-BP） • 产品路标
管理和评估业务计划	• 制定项目任务书（Charter） • 监控业务计划实施 • 评估业务计划 • 调整业务计划 • 评估变革效果	• 项目任务书（Charter） • 业务成果，包括市场、产品、财务成果等 • 各领域业务计划的管理和评估 • 调整后的业务计划 • TPM②评估结果

注：①4P：产品（Product）、价格（Price）、渠道（Place）、促销（Promotion）。2：技术支持、订单履行。
②TPM：Transformation Progress Metrics，变革进展评估。

将MM方法论应用于产品规划时，本质上就是用"主观"的产品与"客观"的市场进行匹配的过程。产品与市场的对应关系如图3-5所示，产品和市场之间可以是一对一、一对多、多对一、多对多的关系。

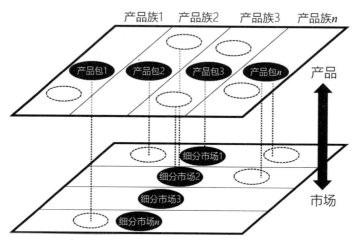

图3-5　产品与市场的对应关系

管理术语：业务计划书/商业计划书（Business Plan，BP）

业务计划书是对业务如何运作的总体性说明文档，用于内部交流和向高层或投资方汇报，文档的详细程度视需要而定。业务计划书也叫商业计划书。

根据规划的对象，业务计划书主要有以下几种类型。

（1）公司业务计划书（Corporation BP，C-BP）。

（2）产品线业务计划书（Product Line BP，PL-BP）。

（3）产品包业务计划书（Offering/Solution BP，O/SBP）。

（4）细分市场业务计划书（Segment Market BP，SM-BP）。

（5）功能部门业务计划书（Function Department BP，FD-BP）。

长期的业务计划书也叫战略规划或战略计划报告（SP）。是否要区分SP和BP，以及需要制定多少份BP，应视企业规模和在规划上投入的资源而定。

管理术语：产品包和产品路标

产品包是"产品"这个概念的拓展，包括外部交付和内部交付。外部交付是提供给客户的部分，可以是有形的，也可以是无形的，或两者的组合，也就是通常所说的产品、服务或解决方案。内部交付是为了满足外部交付而必须在内部交付

第3章 用MM方法论确保做正确的事

的部分,比如营销交付给研发的客户需求,研发交付给制造的技术文件等。

产品路标(Product Roadmap,PR)是公司、业务单元或产品线的产品、服务或解决方案的发展方向和规划,说明在未来若干年内,何时要向目标市场提供何种特性的产品。产品路标对内用于指导项目任务书(Charter)开发和牵引技术规划,对外用于与客户互动以获取需求和支撑销售。产品路标也叫产品线路图,是SP和BP的重要内容。

与产品路标对应的有技术路标,也叫技术线路图。

MM方法论用于项目任务书开发

MM方法论还可应用于项目任务书的开发,为产品开发流程(IPD)提供输入。如图3-6所示,典型的项目任务书开发流程(Charter Development Process,CDP)可以分为5个阶段,是MM流程在立项上的应用,有的企业称之为产品定义、产品企划或产品策划。一般情况下,CDP的起点是产品路标规划,在企业没有产品路标规划,或者路标规划中并没有该新产品时,CDP起始于对产品的初步构想或产品创意,终止于项目任务书的评审和移交。CDP的不同阶段及其主要工作内容如表3-2所示。

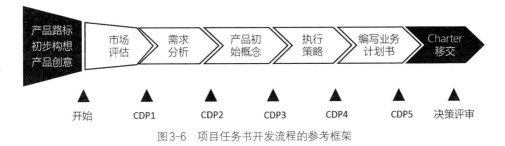

图3-6 项目任务书开发流程的参考框架

表3-2 CDP的不同阶段及其主要工作内容

阶段	主要工作内容(以B2B为例)
市场评估	(1)明确产品的目标市场和目标客户; (2)明确产品对客户的核心价值,比如帮助客户增加收入、降低成本等; (3)进行竞争分析,包括竞争环境、竞争对手和竞争产品分析; (4)明确产品能给公司带来的价值,比如收入、盈利、竞争力的提升等

续表

阶段	主要工作内容（以B2B为例）
需求分析	（1）探索细分市场特征、客户需要、应用场景等； （2）分析产业或行业发展方向； （3）分析新产品的竞争力；
需求分析	（4）分析商业模式、价格需求； （5）对需求进行排序
产品初始概念	（1）产品概念探索，应基于多个维度进行权衡选择，比如外观、技术方案等，也就是要把产品做成什么样，是新产品的"黑盒"设计构想； （2）形成初始产品包需求，包括成本、物理形态、功能、性能、可服务性、可制造性、升级演进、质量、资料、包装、运输等； （3）对初始产品包需求进行排序； （4）评估产品概念的竞争力
执行策略	确定各个领域的关键实现路径，确保产品可以研发出来并能满足客户需求，并取得市场成功，包括：平台、外观或工业设计、关键零部件、关键技术获取策略，知识产权策略，赢利模式，上市策略，生命周期策略，资源需求预估，投入产出评估，风险评估，盈利计划等
编写业务计划书	整合以上内容并形成初始的业务计划书，并把关键部分形成项目任务书汇报材料

管理术语：项目任务书（Charter）

项目任务书是研发项目的启动文档，是用于向干系人，尤其是高层或投资方汇报项目概况、承诺目标、获取资源的关键性文档。对于产品开发项目而言，把初始产品包业务计划书的核心内容提取出来，形成项目任务书，必须回答以下6个关键问题。

（1）Why：为什么要开发这个产品？

（2）What：产品是什么？要满足客户什么需求？

（3）Who：谁来开发产品？

（4）How：如何开发这个产品？

（5）When：开发计划是什么，何时上市？

（6）How much：需要多少投资，收益是多少？

MM方法论用于中长期战略规划和年度规划

在外部环境、客户需求、竞争对手和竞争产品等都快速变化的时代，是否还需要进行规划，是否还需要分别做长期规划和短期规划？长期的战略规划是否已经过时？亨利·明茨伯格在《战略规划的兴衰》（*The Rise&Fail of Strategic Planning*）中，对这些问题进行了深入研究，结论是规划不能太多，也不能太少，需要企业自己把握。这样的结论从实践角度看，还不能给出具体指导。关于规划，我们的总体观点如下。

（1）越是不确定的业务，越要进行规划，尤其是要进行长期规划，但要随时进行调整，否则产品开发只能是机会主义的。例如，智能手机虽然看起来产品生命周期短，但如果没有长期的核心技术规划，就很难保持长期竞争优势。

（2）产品和技术研发周期越长的业务，越要进行长期规划，比如航空发动机、飞机、乘用汽车。

（3）投资越大的业务，越需要进行长期规划，比如药品开发。

（4）如果要取得长期竞争优势，必须进行长期规划，在此基础上进行基于产品和技术平台的开发，并取得质量、成本和时间进度在高层次上的平衡，比如通信设备、系统软件（如操作系统）。

中长期规划的周期为5年左右，每年应进行调整。中长期规划的周期根据行业和企业的不同，可以自行界定，建议以3～10年为宜。业务计划的周期为12个月，也要定期进行调整。

对于中长期规划和业务计划，建议每年各集中开展一次，可以春季开展中长期计划，秋季开展业务计划。中长期规划在总结上一年业务计划执行情况的基础上启动，为下半年的业务计划提供宏观输入，避免业务计划的短期行为；下半年的业务计划是上半年中长期规划在未来一年的展开，有力支撑中长期战略规划的实现，形成中长期战略规划和短期规划的相互支撑和匹配。

中长期规划和业务计划在时间上的划分不是绝对的，也可以有重合。

公司层面的中长期规划和业务计划必须分解到各个业务单元、产品线和功能部门，才能最终得以执行和实现。如表3-3所示，不同层级的中长期规划和业务计划的关注点各不相同。

表3-3　不同层级的中长期规划和业务计划的关注点

层级	中长期规划	业务计划
公司	公司价值观、使命、愿景、目标和总体战略； 未来0～N年的业务发展方向，关键的市场和产品/技术突破点； 各个业务单元和功能部门的长期协同； 跨年度的公司级/跨业务单元产品和技术研发项目	公司年度业务计划； 公司年度预算； 公司级/跨业务单元解决方案、产品和技术研发项目
业务单元	业务单元使命、愿景、目标和总体战略，必须对上一级形成支撑； 业务单元未来0～N年的业务发展方向，关键的市场和产品/技术突破点； 业务单元跨年度产品和技术研发项目	业务单元业务计划； 业务单元年度预算； 跨业务单元解决方案、产品和技术研发项目
功能部门	部门使命、愿景、目标和总体战略，必须支撑公司级和业务单元级SP； 功能部门所负责业务的0～N年总体发展方向和规划，关键突破点； 功能部门要完成的跨年度重点项目	功能部门年度业务计划； 功能部门预算； 年度重点项目

这里有几点需要特别说明。

（1）公司指最高层级的规划对象，可以是总公司、集团等。

（2）业务单元指隶属于公司的各项业务（从市场和客户角度来看，主要是产品、服务、解决方案），可以是产品系列、产品线、事业部、子公司、分公司等。

（3）功能部门指按专业划分的公司和业务单元下属机构，包括但不限于财务、质量管理、研发、售后服务、采购、制造、物流、市场、销售等部门。

MM方法论用于技术规划和各领域规划

规划的对象，除了产品和市场，也就是我们常说的业务，还包括人力资源、财务、供应链等职能部门，以及管理体系的变革与优化等。关于管理体系的变革与优化，将在第9章进一步进行探讨。如果把企业所有要做的工作都看作"业务"，并且都要满足外部或内部客户的需求，那么它们都需要被规划，并且相互之间需要形成协同。在抓住这些共同点之后，就不难理解为什么所有层级和类别的规划都可以在统一的MM方法论指导下进行,尤其是在需要外包某些工作的情况下。一旦企业的各层级管理者和员工在这个层面上达成共识,将会大大降低规划的管理和沟通成本。

从另一个角度来看,在现代分工体系中,原本属于企业"内部事务"的绝大多数工作都可以外包,包括生产制造、销售、售后服务、行政事务、人力资源、IT、企业变革、研发、采购、质量控制等。也就是说,以上这些工作都是"产品或服务",都遵循同样的商业逻辑,都需要进行规划、开发、上市和生命周期管理,在企业内部构成一个"内部市场链"。但是,如果外部机构做得更好,单纯从财务角度讲(先不谈是不是核心和关键的工作,是否会被"卡脖子"),这些工作应该外包,外包的基础是要做好前期规划。

在所有领域中,技术和平台规划与产品创新的关系最为紧密,下面重点阐述MM方法论如何适用于技术和平台规划。

平台和技术规划要支撑产品规划

平台化开发,简单地说就是先做好各种准备,尤其是核心技术和关键技术的准备,再启动产品开发,否则会在产品开发过程中耗费大量的时间和资源,甚至暂停其他领域的工作。大部分企业没有做到产品开发和技术开发的相对分离,很大一部分原因是没有从概念上区分产品和技术,这从很多企业把产品开发部门叫作"技术中心"的现象就可以看出来。当然,给部门取什么名字只是表象,关键是要对这些概念有一致理解。

管理术语:技术

技术思想家、"熊彼特奖"得主布莱恩·阿瑟(Brian Arthur)在《技术的本质》这本书中,对"技术"做了最为宽泛和广义的定义。广义上,所有达成目标的实现方式都是技术,但在IPD体系和本书中采用的都是狭义的定义,特指和产品本身密切相关的实现方式。

技术一般包括以下内容,如图3-7所示。

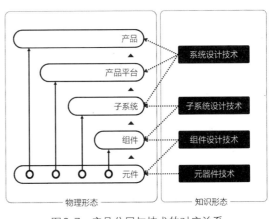

图3-7 产品分层与技术的对应关系

（1）系统设计技术包括子系统设计技术。系统设计技术是为了确保系统功能的实现，关键是要确保系统满足需求，且定义好下一层级的输入输出及相互关系。系统设计技术包括产品（系统）设计技术、解决方案（系统）设计技术、结构子系统设计技术、软件子系统设计技术等。子系统设计技术包括子系统和组件的设计技术。

（2）组件设计技术与元器件技术包括组件和元件的设计技术，涉及外观、机械、结构、材料、工艺、硬件、软件等。

技术分为核心技术、关键技术、通用技术和一般技术。这些分类不是绝对的，随着时间的推移和产品形态的转变，核心技术和关键技术往往会演变为通用技术和一般技术。例如，手机的多点触控技术，在2007年还是苹果公司的核心技术，但现在已经是通用技术了。

在产品和技术规划过程中，识别各种技术非常重要，尤其在外包策略的选择上。核心技术和关键技术只有掌握在自己手上，才能构建企业和产品的核心竞争力。技术分类及策略的具体内容如图3-8所示。大量中国企业之所以被"卡脖子"，就是因为没有掌握核心技术和关键技术。

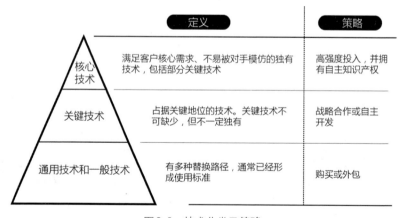

图3-8　技术分类及策略

（1）核心技术和关键技术的选择非常关键，它们是产品平台的核心内容。

（2）核心技术的选择决定产品的主要差异，通常会形成产品特性/系统特性（System Feature，SF）。

（3）高科技企业必须掌握平台中的核心技术，才能构建核心竞争力。华为不断加大对海思半导体的投资，开发核心芯片，就是为了构建核心竞争力。

（4）核心技术和部分关键技术不能外包。除了基于供应链安全考虑，这些技术转化成的产品，往往是价值链中利润最高的环节。IBM正是因为没有抓住价值链中CPU、操作系统等高利润环节，几度陷入困境。

（5）服务于同一细分市场的产品平台数量必须严格受控。

技术的最终体现是交付给客户的产品。产品由不同的组件（Building Block，BB）构成，部分组件可以在企业内或企业间的不同产品上共用，称为通用构建模块（Common Building Block，CBB）。

不同产品间的共用部分构成产品平台，产品平台与所采纳的核心技术、关键技术相关，这些技术决定了产品平台及其相关产品的主要功能和性能。

平台规划必须面向未来客户的共同需求

如果说有哪种策略可以让研发项目的质量、成本和时间进度（QCT）都能得到提高，那就是平台化开发。平台化开发的核心是要在不同产品中尽可能做到零部件、组件、子系统和技术的共享。因此，平台化开发对产品和技术规划提出了更高要求。要在不同产品之间共享CBB，必须提前进行规划。平台和CBB本质上是不同客户、不同细分市场的共同需求在产品和技术上的体现，要做好技术和平台的规划，首先要对市场和客户需求有深入洞察，把共同需求提炼出来。

因为技术和平台都是产品的组成部分，两者之间有密切关系，所以技术和平台的规划可以放在一个流程中进行。这个流程我们称为技术和平台规划流程（Technology&Platform Planning，TPP），产品规划和TPP是并行的。技术路线图的逻辑和市场管理的逻辑是一致的，在实际操作中由技术管理团队（Technology Management Team，TMT）或产品规划团队中的研发领域代表主导完成，技术和平台规则可以看作功能领域规划的一部分。

实际上，与技术和平台规划平行的还有其他领域的规划，比如人力资源规划、供应链规划、市场营销规划等。只有这些规划同步，才能形成高质量的战略规划和业务计划。

根据客户需求开发产品和根据自己掌握的技术开发产品，就是我们常说的"需求拉动"和"技术推动"。无论哪种方式，最终都要满足客户需求。任何先进的技术，都必须解决客户问题、满足客户需求，即便有的客户暂时还没有意识到自己有这个需求。所以，无论技术预研、技术开发，还是平台开发，都必须以客户需求为导向,"需求拉动"优先于"技术推动"。

IPD的核心思想之一的"平台化开发",强调在产品开发前,首先识别核心技术、关键技术和不同产品的通用构建模块,提前做好准备,以缩短产品开发周期,提升产品质量,降低产品成本。

把所有规划纳入同一管理体系

在公司形成一定规模后,当有多个部门、多个人参与规划时,不仅要有方法论,还要有流程制度来保障。MM方法论指导下的规划体系,把公司、业务单元和功能部门的SP和BP"集成"在一起,如图3-9所示。

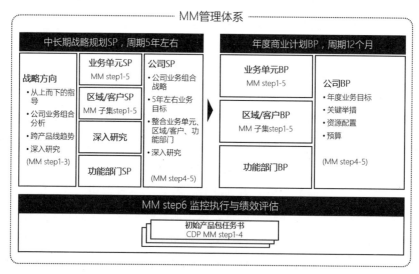

图3-9 基于MM方法论的规划管理体系

MM流程的前5个步骤完成集中规划期的工作,形成各层级SP和BP,第6步"管理和评估业务计划"是一项经常性工作,企业要定期审视规划的执行情况,必要时进行调整。MM流程永远没有结束的时候,因为随着外部环境的变化管理层需要不断地评估客户需求,并不断对过去的投资决策进行审视。

华为这样评价MM方法论给公司运营带来的转变:"MM方法论是制定战略规划(SP)、业务计划(BP)、初始产品包项目任务书(Charter)的方法论和流程,MM方法论带来了市场领域规划思维和文化的转变。"不仅如此,MM方法论还被华为应用在地区部(营销)和功能部门的SP和BP。

华为在引入BLM模型作为公司战略制定的方法论后，仍在继续使用MM进行市场管理和项目的投资组合管理。

本章要点

（1）战略与规划的目的是要做到四个对齐：上下级对齐（上下对齐），不同部门对齐（左右对齐），长中短期目标对齐，最重要的是所有活动都要以客户需求为中心，实现内外对齐。

（2）大多数企业在规划上缺乏统一的思想、方法论和工具做指导，使不同业务单元、不同产品线、不同细分市场、不同部门的规划难以融合，导致落地困难，也增加了沟通成本。

（3）MM方法论的核心逻辑是在充分理解宏观环境、行业竞争环境和客户需求的前提下，进行市场细分，并在此基础上，进行产品规划，找到解决方案和服务；同时，做好内部能力规划，确保所有规划可实施、可落地。

（4）MM方法论为制定各类规划、各层级规划提供了统一的方法论，包括：公司战略规划，公司业务计划，公司产品和技术的战略、规划与立项，产品线，细分市场的规划，各个资源部门的规划等。

（5）当把MM方法论成功运用于不同层级的战略规划和业务计划时，就形成了以客户需求为中心的基于MM方法论的规划管理体系。

（6）公司在规划开展过程中，在分层和分类思想指导下，要同步进行平台和技术规划，确保长期核心竞争力的构建，平台规划本质上要基于不同细分市场客户的共同需求。

Chapter 04

第4章

用 IPD 方法论
管理创新过程

大规模创新需要一致的方法和语言

经济学家熊彼特（Schumpeter）提出，创新是经济发展的原动力。党的二十大报告也提出创新是引领发展的第一动力。无论是个人还是组织，只要做之前没做过的事，都可定义为是创新。

企业内部的创新包括产品创新、技术创新、商业模式创新、各个功能领域创新、管理创新等。正如企业内部的各种规划需要一致的底层方法论，创新也需要一致的底层方法论。遗憾的是，绝大多数企业并没有真正认识到这点，导致各分/子公司、业务单元、产品线、部门、不同项目组都按照自己理解的方法或者不同的流程来开展创新工作，造成管理语言不统一、沟通和交流困难，大大降低了创新效率。

在立项通过后，狭义的IPD方法论（也叫小IPD）为企业内部的各种产品和技术研发工作提供了一致的方法。在华为，IPD流程最初用于产品开发过程。随着IPD在华为的全面推广，IPD被抽象为一种方法论，广泛应用于各种创新场景，包括产品开发、解决方案开发、软件开发、技术开发、预研、理论研究、服务产品开发、管理变革过程等。

本章针对企业在创新工作中存在的大量问题，介绍小IPD方法论及应用。

案例：打造世界级产品的苹果公司ANPP流程

谷歌、苹果、亚马逊、阿里巴巴、腾讯等公司的成功故事很多，以至于很多报道将这些公司描绘成发明家和工程师的乐园：他们的工作时间自由，可以无拘无束地发挥想象力和创意，按照自己的兴趣爱好开展工作，惊艳世界的新产品、新科技也不断在他们手中诞生。不错，这里描述的是产品开发的"模糊前端"的工作场景。

但是，在具体的开发过程中，还是如此吗？这些高质量的产品是如何被成功打造出来的呢？《乔纳森传》（*Jony Ive*）[①]及一些相关资料揭示了苹果的研发流

[①] 乔纳森曾长期担任苹果公司首席设计师兼资深副总裁。他曾参与设计了iPod、iMac、iPhone和iPad等众多的苹果产品。

程——ANPP（Apple New Product Process）。

ANPP是乔布斯20世纪80年代离开苹果后在NeXT公司创建的，1997年乔布斯重返苹果时将其带回。ANPP就像一张巨大的工作检查表，详细、系统地规定了产品开发的每个阶段，并规定了不同部门和角色的员工在各个阶段应当承担的工作，以及完成这些工作的时间和输出文档。ANPP涵盖了产品开发过程中的方方面面，参与部门包括软件、硬件、制造、采购、财务、营销、售后、质量等。ANPP在产品开发的最初阶段，就将顾客需求和市场竞争的需求考虑在内。对于苹果产品，市场营销与设计同等重要。ANPP流程非常系统，把产品开发过程中的一切都详细无误地记录了下来，并提炼为指南或操作手册，能够为开发团队和员工提供帮助，避免走弯路。

ANPP有两大特点。一是非常重视设计，苹果将设计放在了产品开发的最前端，赋予设计者充分的自由。在设计初始阶段，设计团队自己制订预算，不需要考虑制造、采购等部门的限制。在设计全新产品时，设计团队甚至会在物理上被隔离，从公司的其他部门分离出来。苹果执行团队每周会召开例行会议，检查公司处在设计阶段的每个产品。由于开发的产品数量较少，执行团队可以每两周检查一次每个新产品。

二是不断迭代。新产品会不断在设计、组装与测试中进行迭代。即使产品已经进入制造阶段，仍然会迭代设计。产品一边被制造，一边被测试和审核。迭代一次需要4～6周，整个产品开发过程中会迭代很多次。这种模式虽然成本高昂，但是也让苹果的产品享誉全球，各种新产品版本也不断流出。

乔布斯是受并行工程的启发，设计了ANPP流程。并行工程最早是由美国国家防御分析所（Institute of Defense Analyze，IDA）于1988年提出的。并行工程的目标是提高质量、降低成本、缩短产品开发周期和产品上市时间。并行工程的具体做法是：在产品开发初期，组织多种职能协同工作的项目组，使有关人员从一开始就获得新产品需求的相关信息，积极研究涉及本部门的工作业务，并将需求提供给设计人员，使许多问题在开发早期就得到解决，从而保证设计的质量，避免大量的返工和浪费。

IPD产品开发流程与苹果的ANPP在核心方法论上是完全一致的，都吸收了并行工程和系统工程的核心思想。不仅如此，经过多年发展，产品开发过程在业界已经基本形成共识。华为轮值董事长徐直军曾说："我们跟摩托罗拉打交道，跟诺西打交道，跟IBM打交道，发现大家经过这么多年的实践，研发流程都基本是一样的，没什么区别，大家都是通过实践，不断优化和改进，找到真实客观的业务流，然后围绕业务流客观地建设流程。"

企业在产品和技术研发过程中存在的典型问题

基于MM的规划方法论及需求管理方法论，解决了企业在创新管理上如何"做正确的事"的问题。但是，如何把产品和技术研发出来，取得市场和财务上的成功，也就是"如何把事情做正确"，还需要更多的管理方法和体系支撑。在产品和技术研发过程中，企业的问题主要集中在以下几个方面。

没有围绕需求进行研发

"以客户需求为中心"是IPD的第一大核心思想。需求应贯穿于产品开发的整个过程，然而很多企业在开发过程中并没有围绕需求进行。需求可以分成外部需求和内部需求两个层面。

外部需求是指客户需求。很多企业停留在过去，从功能及性能实现的角度来定义产品开发，甚至沉浸在自己的技术世界中，而不是从客户需求的角度去定义产品开发，导致最终开发出的产品与市场严重脱离。诺基亚在手机行业跌落神坛便是典型的案例。诺基亚曾是功能手机时代的王者，引领功能手机的消费趋势。但随着互联网的迅速发展，消费者对于手机的需求变成随时随地娱乐和互联网应用。而诺基亚固守原有的功能，错失手机智能化趋势，导致其在创新上远远落后三星、HTC和苹果等竞争对手，最终被智能手机时代淘汰。

内部需求主要是指研发以外的其他部门对产品开发提出的要求，如制造部门基于生产工艺能否实现提出的可制造性需求。大量企业在产品开发阶段的初期，没有纳入制造、采购、服务、财经等部门，没有考虑对设计的限制条件，导致在产品设计方案落地时发现各种问题，造成大量返工。

某汽车发动机研发部门在产品开发初期的设计阶段独自工作，其他部门没有参与。于是，试制过程中发现很多生产工艺无法实现，或者实现难度大、成本高。

采购部门也发现部分原材料难以采购，其中一种原材料仅有一所大学实验室能供应，且年产量无法满足批量生产需求。随后研发部门不得不重新设计方案。如此反复，浪费了大量的研发资源和时间。

研发过程没有被恰当结构化

大量企业在产品开发过程中根据个人的经验开展工作，没有形成一种在组织内部达成共识的工作分解结构（WBS），不同产品开发项目开展工作的方式不同，经验不能共享，也不能很好积累。

只要是多人参与的工作，尤其是在工作周期较长的情况下，就有必要把工作适当进行结构化，以便进行专业化分工和管控。工作的结构化是把复杂的工作按照一定的逻辑，分解为若干组成部分。按照时间顺序可以划分为若干阶段，按照专业可以划分为不同的角色，两者结合就形成一种专业和阶段两个维度的流程结构。流程的结构化需要适度。结构化不足会导致开发工作难以被合理地分解分配和管理，不同项目组自行定义开发过程，无法共享和交流；过度结构化会增加沟通协调和管理的成本，产生官僚主义，效率低下，并且即使分解后的工作都完成了，最终整合起来却不能实现总体目标。

某化学品公司的主营业务是研发、生产和销售各种医药中间体，在产品开发过程中的主要问题是结构化不足。该公司在产品开发过程，没有进行明确的阶段划分和评审点设置，高层和技术专家在开发结束时才介入，因此过程中的问题不能被及时发现。此外，在产品的开发过程中，也没有明确需要哪些部门参与、什么时候参与、输入和输出是什么。由于公司的流程结构化不足，因此产品的开发过程无法共享和交流。

某无线通信设备企业则走向另一个极端。该公司董事长坚信适合华为的流程必然适合本企业，于是简单照搬华为经过十多年积累起来的IPD产品开发流程和模板，并将各部门都参与进来，并且严格执行，然而他们对新体系并不理解。在实施过程中，从事研发工作的人员怨声载道，认为大部分时间都花在填模板上，根本没有时间做开发，以致公司上下都无法看到IPD流程给公司带来的好处。董事长也纳闷：为什么适合华为的，却不适合我们？原因在于该公司的流程结构化不合理，体系建设过度结构化，导致研发效率极低。因此，产品的研发过程要具有合理的结构化，既不能结构化不足，也不能结构化过度。

非研发部门参与研发过程不足

产品要满足客户各方面需求（包括$APPEALS八个维度，第5章将进一步进行讲解），不仅包括提供功能、性能的有形实体，还包括外观、品牌、易用性、服务等无形部分。在满足客户需求的同时，产品还要实现公司的商业目标。总之，产品要满足的需求和达到的目标是多样的，决定了产品研发过程中需要不同角色的参与，很多工作无法靠研发部门单独完成，而需要跨部门协作。例如，对于产品研发中可获得性需求，需要营销部门来满足。

但是，绝大部分企业还是根据职能进行分工，把产品开发工作整体交给研发部门，其他部门参与很少，或根本不参与。即便参与，非研发部门也不知道参与进去后具体要做什么，工作要做到什么程度。在这样的分工方式下，一旦研发工作出问题，各部门就会一致把矛头对准研发部门。

某厨房家电企业是国内最早进入该领域的企业之一，内部分工非常明确：研发部负责产品和技术开发，供应链部门负责采购、制造、物流，市场营销部负责市场和销售，客户服务部负责售后……在产品的开发过程中，各个部门接力棒式似的串行工作，各司其职，有冲突时找各部门的共同上级解决。但随着行业的高速发展，竞争越来越激烈，客户需求越来越多样化，公司产品也越来越多，在产品开发过程中需要各部门协同的事也越来越多。该公司执行了二十多年的研发流程已经无法适应业务的发展，以致产品质量问题频出，研发部门成了众矢之的。研发部门也觉得很委屈，认为其他部门没有配合好自己的工作。这些突出的矛盾迫使该公司不得不深入思考：产品研发只是研发部门一个部门的事吗？其他部门应当如何参与？承担什么责任？

归根究底，该厨房家电企业的问题是没进行部门协作，认为产品研发只是研发部门的工作，其他部门参与研发的过程不足。

公司高层介入研发过程不当

产品开发是一种投资行为，而公司高层（决策层）作为投资方的代理人需要对结果负责，必须介入产品开发过程。但问题又来了：高层在哪个时间点介入？如何介入？是像苹果公司前任CEO乔布斯那样几乎深入产品开发的每个细节，还是像

现任CEO库克那样进行充分授权？

很多企业普遍缺乏把产品开发作为一项投资来管理的意识，因此在介入研发的过程中存在不当，要么在立项后不再介入，要么介入过细。尤其是产品立项后未及时进行业务决策评审，对于具有很大业务风险、难以带来投资价值的项目，没有在研发过程中发现并及时砍掉，导致大量产品上市后销量不佳，不但造成研发资源的巨大浪费，还造成人力资源的紧缺。高层介入不当，根源就在于产品开发流程中并没有明确他们应当在什么时候介入、以什么样的方式介入、介入做什么。

还是以前面的厨房家电企业为例，以董事长为首的高管团队作为创业者，长期以来都深度介入每款抽油烟机、灶具、消毒柜、橱柜等的研发，尤其是董事长。该董事长年轻时是工业设计方面的专业人士，至今仍然把勾画抽油烟机草图作为个人爱好，这深深影响了他介入的每款产品的外观设计方向。公司规模大了以后，该董事长分配在产品开发上的时间和精力越来越少，但还是争取参加每次产品评审，并积极发言、提建议。鉴于他的影响力，建议绝大多数会被采纳。最近几年，产品和研发团队发现董事长介入越深的项目，市场成功率反倒越低。经过详细分析，他们发现"80后""90后"甚至"00后"已经成为消费主力，这些消费者有自己独特的审美观和消费习惯，并且与"50后"董事长的观念有很大差异。因此，如何"规范"董事长的介入成了研发副总的难题。

对于该厨房家电企业存在的董事长介入研发过程不当的问题，很多公司也都存在，不是高层过度介入，就是过少参与，这必然会给研发带来负面影响。

部门经理和专家介入研发过程不当

在研发项目开展过程中，不仅要约束高层对研发过程的介入，还要处理好项目经理、部门经理、各领域专家之间的关系。专家介入过多，好处是明显的，但同时也会带来坏处，可能造成不能充分调动项目组成员的积极性，无法强化其责任，使项目成员得不到足够成长；专家介入过少不能充分发挥专家的作用，同样对项目不利。同高层如何介入项目一样，对专家的介入也要进行规范。

某环保设备企业制订了完善的产品开发流程，流程中也设置了技术评审点。每到评审点，项目组汇报完技术方案后，各领域专家就成了评审会主角，在评审会上仔细询问方案细节。因为没有提前阅读评审材料，评审会一开就是半天甚至一天，而专家又凭借自己的经验，对项目组成员进行详细的指导。由于大部分专家同时也是部门领导，因此这些指导自然就成了指示。项目组成员也把评审会当成了请示会，项目的成败主要取决于评审专家的意见。最终，部门经理和专家在带走项目成员责任的同时，也带走了他们的创造力和热情，不利于员工的成长。

在产品开发过程中进行技术攻关

平台化开发是 IPD 的重要核心思想之一，主要体现在产品开发过程中，就是要提前把开发过程中的技术难题识别出来，尤其要把被多个产品用到的技术识别出来。这些技术难题如果在关键路径上，就应当提前单独立项进行技术开发，实现产品与技术的相对分离。我们在咨询实践中发现，大多数企业的产品开发与技术开发是没有严格区分的，导致产品开发过程与技术攻关同步进行，不仅延长了开发周期，还给产品上市带来很大不确定。

某特种灯具企业为响应客户特定需求，立项开发系列海上设备专用灯具，并向客户承诺在 6 个月内批量交货。在产品规划和项目任务书阶段，因为没有把海上设备必须具备的高等级防腐需求充分识别出来提前立项开发，导致在产品开发过程中迟迟不能解决该问题而无法开展后续工作。公司为此专门聘请国内外专家成立项目攻关组，9 个月后防腐难题终于被攻克，但因为无法及时供货而被客户罚款。

这便是产品开发过程中遇到的技术难题，因未能提前识别，导致后续工作不能顺利开展，延长了产品开发过程。因此，在产品开发过程中，需要做好技术攻关准备。

创新过程缺乏一致的方法论作指导

对企业而言，只要从事以前没有做过的业务都是一种创新，比如产品开发、技术开发、产品和技术的研究、新生产设备和工艺的开发、引入新的管理方式等。如果完成这些工作的流程制度没有一致的方法论作为指导，各个项目都各说自话，那么同时参与多个项目的员工就会按照多种流程和方式做事。因此跨项目沟通和协同就会很困难，这些极大地增加了企业的管理和沟通成本。然而，IPD 可以为这些创新工作提供一致的方法论。

某智能终端原始设计制造商,其主营业务是为各品牌厂家提供智能手机等终端产品的规划、工业设计、研发、测试、供应链等服务。这家公司存在以下多种类型的创新业务。

(1)完成品牌厂家外包的全部或部分产品开发工作。

(2)进行系统方案的开发。

(3)进行关键部件的开发。

(4)进行软件、硬件、结构、工艺等各领域的开发。

(5)进行手机平台的研发。

(6)进行新技术的研究。

这家公司非常重视流程和管理体系的建设,针对以上创新类型分别制定了流程和相关管理制度。但是,这些流程缺乏一致的方法论作为指导,流程接口之间的关系错综复杂,给开发人员带来了困扰。

华为早期同样存在这些问题。在1998年(华为引入IPD体系的前一年),任正非在针对研发体系的一篇内部讲话《创业创新必须以提升企业核心竞争力为中心》中说道:

很多人的劣根性之一就是永远不愿按规范行事,盲目创新是他们不灭的灵魂,他们老是想这个会了,再搞搞那个。我们推行规范化管理后,这种创新精神仍是压也压不住的火花,不过创新不能像以前那么幼稚了,而应变得更具有价值。

要解决以上这些问题,企业需要基于统一的创新方法论,对研发过程进行合理的阶段划分,设置合适的评审点,并且把参与研发过程的各种角色清晰识别出来,包括项目组成员、项目经理、部门经理、相关专家及决策层等,明确各种角色的分工和工作职责。同时,企业需要厘清主流程和支撑流程之间的相互关系,并对流程中的活动和交付件模板进行规范定义。

IPD产品开发流程的结构化

对于创新和研发,在很长时间内都被认为是一些天才和技术人员的专属活动,这些活动不能被管理，难以结构化和规范化。随着产品越来越复杂，涉及的领域也越来越多，参与研发的企业内外部人员也相应增加。如果创新管理体系结构化和规范化程度不合理，那么创新和研发的进度、质量和成本就无法得到保障，也就不能满足客户需求。

20世纪七八十年代，日本在全球竞争中取得优势地位，大有超越美国成为头号经济大国之势。除了依靠模仿、跟随、改进欧美新技术，更好地满足客户需求，日本企业在生产制造和质量管理方面也不断提高。北美、欧洲的一些专家学者开始思考是否应该以产品研发过程管理为切入点，提高研发人员的工作效率，让大规模创新成为可能，从而改变竞争格局，为此进行了大量研究。PRTM公司综合这些研究成果和企业最佳实践，提出了PACE模型。它包括七个方面：高层决策、跨部门团队、结构化流程、工具和技术、产品战略、技术管理、管道管理。IBM在PACE模型的基础上进一步提出了IPD模式。华为于1998年从IBM引入IPD后，在实践中又进一步发展了IPD。

无论是PACE还是IPD，都是一种创新和研发管理参考模式，都在试图构建产品研发的流程和方法，让创新活动有章可循。流程是一组将输入转化为输出的相互关联或相互作用的活动，其构成要素包括流程的输入和输出、流程中的若干活动、活动的相互作用、流程中的角色、流程最终创造的价值等。

在过去的三十多年中，IPD体系的发展与系统工程的发展是同步的，相互吸取对方的方法论。国际和国内有关系统工程的标准和指南较多，我们主要参考国际系统工程协会（INCOSE）的系统工程手册。

IPD产品开发流程的输入和输出

产品开发流程（狭义IPD）的起点是经过决策评审的项目任务书（Charter）。其前导流程包括市场管理及产品规划流程（MM）和项目任务书开发流程（CDP），它们的输出就是产品开发流程的输入。产品开发流程的终点是产品上市，或者是在产品开发过程中项目被终止。产品开发的输出与生产制造不同，后者最终输出的是产品本身，而前者输出的是产品方案、产品数据和制造产品的能力，以及相关的过程记录。IPD产品开发流程的输入和输出如表4-1所示。

表4-1　IPD产品开发流程的输入和输出

输入	输出
• 项目任务书 • 初始的产品包业务计划书（IO/SBP） • 公司或产品线业务计划书（C-BP或PL-BP） • 产品路标 • 宏观环境、行业、市场、竞争等背景资料	• 产品包业务计划书（O/SBP），含上市计划、营销计划和生命周期计划等 • 产品开发过程文档 • 产品数据 • 经过验证的生产制造体系、服务体系、供应链体系文档

IPD产品开发流程的核心逻辑与框架

一个成功的产品开发过程包括大量的活动，这些活动的构成和相互关系是否有普遍规律可循？答案是肯定的。IPD产品开发流程包括商业实现和技术实现两条主线，在系统工程方法论指导下形成闭环和统一，一步步展开为完整的流程。

商业和技术两条主线贯穿产品开发流程

成功的产品有两个重要特点：满足客户需求和达成商业目标，两者缺一不可，且要同时考虑。如果第一点不满足，产品将不能顺利实现销售；如果第二点不满足，则公司无法实现长久发展。对于第二点，目标有多种，可能是获取利润，也可能是实现某些战略意图，比如积累客户，增强客户黏性，树立品牌，阻击对手等。与此对应，产品开发过程也有两条主线：一条是技术线，关注产品包需求的实现；另一条是商业线，关注商业目标的达成。IPD流程的重要特点是把两条主线集成在一起，同时完成。IPD产品开发流程的两条主线如图4-1所示，整个产品开发过程将围绕这两条主线进行。

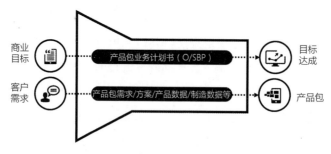

图4-1　IPD产品开发流程的两条主线

两条主线是对产品开发本质的充分认识和升华提炼。两条主线如果没有被充分认识和理解，开发过程通常就被认为是研发部门的工作。

华为实践：IPD产品开发流程的两条主线

华为产品开发流程纷繁复杂，但在顶层设计上，两条主线清晰地表达了整个开发过程的逻辑（见图4-2）：从产品包需求到产品包交付的这条线实现客户需求；产品包业务计划把各领域计划整合起来实现产品商业目标。

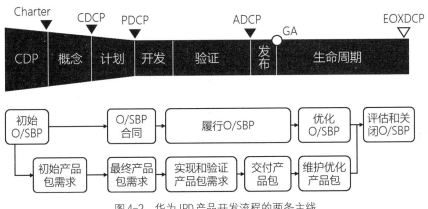

图 4-2　华为 IPD 产品开发流程的两条主线

华为轮值董事长徐直军指出，在IPD全流程中的每一个环节都要紧紧抓住两条主线，即IPMT（Integrated Portfolio Management Team，高层决策团队）、BMT（Business Management Team，业务管理团队）、SPDT（Super Product Development Team，超级产品开发团队）、LMT（Life-cycle Management Team，生命周期管理团队）和PDT（Product Development Team，产品开发团队）一定要在每个决策点和全流程紧紧盯住产品包和O/SBP。每个评审点都要评审这两个方面的交付，生命周期管理工作也是继续围绕这两条主线展开。

系统工程是IPD产品开发流程的底层方法论之一

系统是由相互关联的若干部分组成，并具有特定功能的整体或集合。系统工程是实现系统的科学方法，围绕系统要实现的需求或系统的预定目标和功能进行设计、开发、验证等，使总体达到最优。我们可以把系统工程比作"剪刀"和"胶水"：作为"剪刀"，系统工程科学地将系统分解成不同的元素，便于进行设计和开发；作为"胶水"，系统工程使不同的元素共同运作，并确保将其组合起来作为整体能满足相应需求。

如果把产品包视作一个系统，产品包的研发过程就是一个典型的系统工程。产品开发流程结构化的逻辑遵循了系统工程的方法论。V模型是系统工程技术管理过程的可视化表达方式，左边是系统定义、系统设计与分解过程，右边是系统的验证与实现过程，如图4-3所示。

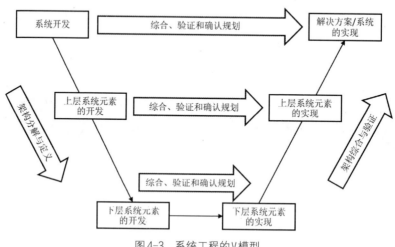

图4-3 系统工程的V模型

💡 产品开发流程的整体框架

流程是若干活动的集合，活动所对应的时间长短和工作量大小通常称为颗粒度，阶段可以看作是颗粒度比较大的活动。

阶段划分与产品的复杂度相关。一般来讲，产品设计越复杂，设计过程中需要把控的内容就越多，流程就可以划分成更多的阶段。例如，乘用车新产品开发过程的阶段划分就多于瓶装矿泉水产品。

阶段名称和行业习惯有关。例如，化工行业的流程中一般包含小试、中试、批产等阶段。

虽然各个行业的不同企业有不同的阶段划分方法，对每个阶段的称谓也有所不同，但其中有共同的逻辑。IBM、PRTM、华为、联合利华、联邦快递、三星、Intel、杜邦等公司均把产品开发过程分为4～6个阶段，并在各个阶段设置评审点，保证阶段目标的达成。同时，产品开发流程强调跨部门、跨领域的共同协作，需要不同角色或领域的参与。

典型的IPD产品开发流程按照时间先后划分为6个阶段，在过程中设置4个决策评审点（Decision Check Point，DCP）和6个技术评审点（Technical Review，

TR），如图4-4所示。根据活动的专业性质，IPD流程中的角色可以归纳为9类。

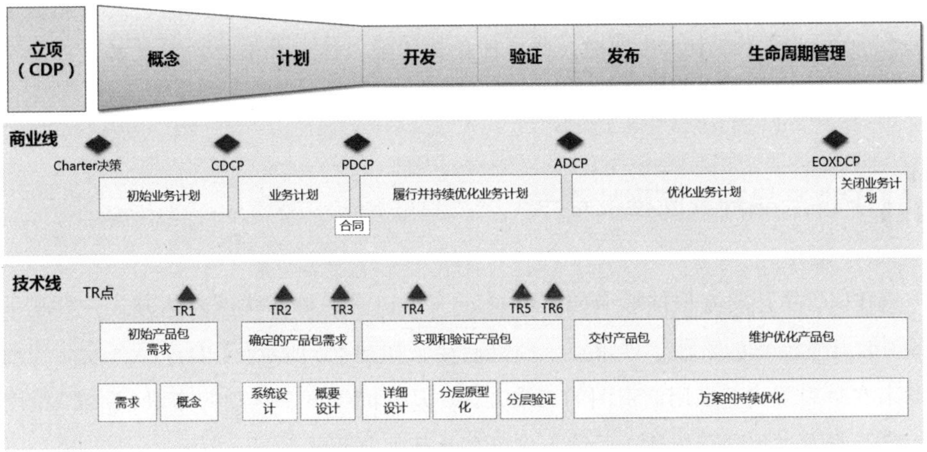

图4-4 IPD产品开发流程的阶段划分和评审点设置

IPD流程中的6个阶段分别是概念、计划、开发、验证、发布、生命周期管理。阶段名称反映了各个阶段工作的内涵，具有跨行业、跨领域的适用性。很多流程的阶段划分名称过于强调某个领域（比如研发）的工作，会产生误导，比如前面提到的小试、中试和批产，会让人认为"小试"阶段是研发领域的工作，"批产"是生产领域的工作，而实际上每个阶段的工作都是跨部门的，所以，我们一般不建议对阶段名称进行更改。

IPD流程中的4个决策评审点分别是概念决策评审（CDCP）、计划决策评审（PDCP）、可获得性决策评审（ADCP）、生命周期终止决策评审（EOXDCP）。决策评审主要是为确保商业目标的实现。

IPD流程中的6个技术评审点分别是产品包需求和产品概念评审（TR1）、产品架构与系统方案评审（TR2）、子系统概要设计评审（TR3）、模块集成测试评审（TR4）、系统集成测试评审（TR5）、验证评审（TR6）。技术评审是为了确保交付满足产品包需求，包括客户需求、内部需求和认证需求。

IPD流程中的9类角色分别是高层决策、项目管理、财务、质量管理、研发、采购、制造、市场、服务，其按照专业领域进行划分，并与组织中相应的岗位对应。

IBM根据大量优秀实践和自身总结，提炼了该开发流程模型框架。1998年，华为和IBM达成合作后，开始把该框架应用在产品开发、技术开发、解决方案开发、服务开发、管理变革等场景中。需求注意的是，产品开发流程中的6个阶段、

4个决策评审点、6个技术评审点和9类角色并非一成不变的，企业在构建自身开发流程时，可以在充分理解的基础上进行适配。在理解不够深入时，建议先僵化执行，在执行过程中逐步理解，然后优化和适配，切忌在没有吃透基本原理情况下的浅层次适配。

IPD产品开发流程袖珍卡

IPD产品开发流程袖珍卡（IPD Pocket Card）是一种流程图表达方式，直观呈现IPD开发流程的阶段、评审点、关键活动，如图4-5所示。IPD产品开发流程袖珍卡在呈现形式上采用泳道图的二维方式，从时间维度、活动的知识（领域）维度对产品开发过程进行描述。后续工作可在此基础上开展。

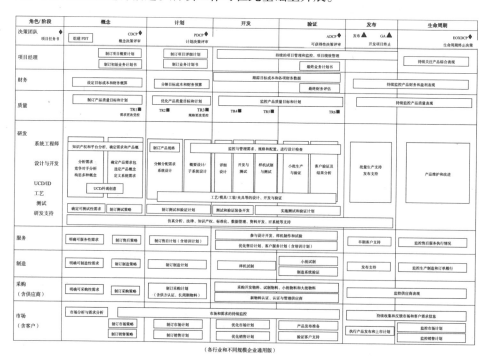

图4-5　IPD产品开发流程袖珍卡

IPD产品开发流程袖珍卡具有以下重要作用。

（1）提供产品开发过程的整体概览。

（2）为进一步的流程细化设计提供指引。

（3）明确各角色在产品开发过程中的工作。

（4）提供跨部门沟通的指南。

IPD产品开发流程六个阶段概览

典型的IPD产品开发流程由6个阶段组成，其中概念阶段和计划阶段是核心。

六个阶段的主要活动

IPD产品开发流程中各个阶段的主要活动，都可以按满足客户需求和实现商业目标两条线展开，如表4-2所示。无论企业是否把两条主线纳入一个集成的流程中，但两条主线对所有行业的产品开发过程都是适用的。

表4-2　产品开发流程的两条主线

阶段	主线1：需求实现	主线2：商业计划
概念	明确和基线化产品需求，包括客户需求、认证需求、内部需求（如可制造性需求、可采购性需求等），在此基础上构思和完善产品概念或总体方案，也就是实现需求的方式	明确商业目标和各领域策略，进行赢利分析，形成初步的产品包业务计划，进行概念决策评审
计划	通过架构设计和系统设计细化总体方案。如系统由不同子系统构成，还需进行子系统设计（也叫概要设计）	制订各领域的详细实施计划，特别是产品开发计划、市场营销计划、供应链计划、财务预算、服务计划等，形成最终的产品包业务计划，进行计划决策评审
开发	分别进行各子系统的详细设计，同时进行模块和子系统测试，最后在企业内部进行产品测试	实施产品开发计划，构建/优化能支撑订单交付的供应链、售后服务、质量保障、营销等体系，制订营销和上市计划，进行财务核算和评估，更新赢利计划，进行上市决策评审
验证	对产品进行验证，包括客户验证、第三方认证、监管机构认证等，同时对供应链系统、服务系统、营销系统等进行验证	
发布	产品上市或交付给委托方，最终满足产品包需求，包括产品数据、各个领域交付的内部发布	实施上市计划，产品逐步进入批量销售，通过各领域的日常运营，实现商业目标，不断优化产品包业务计划，直到产品退市（EOXDCP）
生命周期管理	产品优化或更新换代	

概念阶段和计划阶段是IPD产品开发流程的核心

概念阶段和计划阶段的工作质量决定了产品开发过程和最终产品的质量。概念阶段决定了产品能给客户提供哪些特性和功能，也就是满足客户哪些需求，以及总体方案是否具有创新性。计划阶段的工作决定了系统设计和子系统设计的水平，以及设计是否能实现概念阶段确定的系统方案。两个阶段的工作所形成的产品包业务计划书，决定了商业目标的实现方式。因此，不建议把两个阶段合并，尤其在体系构建和推行阶段。但是，如果面对同一细分市场，只做简单优化调整的产品开发项目，两个阶段的工作可以合并进行，但它们的工作性质是截然不同的。概念阶段和设计阶段工作的区别见表4-3。

表4-3 概念阶段和计划阶段的工作区别

区别点	概念阶段	计划阶段
总体区别	● 关注开发什么（What）	● 关注如何做（How）
高层决策	● 关注策略和业务的可行性 ● 关注财务概算 ● 决定是否继续该项目	● 关注技术可行性和各领域计划 ● 关注财务预算 ● 决定是否继续该项目 ● 与PDT团队签订开发合同
误差范围	● 可以允许10%～30%的误差	● 可以允许3%～10%的误差
创新焦点	● 围绕客户需求，在产品概念和总体方案层面创新，在"客户看得见"的地方创新	● 系统设计和各子系统层面的创新，在"客户看不见的地方"创新
方案细化程度	● 产品包需求、产品概念、总体方案 ● 概要的商业计划	● 架构设计和系统设计、各个子系统概要设计、规格参数 ● 详细的商业计划

对于产品开发过程中的很多问题，都可以通过加大概念阶段和计划阶段的投入来解决，也就是先做周密策划，再开展具体工作，即"慢计划，快行动"，但国内企业在这两个阶段的投入严重不足。华为公司正是通过加大在这两个阶段的投入，减少返工，大大缩短了开发、验证和发布阶段的时间，从而在整体上压缩了开发周期。另外，通过这两个阶段的工作，可以让大量有发展潜力的研发人员从具体的技术研发工作中脱离出来，培养他们在技术和管理上的综合能力，为组织发展

和IPD体系的进一步推行准备人才队伍。

华为实践：IPD如何缩短华为产品开发周期

20世纪90年代末，华为成为国内通信设备领域的领头羊之一，但是由于产品质量和开发周期问题，不能较好地满足客户需求。1999年，华为与IBM启动IPD项目后，IBM首先对华为研发现状进行了全方位的了解，按照IPD流程框架，统计得出中等复杂程度项目的平均开发周期为74周。经过4年的努力，到2003年，华为该类项目的平均研发周期下降到48周，下降幅度为35%（见图4-6），同时产品质量得到提升。1999年及之前的产品开发周期之所以长，最重要的原因就在于概念阶段和计划阶段投入不足，尤其是研发以外的各个领域没有参与产品开发过程中。

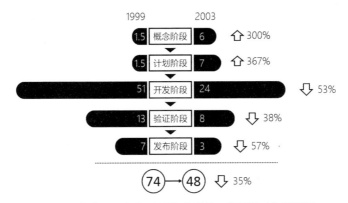

图4-6 华为1999年与2003年的产品开发周期对比示意图

（1）概念阶段投入不足，导致在没有明确客户需求前就开始设计方案，并很快启动系统设计和概要设计工作。

（2）计划阶段投入不足，导致在没有明确系统设计和规格前就启动具体开发工作，最终结果就是在开发过程中不断被需求和设计变更打断，返工现象严重。

（3）进入验证和发布阶段，产品和技术问题纷纷暴露，不得不不断进行修改。为了赶工期，大量产品甚至没有经过严格测试和验证就提供给客户。

（4）研发以外的其他角色，如市场、销售、采购、制造等在概念和计划阶段基本没有参与，内部需求没有被纳入总体方案加以整体考虑，导致返工。

（5）前期没有深入分析需求、技术难点、知识产权和模块重复利用等，导致在产品开发过程中攻关解决技术难题，延长了研发周期。

对产品开发过程各阶段的深入分析表明，整体周期大幅缩短的主要原因是开发过程前期各领域的高投入，通俗地讲就是"想好了再做"。

IPD流程给华为产品开发过程带来的一个最大改变，是借鉴并行工程思想，在概念阶段，各领域的人员组成跨部门团队，同步开展工作，把各领域的问题在早期就识别出来并予以解决。虽然增加了概念和计划阶段的投入，但在总体上缩短了开发、验证和发布阶段的时间，从而整体上降低了产品开发周期。

决策评审点：确保资源投入，实现商业目标

为了确保产品符合公司整体目标，保证企业有足够的资源支撑产品开发，实现商业目标，产品开发过程需要引入公司高层介入，并设置合理的商业决策评审点。只有通过了产品级的技术评审，才能提交给高层进行商业决策重审。商业决策评审关注的重点是产品包业务计划书。通过决策评审后，拨付给下一阶段开发资源。

决策评审点的设置不是固化的，对于新产品开发，不建议裁减或合并；对于改进型产品开发，可以在概念阶段和计划阶段合并。与此相应，CDCP和PDCP也可以合并进行，不过需要同时关注两个评审点的评审要素。

决策评审必须明确做出以下结论。

（1）继续：通过，可以继续开展项目，承诺提供下一阶段资源。如果评审中发现还存在一定风险，可以列明，在后续评审中给予重点关注。如果风险较大，但项目仍然要继续往前推进，可以增加一个决策选项——"带风险通过"。

（2）终止项目：不通过，将项目终止，并把项目成果存档，释放资源。

（3）重新定向：要求项目组根据高层评审意见对业务计划进行调整优化，重新进行决策评审。

技术评审点：确保产品质量，满足客户需求

为确保产品包需求的完整性，以及产品概念、总体方案、系统设计和各子系统设计、部件和组件、最终的产品包能满足产品包需求，产品开发过程中需要设置技术评审点，通过这些评审点，判断技术方案是否可行，识别潜在问题和风险。在将业务计划书提交高层团队进行决策评审前，各个领域和PDT内部需要预审，在进行技术评审前，各个技术领域也需要进行预审。IPD产品开发流程中的分层评审如图4-7所示，IPD产品开发流程中各类评审的内容如表4-4所示。

第 4 章 用 IPD 方法论管理创新过程

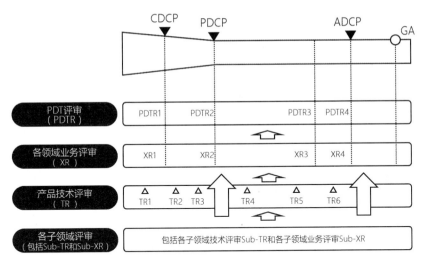

图 4-7 IPD 产品开发流程中的分层评审

表 4-4 IPD 产品开发流程中各类评审的主要内容

评审名称	简称	评审内容
PDT 评审	PDTR	根据 TR 和某个领域的评审（X-review，XR）的评审结果，综合审视产品包及商业计划的完成情况和质量，整理 TR、XR 评审结论，包括存在的问题、风险及改进计划，为高层进行决策评审提供参考
产品技术评审	TR	关注产品包成熟度，发现问题并形成对策。确保项目团队已经识别所有技术风险，并在产品设计中给予充分考虑，避免后续为了纠正错误投入更多的成本和费用
各领域业务评审	XR	关注各个功能领域对商业计划的支撑及内部管控，通过各功能领域（研发、营销、制造、供应、服务、质量管理、财务等）的评审，确保各个领域在资源上能够支撑项目的开展，并做好内部子项目管理
子领域技术评审	Sub-TR	根据逐级评审思想，在各个领域内部做好与产品相关的本领域技术评审（Sub-TR）及业务评审（Sub-XR），再进行 TR 和 XR 评审。对于复杂产品，这点至关重要
子领域业务评审	Sub-XR	

与决策评审点的设置相比，技术评审点的设置要更多考虑产品和行业特点，以下是一些参考原则。

（1）在决策评审点前必须设置技术评审点，只有通过技术评审才能提交决策评审。

（2）产品开发周期越长，设置的技术评审点也越多。两个评审点之间的时间间隔如果超过3个月，通常应增加技术评审点。

（3）复杂度高、技术含量高、涉及专业领域多的产品（如飞机、航空发动机、通信设备、汽车、智能手机等），应设置更多的技术评审点。

最佳实践：航空发动机产品开发流程中的技术评审

航空发动机被誉为现代工业皇冠上的"明珠"，产品极其复杂。同时，航空发动机的研发周期极长，短则数年，长则数十年。因此，航空发动机的开发会设置较多的评审点。例如，某航空发动机在产品开发中设置了10个技术评审点，如图4-8所示，航空发动机开发过程中的评审点概览如表4-5所示。因为航空发动机的研发耗资巨大，所以在TR8之后增加了一个选择决策评审点（Selection DCP，SDCP）。在产品开发过程中，根据需要可设立临时决策评审点。

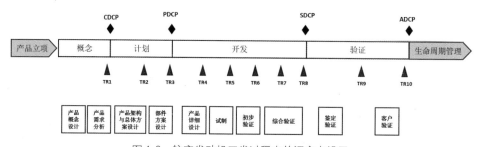

图4-8 航空发动机开发过程中的评审点设置

表4-5 航空发动机开发过程中的评审点概览

评审点	评审内容
TR1	评估系统需求是否充分映射了客户需求，确保发动机系统需求的技术可行性和产品初步方案的有效性，评估产品概念和系统需求是否能够指导产品的方案设计
CDCP	审视概念阶段技术评审的结论，评估在PDCP前开展方案设计及技术验证所需的人力、财力、物力和时间投入，决定是否可提供计划阶段所需的资金
TR2	评估总体方案的可行性，是否能够指导后续设计和开发，确保已经完成需求的分解分配，进行风险评估并形成风险规避计划
TR3	评估部件方案是否满足总体要求和对本子系统/部件的要求，是否能够指导产品详细设计，确保部件方案遵循总体方案，进行风险评估并形成风险规避计划

续表

评审点	评审内容
PDCP	审视计划阶段TR的结论，评估项目团队是否已经识别了所有的项目风险并制订了改进计划，判断后续详细设计、试制，以及初步验证所需的人力、物力和时间投入，决定是否提供开发阶段所需的资金
TR4	评估产品能否进入试制阶段，确保产品详细设计能够实现分配需求，评估试制准备是否就绪
TR5	评估产品的实物状态能否进入初步验证；确保产品的实物状态与设计状态保持一致
TR6	评估初步验证的结果、遗留问题、风险及其改进计划，判断能否进入综合验证； 评估飞行前规定试验的准备是否就绪，判读是否适合启动飞行前规定试验
TR7	评估飞行前规定试验的结果、遗留问题、风险及其改进计划，判断能否进入科研试飞；评估科研试飞的准备是否就绪，判断是否适合启动科研试飞
TR8	评估综合验证的结果、遗留问题、风险及其改进计划，判定能否进入鉴定验证；评估设计定型试验的准备是否就绪，判断是否适合启动设计定型验证
SDCP	审视开发阶段各技术评审点的结论，评估项目团队是否已经识别了所有的项目风险并制订了改进计划，判断开展验证阶段所需的人力、物力和时间投入，决定是否可提供后续所需的资金
TR9	评估设计定型试验的结果、遗留问题、风险及其改进计划，判定能否进入生产定型；评估生产定型的准备是否就绪，判断是否适合启动生产定型
TR10	评估生产定型的结果、遗留问题、风险及其改进计划，判定能否进入批量生产；评估批量生产准备是否就绪，判断是否适合启动批量生产
ADCP	审视验证阶段技术评审点的结论，验收需求实现程度和各领域进入产品生命周期的准备度，决定是否能够批量生产所开发的产品并向客户发货
临时决策评审	当出现项目可能被终止或出现较大投资变动情况时，可由项目经理发起临时决策评审

资料来源：宋柳丽，韩秋冰，史妍妍. 航空发动机产品开发流程评审体系优化设计[J]. 航空动力，2020（3）：44-47.

为了确保评审的效果和效率，无论哪个层级的技术评审，都需要总结本企业、本行业其他企业，以及其他行业的经验教训，提炼为评审要素表。评审要素表犹如一张公开的"考卷"，产品开发项目组要根据"考试内容"提交技术评审。

技术评审一般有三个结论：通过、带风险通过和重新定向。和决策评审不同，技术评审的结论不包括不通过选项。

决策评审和技术评审的对比

在企业实践中，决策评审和技术评审经常被混淆，根源在于没有认识到产品开发过程中两条主线的区别和联系，两者的区别见表4-6。

表4-6 决策评审和技术评审的区别

区别点	决策评审	技术评审
目的	确保产品在市场和财务上的成功，从而实现商业目标	确保产品包满足需求，包括客户需求、内部需求和认证需求
评审角度	以公司或产品线战略目标为出发点，从商业角度审视业务计划内容	以客户需求、内部需求、认证需求等为出发点，从技术角度审视方案和产品包是否满足需求
参与人员	高层、项目经理、项目核心成员（必要时）、产品经理、市场代表	各领域技术专家、系统工程师、各领域核心代表、质量工程师
评审要素	从商业目标和业务计划角度设置评审要素	以满足客户需求、内部需求、认证需求为出发点，从系统和各技术领域角度设置评审要素
评审结论	提出明确的决策结论，可以终止项目	提出评审意见，不能终止项目
责任归属	项目组必须接受评审意见，同时要对商业结果负责	技术评审意见供项目组参考，项目组自行决定是否接受评审意见，进而承担责任

无论是决策评审还是技术评审，会议的组织都非常重要。以下要点供读者参考。

（1）会议质量决定了评审质量。有华为高层甚至认为，IPD带给华为最大的价值是教会了大家如何开会。

（2）所有与会人员，必须在会前仔细阅读相关材料，并和项目组保持沟通，使绝大多数问题能在会前得到解决，贯彻"不惊讶原则"。

（3）评审会的主要目的是识别潜在问题、达成共识，尤其是识别跨部门问题，不在会上讨论具体技术和业务问题。

（4）会议开始首先要解决上次会议的遗留问题。

（5）无论是决策评审还是技术评审，都必须使用评审要素表，以免遗漏检查项。

（6）主持人要注意控制时间，避免漫谈和跑题，会议必须有结论。

（7）会后贯彻会议结论，明确责任人，跟踪问题并进行解决。

（8）每个评委都要发言，职位最高的最后发言。

（9）所有发言都要有记录，以便追溯。

高层是否可以同时参加决策评审和技术评审？答案是肯定的，一个岗位在IPD流程中承担多个角色非常普遍，犹如在一部电影中，一个演员可以同时扮演两个甚至多个角色。但要注意的是，高层必须做到"到什么山上唱什么歌"，角色不能错位。在技术评审中，高层扮演的是技术专家角色，其作为技术专家提供的建议仅供项目组参考，否则就可能带走项目团队应该承担的责任。在商业决策评审会议上，高层要站在公司和商业角度判断是否继续开发。高层作为资源调度者，要关注资源是否满足项目需要，尤其是本领域资源。高层要关注项目组内部的冲突，积极帮助项目组解决其内部难以解决或无法解决的冲突。高层还要关注项目组之间的冲突，尤其是项目组之间的资源冲突。

最佳实践：苹果公司前CEO乔布斯和现任CEO库克如何介入产品开发过程

苹果公司的前任CEO乔布斯和现任CEO库克在产品开发过程中扮演着完全不同的角色。乔布斯通常深度介入每款产品的研发过程，甚至基于个人洞察提出非常具体的设计建议。与乔布斯相比，库克在设计和营销方面花的时间较少。但从结果来看，乔布斯去世后的10多年的时间里，苹果公司在库克带领下，市值从三千亿美元增至最高峰的近三万亿美元，长期保持全球市值最高公司的地位。

包括苹果在内的大量案例表明，高层是否介入技术评审甚至亲自参与产品开发并不重要，关键在于在公司内部是否有更适合的人来承担这些重要角色。作为苹果公司CEO，乔布斯具备超越普通人的需求洞察、产品规划和定义能力，如果不充分利用他的这个长处就是一种浪费。但是库克深知他的优势在于公司运营，而不是产品研发，如果还像乔布斯那样，花费大量精力在产品细节上，不但做不好CEO，还会影响产品市场表现，对苹果公司反倒是一种灾难。

库克说他的目标从来不是做第二个乔布斯。"我知道，我唯一可以成为的人就是我自己，"库克曾经说道，"就是成为最好的蒂姆·库克。"

从苹果公司的案例可以看出，企业的最高层是否参与技术评审不是产品成败的关键，关键是要关注到项目组之间的冲突，并能解决冲突。

IPD产品开发流程中的九类角色：跨领域分工与协作

产品开发流程中的各种活动，可以按专业进行分组，每个组承担一个"角色"，

"角色"本质上是若干活动的集合，不等同于组织中的部门或岗位。IPD产品开发流程中的角色或领域分为九大类，分别是高层决策、项目管理、财务、质量管理、研发、采购、制造、市场、服务。在产品开发流程中，项目管理角色也是市场角色的子集。

角色划分为产品开发流程确定一个通用框架，这个框架能够涵盖所有行业的情形。流程中的角色犹如电影剧本中的角色，与角色的扮演者（演员）在组织中所担任的岗位无关。产品开发过程就是这些角色轮番或同时上场进行表演的过程。

角色不同于组织中的部门或岗位。之所以抛开部门强调角色，是因为角色与现有组织结构中同名称的部门和岗位虽然有一定的联系，但并不是一一对应的。例如，在很多产品开发项目中，尤其是小型产品开发项目中，财务角色可以由项目经理、市场代表或其他项目组成员承担，而不一定必须由财务人员承担。流程中的角色与岗位松耦合，有利于流程和组织能力的发展，实现专业化管理，为流程型组织的建设奠定基础。角色和组织结构的对应关系应在组织设计中进行划定。角色所代表的所有或部分活动可以外包，比如客户和供应商等合作伙伴可以承担流程中的很多工作，但组织内必须有对应的管理部门。

必须指出，这九类角色的划分是基于大量行业实践和经验的总结。不同行业、不同企业在应用时可以进行适当的调整。对于复杂产品的开发，参与产品开发的角色会更加丰富。例如，在飞机发动机的研发流程中通常会增加构型管理（Configuration Management）角色。当有的活动不能纳入这九个类别时，可以增加角色或领域类别，比如互联网产品的商业模式研究。如果发现哪个类别的活动特别少，可以考虑并入其他类别，比如快速消费品的售后服务可纳入市场领域。但对绝大多数企业而言，按这九个角色的归集方法就足够了。

一些公司层面的公共服务活动，比如人力资源、IT、行政服务、知识产权和法务等，如果没有在活动归集中反映，但对产品开发极其重要，也可以被纳入扩展组，比如知识产权方面的活动，可以纳入研发代表、系统工程师或项目经理的扩展组。在公司内部无差别的公共服务内容，比如员工招聘、通用的行政服务，在这些领域的相关制度中体现即可，不用体现在IPD产品开发流程中。

在IPD产品开发流程中，所涉及的角色还应与组织结构设计、部门职责、岗位职责进行对应。

基于APQC的IPD产品开发流程的分层

前面明确了产品开发流程的输入、输出,并介绍了其中的两条主线,定义了阶段、角色、决策评审点和技术评审点,流程框架也就搭建好了。接下来的工作就是识别和定义框架中的各种活动。

新产品开发所涉及的活动取决于管理的需要,可粗略定义为概念、计划、开发、验证、发布、生命周期管理六个阶段。复杂产品开发活动有成千上万个,比如飞机、汽车或通信设备的开发。所以,为了便于理解,有必要对流程进行分层、分类设计。

最佳实践:APQC流程分类、分层框架PCF

美国生产力和质量中心(American Productivity and Quality Center,APQC)的流程分级框架(Process Classification Frameworks,PCF)为众多行业提供了一整套完整的企业流程框架模型,鼓励企业从跨越产业流程而不是从狭隘的职能视角来审视所从事的活动。

APQC的PCF将企业流程自上而下分为5个层级:类别(L1)、流程组(L2)、流程(L3)、活动(L4)和任务(L5),如表4-7所示。根据不同的颗粒度,IPD流程的分层也可以被纳入PCF框架中。在实践中,五个名词的具体含义往往存在争议。我们认为,L1是颗粒度最大的活动,比如企业的研发和营销都属于L1流程。L5是PCF框架中颗粒度最细的活动,通常可以对应到某个具体角色和岗位,比如"软件开发"角色对应的"应用软件详细设计"这个活动可以定义为L5。中间的L2~L4,是根据管理需要进行的不同程度的抽象。流程分类要实用和易于理解,在实际操作中,需要通过研讨会让相关人员一步步达成共识。

表4-7 APQC流程分级框架

APQC流程分层	流程描述	对应的IPD流程
L1	代表企业中最高级别的流程,如客户服务、供应链、财务、人力资源等的管理	集成产品开发(大IPD)

续表

APQC 流程分层	流程描述	对应的IPD流程
L2	表示流程类别的下一级流程,代表一组流程,如执行售后维修、采购、招聘、开发销售策略	需求管理、产品规划、产品开发(小IPD)、技术规划、技术开发等
L3	流程组的下一级分解。是将投入转化成产出的一系列相互关联的活动。从时间维度,可以形成阶段子流程。从角色/专业维度,可以形成专业子流程或支撑流程	产品开发(小IPD)中的概念、计划、开发、验证、发布、生命周期管理六个阶段流程。L3还可以从专业角度上进行划分,比如采购支撑流程,服务支撑流程
L4	活动是流程的下一级分解,是L3中的关键活动表,如接受客户请求、解决客户投诉和协商采购合同	产品开发概念阶段的系统设计与分析、架构设计、系统设计,有时也被称为"关键活动"
L5	是流程架构中颗粒度最小的活动,可以比较容易对应到角色。L5通常可以用泳道图来表示,泳道图中的角色非常重要,是流程设计与组织设计的纽带	如系统分析与设计中的系统需求分析、备选概念分析

IPD产品开发的阶段流程、活动和交付件

参照APQC的PCF框架,IPD产品开发的阶段流程可以定义在企业的L3层级。每个阶段都有对应的目标、输入、输出和相关活动,可以成为一个完整的流程。在阶段流程中可以把相关专业活动细化,无须再制定专业子流程。但如果专业领域流程活动较多,需要重点发展专业能力,则建议设置子流程。子流程是从领域或角色维度,也就是从IPD流程袖珍卡中的横向维度把流程进一步结构化。也有企业把这些子流程叫作部门流程,比如软件部流程、硬件部流程、结构部流程等。但在IPD体系中宜尽量避免"部门流程"的表述,在流程设计上,坚持基于业务,而非内部的部门设置。子流程在设计上要与IPD主流程对齐,包括角色、阶段、评审点、活动、交付件模板、术语等。子流程(或叫支撑体系)一般应包括评审(技术评审和决策评审)、项目管理、财务、质量管理、研发、采购、制造、服务、市场营销等九大领域,以确保IPD流程动作顺畅。图4-9描述了部分领域的子流程。

第4章 用IPD方法论管理创新过程

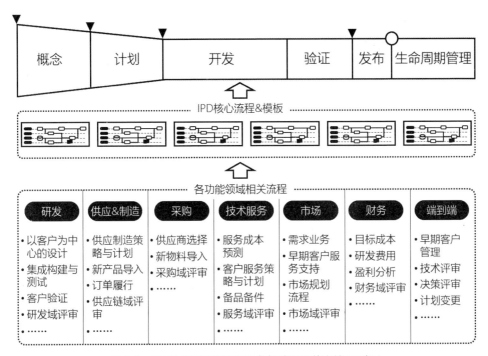

图4-9 IPD产品开发流程需要各领域流程的支撑（局部）

从管理角度来看，不同行业产品开发流程之间的共同点远多于不同点，差别也是主要集中在研发和供应链领域。无论IPD流程袖珍卡、阶段流程，还是子流程，都需要在流程中描述活动和定义交付件模板。例如，如果流程中包括"硬件概要设计"就需要对其进行描述，最终以"操作指导书"的方式出现，同时还需要对该项活动的输入、输出模板进行定义。IPD流程袖珍卡、阶段流程和子流程中的活动是逐层细化的。IPD流程袖珍卡中的活动，在阶段流程和子流程中会分拆为若干颗粒度更细的任务。与此同时，交付件模板也是分层的。支撑L1至L5运作的模板、交付件、操作指导书、标准、规范等，通常被定义为L6。如果完成L6的交付需要多个人、多领域共同工作，就可以把我们前面讲到的流程管理方法运用在L6，使之规范化。通过分层的流程体系建设，就形成了IPD流程管理大厦，形成了公司管理的基石，也就是任正非所说的"万里长城"。注意，构成这座大厦的，不仅仅是物理层的文件，更重要的是流程中的管理思想和方法工具。

公司每天开展的各种活动，实际上都存在大量流程。无论它们是否以纸面的形式表现出来，也无论它们是否在不同项目之间得到统一遵守，这些"存量"的流程及其背后的管理都支撑着公司的运作，是公司的宝贵财富。我们有了IPD产品开发流程的思想和逻辑，就可以把它们串起来。在这个意义上，如果把IPD主流程框架比喻为一根端到端、满足客户需求的"项链"，那么现有的流程制度就可以比喻为"珍珠"。要制作一根完美的项链，则可能还需要增加一些珍珠，也可能要把现有的珍珠进行再加工。

流程结构化程度要适度

在产品开发阶段，如果缺乏结构化流程，将会导致组织长期依赖个人能力、工作混乱、冲突多和效率低下。结构化流程能让复杂、混沌的产品开发工作逐渐变得清晰，通过专业化分工，能降低组织对个人能力的过高要求，让组织逐步变得不再依赖个人，而是靠组织能力来保证产品开发的成功。

然而，过度的流程结构化也会导致工作的僵化和教条。好的IPD流程，注重灵活与秩序的平衡，强调在高层次（APQC中的L1～L5级流程）的流程框架和逻辑上保持统一，同时在操作层面（L6级流程）上保证一定的灵活性。

IPD产品开发流程的结构化程度通常与行业特点、企业历史、企业规模、管理成熟度、产品复杂度、产品生命周期、需求稳定度、项目组规模等因素相关。一般来讲，企业历史越长，规模越大，流程结构化程度就越高；产品的开发周期越长，越需要结构化的流程，否则产品开发计划管理容易失控；产品越复杂，介入的领域越多（包括客户和供应商），就越需要结构化流程，否则会带来跨部门沟通困难、职责不清；项目组规模越大，流程越需要结构化。相反，如果整个行业处于快速变化中，需求和产品形态变化很快，产品生命周期很短，流程的结构化程度就应当低一些。

用IPD方法论构建统一的创新语言

融合了系统工程和并行工程的IPD方法论，不仅适用于新产品开发，还为解决方案开发、技术开发、定制产品开发、功能领域的创新和开发等提供了一致的方法论。在工作中坚持使用这种方法，将有助于构建一种通用的创新沟通语言，进而大大降低管理成本。解决方案开发、换代产品开发和客户定制开发都是直接面向特定客户需求进行的产品开发，其中，换代产品开发是在原有产品基础上的升级，客户定制开发是面向特定客户需求的开发。在底层逻辑和基本原理上，它们和全新产品开发是类似的。

平台化开发是IPD的核心思想之一，在这个思想指导下，支撑产品开发的技术开发和平台开发将作为独立项目进行管理。技术开发和平台开发的最终目的是打造成功的产品，从这个意义上讲，技术和平台的"客户"就是产品，我们同样可以用IPD方法论来构建技术和平台开发流程。基于同样的逻辑，公司内部各个部门的工作，包括变革管理工作，都有其目的，都要满足公司或外部客户的需求，都可以看作"产品"或"服务产品"，一样可以用IPD方法论来构建相应的工作流程。

IPD方法论应用在不同对象时，首先要抓住相同点，在流程体系中的概念和用语要尽量保持一致，比如阶段划分、阶段名称、关键的活动名称等，以大大降低组织内部的管理体系复杂度和管理沟通成本，千万不要低估这种一致性带来的好处。此外，还要在用语一致的基础上，针对不同的创新对象，对IPD流程进行相应的调整。需要注意的是，具体到某种分层和分类下的特定项目，还要对流程进行二次适配，而使用一致的方法论可以让适配过程变得相对容易。

华为基于业务分层和分类的IPD场景化流程示意图如图4-10所示。

图4-10　华为基于业务分层和分类的IPD场景化流程示意图

IPD方法论在解决方案开发中的应用

解决方案是满足特定细分市场客户需求的一种交付形式，本身也是一种产品。解决方案由多个组件构成，包括有形的实体产品和无形的服务。有的组件可以独立销售，也叫部件产品。解决方案中的组件可以自行开发，也可以外包。不同企业对解决方案的理解和定义有所不同。

华为实践：解决方案的定义和特点

解决方案是提供给某些关键细分市场的网络业务和服务，一个解决方案包含两个及两个以上部件产品（部件产品是指可以在市场单独销售的产品），它可能来自多条产品线，或者由合作方提供，可能基于现有方案开发，也可能需要新开发，如 IMS（IP Multimedia Subsystem，IP 多媒体子系统）、WCDMA（Wideband Code Division Multiple Access，宽带码分多址接入）等。解决方案具有以下特点。

（1）不仅要有单个部件产品的架构和设计，还要有一个整体方案的系统架构和网络设计。

（2）不仅要对单个部件提供产品、服务、全球培训、客户支持，还要对整个网络设计提供产品、服务、全球培训、客户支持。

（3）要求在解决方案网络环境中充分测试所有的部件和业务。

（4）要求不仅提供针对单个部件的文档，还要提供针对整体网络的文档。

从以上定义可以看出，相对于单个产品开发，解决方案的开发更加复杂。在开发过程中，既有解决方案层次的开发，也有部件产品层次的开发，两个层面都需要开展架构设计和系统设计、子系统设计、部件设计、采购、制造等工作。这就要求解决方案开发流程要把解决方案本身和构成解决方案的部件产品，共同纳入一个统一的流程进行考虑。从系统工程的角度看，如果把解决方案和部件产品都看成系统，那解决方案就是系统之系统。把握住这个特点，就可以把IPD流程应用在解决方案开发上。

解决方案开发流程和部件产品开发流程之间的关系如图4-11所示。如果把部件产品理解为产品中的子系统，两者之间的关系就非常容易理解。只有通过解决方案的系统设计和需求分配评审（TR2），将需求分解至各个部件产品（子系统），部件产品才能进行需求和产品定义工作。

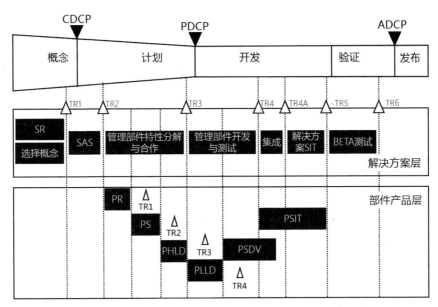

图4-11　解决方案开发流程与部件产品开发流程之间的关系

解决方案开发流程对IPD方法论的应用非常有启发作用。例如，汽车产品的开发由若干个总成组成，每个总成又由若干个子系统和模块构成，解决方案与部件产品之间的关系正是如此。如果每个层次的开发都使用同样的方法论，企业内部和企业内外部之间的沟通就会更加顺畅，管理成本也会降低。

IPD方法论在技术开发中的应用

在产品开发过程中不能及时解决技术问题，是导致产品失败的重要原因。IPD的核心思想之一是"平台化开发"，要求技术与产品既要分离也要互锁。通常情况下，为实现异步开发，技术开发在产品开发之前就要启动。技术最终要用在产品上，其需求一定来源于产品，技术如果要用在多个产品上，其需求就应来源于多个产品。如果要在多个产品线、多个业务单元共享技术，其需求的来源就更加复杂。技术要达到一定成熟度后，才能迁移到产品开发中，否则会导致延期、成本不可控、产品质量问题。所以，做好技术开发过程的管理对企业意义重大。

和部件产品是解决方案的组成部分一样，技术（表现出来的物理形态是BB和CBB）是产品的组成部分。与产品不同的是，技术一般不直接对外销售，其开发过程不直接关注技术的商业特性，而更关注技术是否能够满足产品的需要，也就是技术和产品要互锁。技术要在产品中进行验证，所以，技术开发没有独立的验证、发布和生命周期管理阶段。

IPD方法论同样适用于技术的开发过程，采用一致的方法论有助于产品开发和技术开发体系的协同。技术开发流程（TD）如图4-12所示，在这里我们继续沿用IPD产品开发流程中的TR和DCP逻辑。

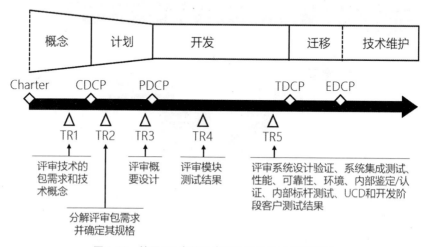

图4-12 基于IPD产品开发方法论的技术开发流程

技术开发流程的前三个阶段和产品开发流程是一致的，第四个阶段一般称为"迁移阶段"，也就是在产品中验证研发成果。在迁移阶段，技术开发团队（TDT）将技术开发成果迁移到用户——产品规划、立项和开发团队（PMT/CDT/PDT），支撑产品规划、立项、开发、测试等活动的展开，并解决活动过程中出现的相关技术问题，直到该产品成功上市。产品成功上市后（通常是IPD中的GA点），可以开展技术终止决策评审（EDCP），通过评审后技术成果进入公司技术平台进行货架化管理，技术开发项目关闭。需要注意的是，技术项目关闭后，技术开发团队（TDT作为一个固定团队）或技术部门（TDT已经解散）仍然要保留部分技术人员支持相关产品上市后的技术维护服务。

虽然产品开发流程和技术开发流程的原理相同，但是它们在各阶段的工作内容和关注点有所不同，如表4-8所示。

表4-8 产品开发流程和技术开发流程在各阶段的工作重点

阶段对比	产品开发流程	技术开发流程
项目任务书	关注对商业目标的支撑	关注对产品和技术战略的支撑

续表

阶段对比	产品开发流程	技术开发流程
概念	确定产品包需求、产品概念和设计需求，制订产品业务计划书 关注：差异化需求、市场竞争力、赢利能力	确定技术的需求，通常来源于多个产品，制订业务计划书 关注：技术成熟度、技术竞争力、目标成本
计划	产品的系统设计和子系统设计，各个领域参与，确定最终的产品业务计划书 关注：从PDCP到GA的计划、各领域计划、赢利能力	进行技术的系统设计，制订最终的技术业务计划书，充分考虑技术的投资收益 关注：从PDCP到TDCP（临时决策评审）的计划，以及如何向PDT提供技术支持
开发	完成初始产品开发 关注：各领域计划的完成进度，是否可以进入发布阶段	完成初始技术的开发 关注：迁移准备、发布最终规格和相关文档
IPD：验证、发布、生命周期管理 TD：迁移、技术维护	进行客户验证、第三方验证、对标测试等，早期销售，发布产品，逐步批量生产，不断改进产品	将技术迁移给相关PDT，在产品中进行验证，支持PDT从TR4到GA的所有活动，不断改进技术

IPD与敏捷开发、MVP的融合

尽管小IPD流程可以灵活调整以适应不同的行业、产品或项目，但这些调整主要还是对关键流程或活动的增加、裁剪或合并，本质上仍然是瀑布式开发思想。瀑布式开发遵循的基本流程是"需求定义→产品设计→研发实现→测试验证→发布维护"，是一种线性的流程。瀑布式开发模式要求客户需求比较明确、稳定，否则会因为需求变动导致返工。在瀑布式开发模式下，只有严格完成一系列流程后，产品才能发布，因此产品更新发布的周期较长。微软曾采用瀑布式开发模式，其核心产品Office、Windows的更新周期往往长达3年或3年以上，遭到大量用户的抱怨。此外，当预先确定的所有需求都得到满足、问题都被解决后，可能竞争对手已经抢先占领了市场。

随着互联网的兴起,客户需求变化越来越快,尤其是C端客户。客户对需求响应速度的要求也越来越高。在此背景下,软件领域出现了轻量化的敏捷开发模式,并逐步应用到软件以外的其他领域。IPD体系是灵活发展、与时俱进的,敏捷开发也为IPD的发展提供了新的方向。

华为引入IPD后,在"一根筋"坚持运用和优化IPD的同时,不断吸收新的思想和理念发展IPD,其中敏捷思想也是华为IPD发展过程中汲取的重要营养之一。

敏捷开发是一种以用户需求的进化为核心、不断迭代、循序渐进的开发方法。与IPD开发模式的稳扎稳打不同,敏捷开发强调小步快跑、快速迭代和拥抱变化,基于用户最关注的需求把产品原型做出来,与客户进行互动,交付或上线,然后根据市场反馈,快速优化迭代,再次发布新版本。如此循环,产品在持续迭代中逐渐集成为一个完整的极具用户价值的产品。例如,微信刚上线时通信方式只有发送文字、图片,在后面的迭代中逐渐新增了语音消息、语音通话、视频通话等多种形式。

敏捷开发最大的特点是短周期快速迭代,具体表现在以下三个方面。

(1)按照客户价值驱动,不断收集客户需求,并优先交付最高优先级的需求,而不是按既有计划交付需求。

(2)增量式开发,即并非一次全部交付需求,而是分批次在迭代中逐步把客户需求集成到产品中。

(3)组建敏捷团队,即组建跨职能团队,围绕统一目标开展工作。敏捷团队强调团队成员的自主性和沟通,为保证沟通质量,团队规模一般会控制在10人以内。对于复杂的产品开发,可以由多个敏捷团队分模块共同组成一个更大的敏捷团队。

传统的IPD开发模式与敏捷开发模式各有所长,各有对应的适用场景,对比分析如表4-9所示。

表4-9 传统IPD开发模式与敏捷开发模式对比

维度	传统IPD开发模式(瀑布模式)	敏捷开发模式
工作方式	● 重视和强调规划和计划,将产品开发周期分为若干阶段,按阶段依次开展工作	● 更加强调人的协作,包括团队内部的协作和团队与客户的协作,在高度协作的环境中使用迭代方式进行增量开发

续表

维度	传统 IPD 开发模式（瀑布模式）	敏捷开发模式
	• 每个阶段都有对应的输入和输出，上一阶段的输出就是下一阶段的输入 • 上一阶段通过评审后，才能进入下一阶段	• 开发团队根据客户对每次迭代成果的意见对产品进行调整和完善，直至完成产品交付
优点	• 每个阶段目的明确，团队专注相应阶段工作，有助于提高阶段效率 • 早期就能明确项目范围，能有效组织和调配资源开展项目，从而在一定程度上降低后期维护成本	• 阶段性成果可在开发过程中被客户查验，从而降低项目开发风险 • 灵活性强，需求的变更可在任何时候进行 • 快速上市，利于抢占市场
缺点	• 开发过程中涉及大量的交付件、模板、文档等，开发工作量比较大 • 每一阶段都依赖上一阶段，不能出错，容易导致返工 • 项目后期才能将成果展示给客户，容易错过市场机会 • 需求变更的成本较高，尤其是开发后期的需求变更	• 最终交付的内容无法预测，预期和实际完成的内容经常会有很大差异 • 需要高水平的团队协作，开发团队需要定期与客户沟通 • 需要开展大量会议，沟通成本较高
适用场景	• 需求比较明确、稳定且易于理解 • B2B 产品：涉及的客户较少，且需求一般比较明确和稳定	• 需求不明确、复杂多变，需要大量创新或需要尽快抢占市场 • 软件产品 • 部分 B2C 产品：涉及的客户多，市场多变，竞争激烈，需要快速响应

敏捷开发与最小可行产品（Minimum Viable Product，MVP）具有异曲同工之妙。MVP 指的是企业用最小的成本开发可用的产品，其功能极简但能够帮助企业快速验证对产品的构思，以便在获取用户反馈后持续迭代优化产品，不断适应市场环境，同时快速抢占市场。MVP 理论按照"构建（Build）—测量（Measure）—迭代（Learn）"的循环操作流程来验证产品设想，为很多产品开发，尤其是新创公司的产品开发提供了指导。

IPD 是与时俱进、灵活发展的。源自软件开发领域的敏捷开发和 MVP 为 IPD 的发展提供了新的思路。2016 年，任正非在 IPD 建设"蓝血十杰"暨优秀 XDT 颁奖大会上指出：

我们要有快速响应的能力，也要有坚实的基础。未来要实现大带宽、大流量，传统IPD依然是坚实的基础，适合传统硬件和嵌入式软件；IPD进一步发展就是敏捷开发；未来，IPD更要联合客户敏捷，对接客户业务流，做到商业敏捷。

实际上，早在2008年，为了解决传统瀑布式IPD流程带来的大量的需求变更问题（如部分产品从Charter到TR5的需求变更接近50%），华为引入了敏捷开发，并且把敏捷开发的思想、理念和实践融入IPD流程中，从而构建了新的产品开发模式，并形成了"项目级敏捷—版本级敏捷—产品级敏捷—商业级敏捷"四个IPD敏捷发展阶段。

华为引入敏捷开发后研发效率大幅提升。例如，无线网络产品线ROSA-RB项目引进敏捷开发思想后，TR5后遗留问题缺陷率降低了30%，进入市场时间（Time To Market，TTM）改进了30%，平均生产率提升了49.6%。

总体来看，敏捷开发给IPD带来的变化有四个方面。

（1）融入迭代开发。IPD转变以往线性瀑布开发模式，加入部分螺旋上升式的迭代开发的模式。在不同的阶段或若干阶段引入迭代开发，从而实现不同级别的敏捷。

（2）需求分批实现。在传统的IPD模式中，对于需求包，在进行项目任务书的决策评审时一次性进行决策，后续的开发工作依据该决策开展。引入敏捷后，产品需求的实现变成随着产品的开发过程，迭代着滚动实现。产品包需求被拆分，分次迭代决策，并依据商业价值排序，以便开发团队快速开发和交付。

（3）建设全功能团队。团队从以前的为单个模块交付负责的模块团队转变为基于价值流进行完整交付的团队。团队需要对从需求到发布的全流程负责。团队成员既要一专多能，也要拥有更高的自主决策权，以实现团队内部快速决策及产品开发快速迭代。

本章要点

（1）产品和技术的研发过程始于立项，终于产品和技术的不再被使用。例如，IPD产品开发流程起始于产品开发项目任务书获得批准，终止于产品生命周期结束或项目经过评审不通过。

（2）基于系统工程和并行工程，融合商业计划的IPD方法论可应用在不同的创新领域，包括产品开发、解决方案开发、定制项目开发、技术开发、产品/技术研究、变革项目实施等。

（3）过程决定结果，结构化流程是过程质量和结果质量的保障。结构化流程需要有清晰的逻辑、明确的阶段划分。流程中的活动按专业被恰当地归类到各个角色。各种活动需要有恰当的方法支撑。角色是流程设计和组织设计的枢纽。

（4）在逻辑上，基于IPD产品开发方法论的研发流程有两条主线。一条是商业线，关注各领域业务计划，并综合为产品包业务计划。另一条是技术线，关注产品包如何满足产品包需求，也叫需求实现线。两条主线缺一不可，要同时被密切关注。

（5）研发流程中，通常有九类典型角色，分别是高层决策、项目管理、财务、质量管理、市场、研发、采购、制造、服务。其他参与角色可纳入这些角色的扩展组。当扩展组特别重要时，可以设置为核心组成员。

（6）典型的研发流程在时间维度上可分为六个阶段，分别是概念、计划、开发、验证、发布、生命周期管理。每个阶段都有明确的目标、输入和输出。

（7）研发过程中有两类阶段评审，分别是决策评审和技术评审，在逻辑上必须分开，以便在组织上各司其职，避免责任不清，也有利于人才培养和成长。

（8）在决策评审点，决策层决定是否投资或是否继续投资该项目，承诺资源，解决冲突。

（9）在技术评审点，专家和各领域主要评审需求是否完整，方案是否满足需求，是否能够大批量供货，产品包是否完整等。原则上，只有通过技术评审才能进行决策评审。

Chapter 05

第5章

以客户需求为中心

引言

总体来看，产品开发有技术导向和需求导向两种。技术导向以技术为核心，围绕技术开发产品，该类企业不重视需求调研和分析，认为客户并不清楚自己的需求，企业应当通过技术创新来创造客户需求。需求导向以客户需求为中心，围绕客户需求开发产品，能够更好地解决市场匹配问题。"以客户需求为中心"已成为绝大多数企业的共识。

实际上，技术导向和需求导向不是对立的。企业要做好产品开发，必须兼顾技术和客户需求，即技术和客户需求双轮驱动。但通常来讲，需求导向优先于技术导向，因为再好的技术也需要服务客户。企业需要在深刻理解和管理客户需求的前提下，围绕产品和解决方案持续进行创新。

遗憾的是，需求管理并没有引起大多数企业的足够重视：有的企业缺乏有效的方法探索和收集客户需求，有的企业不知道如何判断需求的真伪，有的企业面对众多需求难以取舍，有的企业不知道如何在产品开发中保证客户需求的实现……

与此同时，还有很多企业出现了过度"以客户需求为中心"的问题。为了满足同一细分市场不同客户的需求，有针对性地开发了大量产品，但每一款产品的销量却很低。为了开发和管理这些几近定制化、数量众多的产品，企业付出了高昂的研发和运营费用。

本章介绍了需求管理的完整框架，即企业应当如何进行端到端的需求管理，主要包括：确定需求从哪里来、如何处理来自各方面的需求、应以何种节奏来规划和满足需求、如何实现和验证需求等。

案例：满足客户需求也有错吗

某电源企业成立于1997年，创立之初主要从事应急电源生产，服务消防行业。同时，该企业非常前瞻性地预见到新能源发展趋势，几乎同步启动太阳能逆变器预研工作。

在应急电源领域取得一席之地后，随着国内房地产行业的崛起，配电柜需求大增，该公司针对不同客户需求开发和定制了大量产品，在这个领域同样取得了不俗战绩。

2006年前后，在国家政策的扶持下，新能源行业的发展开始迎来"春天"，风能逆变器、储能电源等机会点进入管理层的视野，公司业务领域进一步扩大。

为了满足以上领域不同客户的需求，该公司按产品类别重组研发部门，将100多人的研发队伍分成8个事业部，每个事业部内部再分成若干专业小组（比如硬件、软件），分别响应不同的客户需求。

公司成立伊始，管理层就深知快速满足客户需求是小公司活下来的关键，尤其是能满足大公司不愿意满足的需求。在这种理念的指导下，只要客户提出要求，营销人员都会快速反馈到研发部门，研发人员会立刻停下手头的工作，加班加点以满足客户需求。研发人员还会不辞辛劳投入大部分精力来满足订单，尤其是满足客户提出的特殊需求。正是靠着这股子拼劲，这家企业赢得了不少客户的信任，订单源源不断。

到2009年，公司在行业里的地位进一步提升，形成了5大类、15个系列、500多个型号的庞大产品阵列，这些产品所用的电子元件、结构件和软件几乎各不相同，给采购、生产、仓储、物流和服务都带来了巨大压力。随着大量竞争对手的加入，产品价格下降，不但提高了该公司的管理和运营成本，而且客户开始对价格、质量、响应速度等提出不满。

虽然这些产品都分别针对不同客户需求开发，看似不同，但仔细分析却又有很多相似的地方，管理层和研发人员开始对一些问题进行反思。

（1）是否有必要针对不同客户需求开发那么多产品？

（2）能不能先进行规划和开发，然后让客户选购？

（3）对于大公司常犯的不能及时响应客户需求的错误，应如何避免？如果被那些更小的"无节制满足客户需求"的公司抢了生意，应如何处理？

让我们带着这些疑问阅读本章。

企业在需求管理中的主要问题

在企业中，需求管理能力已成为核心竞争力之一。任正非曾说："企业发展之魂是客户需求，我们一定要真正明白客户需求导向，在客户需求导向上坚定不移。

我们要真正认识到客户需求导向是一个企业生存发展的一条非常正确的道路。需求就是命令，我们一定要重视客户需求。"

尽管开始认识到"以客户需求为导向来开发产品"，但很多企业对需求没有深刻的理解和认识，也缺乏需求管理的组织能力，在产品开发过程中仍然依赖个人（高层或技术"牛人"），严重制约了产品开发和企业经营管理等活动的开展，主要表现在以下几个方面。

缺乏一致的需求概念和描述框架

对概念尽可能一致地理解，是沟通的基础。但是，当我们谈到需求的时候，相关的概念却非常多，比如欲望、要求、问题、抱怨、意见、客户（购买者）需求、用户（使用者）需求、市场需求、系统需求、设计需求、子系统需求、规格、参数等不一而足，即便是专业人士，也不一定能对某个概念的含义形成共识。它们分别有什么含义？相互之间的联系和区别又是什么？

在实践中，大量企业都在没有进行准确定义和达成共识的情况下高频使用以上词汇，不仅造成内部沟通成本很高，还会使客户的真实需求难以被有效地识别和传递。例如，营销部门通常会认为客户的任何反馈都是需求，把抱怨和意见直接反馈给研发部门，研发部门则认为太抽象，无法将其转化为有效的研发输入，并且发现无条件满足需求的失败率很高。再如，很多汽车厂家在进行产品规划时，一开始就花大量时间讨论需求：具体的外形尺寸和配置是什么样的，仪表盘应当提供哪些信息……这些是客户需求吗？

除了对基本概念缺乏一致理解，企业还缺乏对需求整体描述的框架。前面曾提到，客户需要的是一个完整的产品包，无论B2B还是B2C，均是如此。客户购买的不仅是能够满足功能的有形实体，还包括外观、安全性、售后服务、品牌、使用体验等无形部分，因此需要一个完整、统一的框架来描述这些需求，否则研发人员以为产品开发完成了，但客户还是不认可，背后的原因是产品只满足了客户的一部分需求，而没有满足产品包需求。

企业案例：需求语言不统一造成冲突

某家具企业成立了市场部，负责新产品定义、产品培训与品牌宣传等工作。最近，市场部和经销商在与客户沟通时听到最多的一句话是"和竞争对手比起来，你们的产品不够高端、大气、上档次"。于是市场部便申请新的产品开发项目，在立项材料里对产品需求的描述为"高端、大气、上档次"。

设计部拿到这个项目后非常头痛和排斥，因为市场部没有对"高端、大气、上档次"进行更加精准和细节的描述。设计部只能硬着头皮按照自己定义的"高端、大气、上档次"构思设计草案让市场部评审。草案一次又一次被推翻，双方很难达成一致。市场部认为他们提出的需求是从客户端获取的，是明确的，研发部无法满足这个需求是能力问题。研发部也很委屈，认为市场部的输入太模糊，导致无法开发出市场部定义的新品。两个部门开了很多会，吵了很多架，但还是无法解决问题，产生了巨大的隔阂。

华为实践：需求描述不当导致丢失市场机会

2003年3月，某省运营商向华为区域客户经理提出希望在GSM网上开发针对生产制造系统的位置服务业务，最好能在3个月内提供，以便率先开通。区域客户经理立即通过公司"客户需求电子流"提出申请。需求描述如下：该业务是业界领先的信息技术，相对其他运营商具有差异性，但要尽快实施，3个月开通实验局。

需求接收部门对该申请的评价是：业务申请对业务特性的描述不清晰，无法确定客户需求；该业务目前还没有应用实例，最终用户使用不能形成规模，市场前景不乐观；存在很大的开发风险，建议不予立项。

3个月后某竞争对手与这个运营商合作开发了该项业务，并很快开通了实验局。

这个运营商老总针对此事对华为的评价是："华为的响应速度实在太慢，我们需要的产品华为没有，华为提供的产品我们不需要。我们不怀疑华为的研发能力，但我们怀疑华为对我们不够重视，对客户的需求不重视！"

错误地认为需求是创造出来的

技术导向的企业通常认为，客户并不知道自己要什么，需求是被创造出来的，尤其是由一些像乔布斯这样的天才创造出来的。持这种观点的人通常不重视或忽视需求调研，并且振振有词地说"乔布斯从来不做市场调研"。然而，并不是每家企业都拥有像乔布斯这样的天才。① 在这种观念的指导下，企业研发的大量产品满

---

① 实际上，乔布斯本人和苹果公司也并非不做市场调研，而是反对过度痴迷于市场调研。1998年，乔布斯在接受《商业周刊》采访的时候说过："我们有很多用户，我们对自己已拥有的用户做了大量研究。我们还非常小心地关注行业趋势。但最后，由于这一做法将某些事情复杂化了，所以要通过用户小组进行产品设计真的很难。很多时候，人们不知道自己想要什么，直到你展示给他们看，他们才弄清楚。"

足了自己"创造的"需求,客户却不认可。例如,前几年在各大媒体大做广告的"电动洗鼻器",号称市场容量和口腔清洁市场(包括牙膏、牙刷、漱口水、牙线等)一般大,但却很少有人用过。其实,即使是在乔布斯主持下设计的产品,也有大量是不太成功的。

技术导向者认为,需求是由技术带来和推动的。没有互联网技术,人们就不会有上网的需求;LED、液晶、等离子技术没有成熟前,大个头的CRT电视足够了,人们没有看平板电视的需求;没有数码成像技术时,我们小心翼翼地用胶卷拍照,也能自得其乐。在没有这些技术产生前,人们似乎也没有这些需求,同样生活得很快乐。这些底层需求一直都存在,只是在不同的时代,满足需求的方式方法不同而已。胶片时代的王者柯达公司发明了数码照相技术,却反被数码技术打败。可见在需求满足上,技术推动不是万能的,关键是如何利用技术。

在做需求管理前,首先要明白技术在需求实现过程中是如何起作用的。需求本质上不是被创造出来的,它本来就在那里,我们要用各种方法不断把需求探索、发掘和提炼出来,用技术手段去实现。

"无节制、无底线"地满足客户需求

在前面的企业案例中,企业靠快速满足客户需求,尤其是满足特殊需求而迅速发展,但如果没有正确的理念和方法作指导,就会出现一系列问题:产品数量众多,它们看似不同,却又有相同之处,将会给企业带来大量维护成本;研发人员忙于满足紧急需求,没有时间探索客户未来需求,更没时间研究核心技术和共用技术,导致无法平台化、系列化地研发产品。这是很多企业都存在的典型问题,尤其是初创企业,它们依靠"无条件"满足其他大公司忽略、不重视的客户需求得以生存和发展。但是,过度以客户的特定需求为中心将对企业的进一步规模化发展埋下隐患,可谓"成也萧何,败也萧何"。

满足客户需求还需要和另一个理念相结合,企业才能长久生存,那就是持续的赢利能力。除了客户定制合同(已考虑赢利)或另有战略意图(有赢利以外的其他目的,如打击对手、树立品牌地位等),其他所有的研发活动在满足客户需求的同时都要充分考虑是否赢利。赢利的基础是要有销量,有销量的基础是要有足够的有购买力的潜在客户,只有产品在设计之初就以适当的成本满足了这些潜在客户的需求，才会赢利，这是基本的商业逻辑。在需求管理上，应针对细分市场的共同需求而非特定需求开展研发工作。在订单到来时，最好是能利用现有产品满足订单需求，或者做尽可能小的改动就能满足，或者通过现有产品/模块的组合就能满足，从而节省大量研发和供应链费用。这是一个从"行商"到"坐商"的转变，也是从"小公司"到"大公司"的蜕变。

华为虽然也一直强调以客户需求为中心，但也认为如果过多地强调以客户需求为中心，可能会从一个极端走向另一个极端。因此，需求导向和技术导向两者应该"拧成麻花"，前者用来做产品，后者用来搭平台。

把客户建议直接作为需求输入

在客户访谈中，客户经常会针对他们遇到的某个问题或痛点，直接给出解决方案和产品规格。例如，客户可能会将需求描述成"希望增加某项功能""希望增加某个配置""希望某个地方加宽、另一个地方加长"等。尽管客户给出的解决方案或规格建议有其背后的原因，但在大多数情况下，直接按照客户说的去做，是极其危险的。第一，客户不是专家，他们并不清楚这些解决方案和规格的实现是否会影响其他功能、性能，包括产品成本。第二，客户的解决方案不一定是最佳方案，如果按照他们的建议开发产品，很有可能让他们失望。

从企业自身能力建设来看，如果按照客户建议直接开发产品，将会阻碍企业提升深挖客户需求的能力，造成产品同质化，无法产生突破性的产品和技术。这种做法在行业技术升级换代时尤其危险。在一百多年前的马车时代，市场分析者去问客户"您需要一个什么样的更好的交通工具"，几乎所有人的答案都是"我要一匹更快的马"。如果采纳这个建议，接下来就是选马配种，培育跑得更快的马。然而，客户的真实需求是用更短的时间、更快地到达目的地。奔驰公司的创始人卡尔·本茨（Karl Benz）洞察了这一点，发明了汽车，很好地满足了客户的需求，也因此终结了马车时代，而那些只根据客户建议选择良马的公司不得不退出市场。

长中短期需求分布不合理

在需求管理中，很多企业没有兼顾短期、中期、长期需求的均衡。短期需求多指需要在短时间内得到响应的需求，越快越好。例如，客户针对眼前需求对现有产品提出的问题和改进建议；在核心竞争领域，根据竞争对手推出的更好的产品提出要求；行业内突然出现了一种本企业之前没有研究过的技术，于是开始模仿。这类需求数量多，响应后也能起到立竿见影的效果，于是很多企业忙于满足这类短期需求。

中长期需求一般数量相对较少且实现过程耗时更长，容易被企业忽视或拒绝。例如，在企业市场领域，客户五年以上的长期业务规划对本企业产品提出的要求；在消费领域，消费者对产品性能、外观设计、健康时尚长期不变的追求，竞争对手的产品和技术发展趋势，本行业和相关行业的技术发展趋势。

在长中短期需求分布管理方面，武器装备领域的"服役一代、研制一代、预研一代、探索一代"的原则值得借鉴。华为为了做到长中短期需求的均衡，对规划和需求管理团队的考核有一个指标是"长期需求所占比重"。这些长中短期需求通常不能通过现有规划中的产品、准备开发的产品、正在开发的产品和现有的产品来满足，而要通过更新长期产品的技术规划，开展预研来满足。长期需求所占比重对大型企业和行业领先企业尤为重要，因此要对客户的长中短期需求做好合理分布。

以产品而非需求来定义业务

产品作为满足客户需求的载体，是有生命周期的，这被大部分企业所认知。既然产品有生命周期，那产品所满足的需求也有生命周期。管理产品生命周期的核心在于认识并管理需求的生命周期。

和产品生命周期不同的是，需求的生命周期往往比产品的生命周期更加稳定和长久。衣食住行和娱乐是人们最普遍的需求，过去、现在和未来都存在这些需求，只是需求的类别在增加，标准在提高，满足需求的方式千差万别。

以需求本身还是以满足需求的方式（也就是产品）为中心来定义企业业务是完全不同的思维方式。哈佛大学教授、现代营销学奠基人之一西奥多·莱维特（Theodore Levitt）发现，19世纪的大公司都是铁路公司，但到20世纪大都荡然无存，原因就在于这些企业以铁路这种产品来定义自己的业务，专注于满足客户对铁路业务的需求，不断改进铁路技术和相关的运营服务，而没有以满足客户的运输需求来定义自己的业务，忽略了公路运输对铁路运输的挑战，以及后来航空企业对长途运输的部分替代，更没有在公路和航空领域进行投资，以更新的方式来满足客户需求。最终这些铁路公司被公路企业和航空企业打败。

曾经盛极一时的KTV行业，如今却难以维系。根据天眼查数据，2021年我国的KTV企业仅剩6.4万家，同2015年巅峰时的12万家相比堪称"腰斩"。是什么让传统KTV走向没落？剧本杀、密室逃脱、轰趴这类产品的出现"功不可没"。从产品角度来看，它们与KTV毫不相关，但是从需求的角度来看，它们和KTV都满足了年轻群体的娱乐需求。这类新兴的沉浸式娱乐产品为年轻人提供了更加多元化的娱乐方式，无形中瓜分了KTV的市场。如果以产品（尤其以自己所能研发、生产、销售的产品）来定义业务，而不是以需求来定义企业业务，往往会忽略满足需求的其他方式，当新技术出现时，自以为的满足客户需求的方式就可能显得笨拙，最终被淘汰。试想如果苹果公司在2006年前后仍旧只是经营电脑（MAC）、音乐播放器（iPod、iTunes）业务，而不适时开发智能手机、平板电脑、智能手表等产品，以新的方式满足客户需求（听音乐、看视频、上网、通话等），等待苹果的也只能是诺基亚（终端业务）那样的命运。

建立规范的需求描述方法

创新和研发的最终目的，就是要找到并满足客户的需求。但是，当我们讨论需求这个话题时，往往很难对需求这个基本概念达成共识。什么是需求？如何描述需求？

客户的需求是内心对某项事物的渴望，常常体现在有意或无意的语言表达上。例如，对于以下几段话，我们是否可以从中提炼出客户需求？

（1）客户一："我要是有一台法拉利跑车就好了。"

（2）客户二："我希望剃须刀的刀头上有润滑条。"

（3）客户三："希望随时随地都能够听到我喜欢的音乐。"

（4）客户四："这辆汽车要是起步能再快点就好了。"

（5）客户五："这台手机配置太低，真希望内存是8GB、处理器是8核的。"

（6）质量部："产品必须要达到国家质量标准后才能出厂。"

（7）企业制造部："这个产品的××零件要设计成圆形，不然在生产线上没法生产。"

（8）企业采购部："新产品不能采用××材料，这种材料只能在欧洲采购，受罢工影响，采购周期很长，风险很大。"

……

上面这些话表达了客户的抱怨、遇到的问题、对产品的期望及改进建议。需要强调的是，这里的客户不仅包括产品的购买者和使用者，还包括内部客户，比如测试验证、采购、制造、服务等部门。这些都是需求，是需求的不同表达方式，都需要关注。

我们在讨论如何建立规范的需求管理前，首先要澄清一些概念。

需求的分层描述：需求 = 问题 + 解决方案 + 跟踪关系

对客户的需求的分层描述，有助于我们正确认识和处理客户需求。需求分层是沿着需求转化的过程，将其分成若干个层次。该转化过程中，需求逐渐从企业外部转到企业内部，从客户的原始需求和问题转化为具体的产品规格参数。在这个过程中，需求的实现方案将会越来越明晰。在对需求的转化过程有了基本认知后，就不难理解需求可能出现在分层的每个环节，客户也可能在每个环节提出"需求"。

需求分层的框架如图5-1所示，需求分层的描述如表5-1所示。

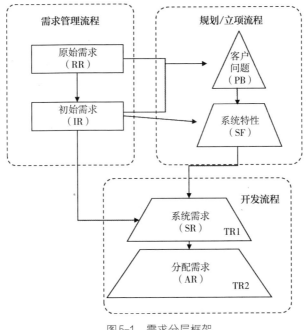

图5-1 需求分层框架

表5-1 需求分层的定义

需求分层	定义	举例
原始需求（Raw Requirement，RR）	来自公司内外部客户的、关于产品或技术的、需要需求管理团队分析评估后做出决策的全部需求（含标准），一般是客户需求的直接表达，即"原话"，或是对客户行为的直接观察，比如录音、照片、录像等	"用手机拍照经常错过精彩的瞬间"，"打开拍照App太麻烦"
初始需求（Initial Requirement，IR）	原始需求经过需求管理团队分析评估后，从客户视角，以完整的背景/场景、标准的格式重新描述后的需求	当需要抓拍时，可以拿出手机快速拍出清晰的照片
客户问题（Problem，PB）	描述客户现状与期望之间的差距，即客户面对的挑战与机会（客户的战略与痛点），指明产品为客户带来的核心价值	想抓拍时手机拍照启动时间太长，容易错过最佳拍摄时间
系统特性（System Feature，SF）	描述该产品为解决"客户问题"所具备的重大能力，是产品包的主要卖点（给客户带来的核心价值）的集合	手机在锁屏状态下应具备一键快速对焦并拍照的功能
系统需求（System Requirement，SR）	为支撑"系统特性"所需要实现的具体需求，是系统对外呈现的、可验证的全部功能需求和DFX等非功能需求。初始需求通过特定的实现方案转化为系统需求	一键拍照情况下对焦速度不超过0.2秒，从拿出手机后第一次按键到拍照完成，总耗时不超过1秒
分配需求（Allocation Requirement，AR）	根据系统需求分配到子系统/模块的功能或非功能需求。系统需求通过特定的子系统/模块实现方案转化为分配需求	需要使用××芯片+××传感器，按键凸起××毫米，便于盲按

每层需求都有自己的特点和价值，各层需求之间也有关联和转化关系。原始需求来源于客户的直接表达，往往不能被企业直接采纳，因为客户的语言通常不够精准，需要进一步分析与验证。从商业角度来看，达到一定数量的普遍需求才具有产品开发的价值，如果只是针对部分客户或极少数客户的需求，很有可能导致产品上市后的收益难以弥补产品开发的投入，因此在进行需求分析的同时，要进行市场分析。

客户问题是原始需求和初始需求的另一种描述方式，要重点关注客户面对的挑战与机会，对于B2B客户，尤其要关注客户面临的业务挑战。明确客户问题和挑战，是产品规划和立项中的重要工作。客户问题是客户的目标和现实的差距，目标越高，问题就越多，反之，目标越低问题就越少，或者没有问题，可谓"知足者常乐"。客户的目标通常来源于某战略或期望，也可能来源于竞争对手的挑战或供应商的引导等，需要需求管理人员和客户一起深入调研。客户的现状并非完全客观，常和客户的感知有关，同样需要探索。所以，客户的目标和现状都不是"客观"的，都需要进行深入调研。因而在实践中明确客户问题并不是一件简单的工作。

原始需求、初始需求、客户问题均是站在客户角度，用客户的语言进行描述，并不符合研发人员的思维逻辑和语言习惯。这些需求需要进一步澄清、定义和转化为产品设计输入。

系统特性、系统需求和分配需求是用企业内部的设计语言来描述需求，在描述时通常会加入产品或技术的专业术语。系统特性主要描述该产品为解决客户问题所要具备的功能，一般在立项阶段完成，产品概念/解决方案的形成也是从系统特性这一层开始。系统需求描述了实现系统特性而应体现的具体需求，也就是把产品当作一个黑盒而应具有的要求。系统需求的分析是在概念阶段完成的，并且经过TR1的评审，需求被基线化，更改受控。分配需求是把产品黑盒打开后，把系统需求分解和分配到子系统/模块的需求，明确了每个子系统/模块需要达成的性能要求。研发人员基于分配需求，开展系统/子系统设计，确定产品规格。分配需求在计划阶段完成，并且经过TR2的评审，产品规格被基线化，更改受控。分配需求可以按子系统/模块进行分配，也可以按领域（如软件、硬件、结构件）进行分配，这根据组织效率来确定。

当客户提出某种需求时，企业要利用需求分层框架来识别他是在谈期望，还是在谈面临的问题和挑战，或者是在谈自认为的解决方案。当客户对产品本身的设计和参数直接提出建议时，要注意客户是在直接提出解决方案，也就是系统需求甚至分配需求，比如手机屏幕尺寸和CPU主频应当多大才够用。对这些用户的"需求"，一定要进行回溯，搞清楚客户为什么有这样的建议，也就是返回到需求的最顶层，探索客户面临的问题和挑战究竟是什么，产品要具备哪些特性。然后，在这个基础上进行创新，而不是直接满足客户提出的指标参数需求，因为客户不是产品专家。

从来源对需求进行分类：市场需求、内部需求与标准/约束

对于客户的需求，不仅要分层，还要进行分类，以免遗漏。针对产品的完整

的需求描述也叫产品包需求，它是对原始需求进行分析、判断和加工后，最终向客户（包括内部客户）交付的需求，是对产品包所提供能力的正式、完整且准确的描述，也是产品开发活动的最核心依据。

产品包需求和产品需求是两个维度的不同概念。产品包需求强调需求的完整性，IPD体系将产品包需求划分成了若干类别，这些类别符合MECE原则，即相对完整同时又相互独立。产品需求是相对原始需求、初始需求和客户问题而言，对需求在不同层次状态下的简称。

产品需求是指产品的设计和开发需求描述，它包括系统特性、系统需求、分配需求（子系统需求）、规格等，本书将尽量避免使用"产品需求"这个概念。

对于产品包需求，从来源看可分为三类：市场需求、内部需求（DFX）、标准/约束。从内部和外部角度来区分，市场需求和标准/约束是"外部需求"。

管理术语：产品和产品包需求

产品是满足需求（$APPEALS的所有方面，详见第5章）的交付物的总和，包括有形部分和无形部分。为了强化这点，IPD体系用Offerings来替代产品这个概念，中文翻译为"产品包"，是对客户和下游环节所有交付的统称。

产品包需求（Offerings Requirement，OR）就是对原始需求进行分析、判断和加工后，最终向客户（包括外部客户和内部客户）交付的需求，是对产品包的正式描述，完整且准确，也是对产品包进行开发、验证、销售、交付的依据。它包括以下两个部分。

（1）项目任务书中包含的经过澄清、分析、整理后的需求列表。

（2）在产品开发的概念和计划阶段，经过澄清、分析、整理，并通过团队讨论形成一致意见之后的其他需求。

市场需求

市场需求是某个市场中的客户希望产品能够提供的功能或完成的任务。提出需求的对象，可以是单个客户，也可以是多个客户构成的（细分）市场。需求管理的一个重要任务，就是把单个客户提出的需求进行提炼，形成市场需求。在定制场景下，一个客户就是一个市场，这时客户需求就等于市场需求。

💡 内部需求

很多研发人员认为，只要按照外部客户需求把产品设计好，就算大功告成了。但是，如果没有其他领域（比如采购、制造等领域）的支持，那么产品是无法实现的，或者说不一定能在合适的时间、成本和质量约束下制造出来。因此，在产品设计过程中要考虑其他约束条件，也就是内部需求。内部需求是企业内部提出的面向产品非功能性属性的需求，也叫作DFX需求。DFX是Design For X的简称，其中X代表"面向可X性的需求"，既可以代表产品生命周期的某一环节，如供应、制造、测试、安装、维护、服务等，也可以代表决定产品竞争力的因素，如可靠性、节能减排、网络安全性、易用性等。

在产品设计过程中，研发人员要充分理解产品生命周期中的各种DFX需求，在小IPD流程的概念阶段和计划阶段就要充分考虑这些需求，并在设计中体现各个环节的要求，从而保证产品开发的顺利进行。

DFX是并行工程思想的重要体现，强调各领域同时开展工作，运用并行思想和理念，在产品开发过程中及早发现问题并加以解决，从而在保证产品质量的前提下，缩短开发周期，降低成本。

💡 标准/约束

产品设计除了满足外部市场需求和内部需求，还要满足国家、行业对产品安全、性能、可靠性等方面的要求，这些要求可以归纳为标准/约束，主要包括以下四个方面。

（1）满足国家/地方颁布的法律法规、质量标准、认证标准等，这往往具有强制性。例如，国家规定家用电器需满足I类（基本绝缘+接地）、II类（双重绝缘）或III类（安全特低电压）的防触电要求。

（2）满足行业协会、团体发布的标准、认证等，一般是企业自愿采用，如建筑行业的《绿色建筑评价标准》。

（3）满足事实的或约定俗成的标准和规范。例如，虽然手机充电器采用的Type-C接口目前还不是国家规定或行业强制标准，但多数手机厂商已经默认采用该类型的接口。

（4）满足知识产权/专利约束。产品开发过程中需进行知识产权/专利分析，避免侵权。

市场需求的分类框架 $APPEALS

相信我们都有这样的经历：看中了某款产品，但价格太高只能放弃购买；感觉某个产品的质量不错，价格也能承受，但"没听说过这个牌子"，因而犹豫是不是要买；某些产品很好用，就是难看；某些产品的购买价格不高，但太耗电；某些产品看起来什么都好，但是售后不方便……对于产品，只要客户关注的任何一个方面没做好，都会影响客户的购买决策和产品的使用。

在产品开发过程中，究竟应当满足客户的哪些需求？如何避免对客户需求考虑不全面的现象？如何减少客户需求的变更？是否有通用的框架来描述客户需求？

在IPD体系中，一般采用$APPEALS模型，把市场需求纳入8个维度，如图5-2所示。我们可以用"蜘蛛图"或"雷达图"形象化描述这8个维度，同时和竞争对手相比较。

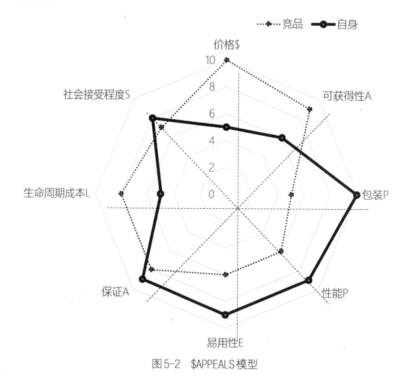

图5-2 $APPEALS模型

$APPEALS是描述市场需求的通用模型，企业需要针对不同行业和产品进行"客户化"，并把这8个需求维度转换为自己的语言。举个例子，表5-2用$APPEALS模型描述了乘用车的市场需求。

表 5-2 用 $APPEALS 模型描述乘用车的市场需求

维度	概要解释	举例（乘用车）
$: 价格/商务条件	客户付出的购买价格及商务条款	裸车价，税收，保险，付款/贷款条件，杂费
A: 可获得性	购买的便利性，包括购买渠道、到货周期、信息沟通等	4S店数量，试驾便利性，到货周期，上牌便利性
P: 外观/包装	产品外观和视觉呈现。包括产品外观、风格、颜色，以及包括专卖店陈设等，是客户的非功能需求之一，有时对客户的购买决策起决定性作用	外观、内饰、颜色及其含义和带来的联想，专卖店陈设
P: 性能/功能	产品的功能、性能、可靠性	动力、百公里加速时间、重量、空间尺寸、乘坐人数、材质、安全配置、导航、影音系统等
E: 易用性	产品是否便于使用	自动驾驶级别、操控性、舒适性、视野、人机工程
A: 保证	产品使用起来是否让人放心	售后服务（索赔、维修、保养等），保险，安全性
L: 生命周期成本	产品从购买到报废所支出的所有费用	购车费、燃油费、充电费、保养费、保险费、维修费、过路费、停车费
S: 社会接受程度	其他人如何看待这个产品	品牌/厂家所属国，与"身份"（地位、性别、使用场合）的匹配度，环保程度

构建完整的市场需求框架是市场与需求调研、需求管理、产品规划、立项和产品开发的基础性工作，$APPEALS 的每个维度，通常还需要进一步细化，最终构建需求分层框架，图 5-3 描述了乘用车产品的需求分层框架（局部）。

其实，无论哪个行业，都可以在这个框架的指导下构建自己的需求模型。实质上，构建需求模型的重点不是用哪个框架，而是要认识到客户需求是多维度的，不能忽视某类需求，尤其是客户非常看重的需求。从财务角度来看，需求变更的成本非常高。

在不同的细分市场，客户对不同维度需求的关注程度往往是不同的，因此在进行需求分析时可以对不同维度的需求赋予相应的权重。例如，乘用车领域，商业客户看重品牌、尺寸和性能，而一般工薪家庭看重外观、车价和使用成本。在客户调研、产品规划过程中，要把重点放在这些客户的关注点上，使产品特性围绕这些需求维度展开，因为它们决定了产品的卖点。

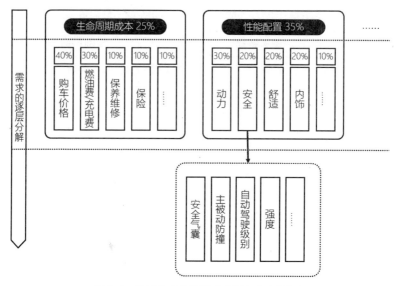

图5-3 乘用车产品的需求分层框架(局部)

把需求作为重要的管理对象

没有哪家企业会否定需求的重要性，但大多数企业在需求管理上的投入都不足。典型的现象是，企业有生产、市场、研发、人力、行政、采购管理等部门，但是鲜有产品管理或需求管理部门。即便在市场营销或研发部门中，也很少有企业设置专门从事需求管理的工作岗位。虽然大家都不怀疑前端的重要性，但还是把运营重心放在了后端的具体研发项目和现有产品运营上。这种现象的产生，除管理意识外，也和大部分企业不了解产品和需求管理的相关方法和工具有关。要系统解决需求管理中的问题，必须投入资源，把需求作为一个对象，进行全方位、端到端的管理。

过去十多年，随着移动互联网的普及，各种商业模式创新也层出不穷，甚至超出了产品创新的热度。但是，无论什么样的商业模式创新，都必须围绕客户需求进行。任正非在面对记者提问"华为的商业模式是什么？华为的成功秘密是什么？"时，回答是这样的："满足客户需求是我们生存的唯一理由。我们的商业模式是以客户需求为导向。"在具体做法上，与很多企业把"以客户需求为中心"作为口号不同，华为专门针对"需求"设定了流程和组织，以及相应的绩效管理和激励机制，以确保整个公司围绕客户需求运作。MM和IPD都是围绕客户需求的，是否还需要一个独立的需求管理流程？华为针对需求管理，构建了端到端的需求管理流程，确保所有客户需求得到有效跟踪，让商业模式创新不偏离客户需求。

华为实践：痛定思痛，构建端到端的需求管理体系

以下是2003年客户对华为的评价。

"华为的响应速度在变慢！"

"华为变强大了，但我们更喜欢以前的华为！"

"你们在竞标时做出的承诺都到哪里去了？"

"这根本就不是我们想要的东西，你们从来没有和我们确认过我们究竟想要什么！"

"华为在国际化、职业化进程中，不要丢掉以前的东西，不要成为中国的爱立信！"

……

华为认识到，当时的营销部门主要依靠向客户推介产品和技术，而不是以满足客户业务需求为出发点进行系统营销。以单向产品和技术推销为主要手段的业务开展模式，已经不能满足国际主流运营商的需求。它们需要的是基于战略关系、增值合作、整网能力和业务提升的供应商/伙伴选择模式。

为了解决这些问题，华为建立了以需求为中心的端到端流程和组织，强调如何将客户的需求转化、分解成对华为内部各领域的要求，并进一步将这些要求转化、延伸到对华为供应商的要求，以做到需求的顺畅传递。公司内外部相互支撑和配合，实现需求的闭环管理。构建组织包括把最合适的人才调整到产品管理和需求管理部门，给予高待遇。这些人才往往都是研发和营销体系的管理者和骨干，这点至关重要。

华为通过这些举动，把需求管理落到了实处，而不像很多企业那样只是把它作为口号。

端到端的需求管理流程

就客户需求来讲，企业就像一台"需求加工机"，各部门的核心流程均应以满足客户需求为前提,从了解客户需求中来,到满足客户需求中去。作为IPD体系的三大主要流程之一,需求管理流程与产品/技术规划、产品/技术开发流程(小IPD)相互支撑和配合,通过需求管理流程构建的需求库,为产品管理和技术管理体系源源不断地提供"炮弹"。

"以客户需求为中心"作为管理理念,无论如何强调都不过分,但在理念落地上,一定要有策略和方法:不是所有客户的需求都要满足,也不是客户提出的所有需求都要给予满足,在时间上也不是都要立刻满足。好的需求管理流程,要规划好在什么时间、在哪些产品上满足客户的哪些需求,并确认需求是否被满足。其中涉及4个方面的工作。

(1)满足哪些客户的需求:进行市场细分和定位,关注客户要完成的任务。

(2)满足这些客户的哪些需求:收集需求,分析需求,确定需求场景。

(3)什么时候满足,通过什么产品满足:分配需求,制定产品的路标规划。

(4)确认需求是否被满足:实现需求,进行端到端验证。

沿着这条线索,形成需求管理流程,包括需求的收集、分析、分配、实现和验证5个阶段(见图5-4),每个阶段都包括若干工具方法。需要特别说明的是,需求管理流程原则上要把上一节提到的市场需求、内部需求和标准/约束都涵盖到。在实际操作中,需求管理流程的管理对象,可以从市场需求开始,逐步覆盖内部需求和标准/约束,也可以把后面两个部分纳入其他流程和管理制度中进行管理。

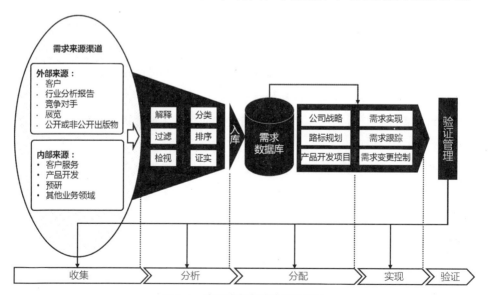

图5-4 端到端需求管理流程框架

需求管理是一个使能流程，无论是公司战略规划（SP）、年度业务计划（BP）、产品路标规划、平台和技术规划、产品/技术项目任务书开发（CDP/TCDP），还是产品和技术研发流程，都要调用需求管理流程，尤其是需求的收集阶段和分析阶段的工具方法。

为了防止需求在传递过程中失真，各个环节的当面沟通和确认是非常有必要的，而不能仅依靠纸面文件传递，这种方法也叫作"需求串讲"。

需求的探索和收集：从源头杜绝污染

唐纳德·高斯（Donald Gause）和杰拉尔德·温伯格（Gerald Weinberg）在《探索需求：设计前的质量》（Exploring Requirements: Quality Before Design）一书中指出，需求质量决定产品设计质量和产品最终质量，需求质量是产品质量管理的第一步。

需求管理流程的第一步是需求收集。需求收集的对象，可以是处于机会探索阶段的细分市场（MM流程的理解市场和细分市场阶段），也可以是公司已经明确要进入的细分市场（MM流程的组合分析和制订业务计划阶段）。

客户需要的不仅是具备某种功能、性能的产品实体，而且是符合$APPEALS需求框架的完整交付。内部需求涉及企业内各个部门，标准/约束涉及外部机构。这些决定了原始需求信息的渠道来源是非常广泛的，总体上包括内部和外部两个渠道。外部渠道包括客户、行业分析报告、竞争对手、行业专家、各种展览、报纸杂志、第三方认证和监管机构等。内部渠道包括公司高层、公司规划部门、产品开发团队（PDT）、市场部门、研发部门、售后服务部门、质量管理部门等。

明确了需求的来源渠道后，就可采用各种方法进行需求的探索和收集工作，包括调研访谈、客户满意度调查、现场客户支持、客户高层交流、招投标、专家交流、竞争对手产品研究等。

创新首先要弄清楚"客户想要什么"。客户是需求来源的最重要渠道，针对客户的需求探索和收集的方法论也是企业和学者关注的焦点。针对客户的需求探索和收集的方法论经历了近半个世纪的发展与演变，从倾听客户的声音（Voice of Customer，VOC），逐步发展为观察客户需要完成的任务（Jobs to Be Done，JTBD），以及关注客户最终要达成的目标和成果（Outcome Driven Innovation，

ODI）。随着相关方法论的发展，企业对客户需求的关注从显性需求更多地转移到隐性需求，对客户需求的挖掘也更加深入。

💡 VOC：通过收集客户反馈挖掘需求

VOC是一项客户需求研究的策略，通过收集客户对产品和服务反馈的声音/数据，用统计方法进行数据分析，挖掘客户需求，从而进行产品和服务的开发和优化等，提升客户体验。客户反馈的声音/数据包括评论、期望和偏好等，这些声音/数据反馈了客户在全客户生命周期中各个触点对产品和服务的感知情况。VOC数据的常见来源包括在线评论、调查问卷、社交媒体、客服在线聊天、电话访谈等。随着信息化和数字化的发展，客户反馈数据的渠道、类型越来越多元化，数据量也越来越大，企业可以通过这些数据倾听客户的声音，了解客户的需求和痛点，进而指引产品和服务的开发。

华为实践：客户交流是需求的重要来源渠道之一

案例1：华为轮值CEO郭平访谈

《21世纪经济报道》：听说华为是首个推出USB无线网卡的厂商，这个简单的创新使欧洲无线网卡用户的数量急剧攀升。这个例子背后有什么故事吗？

郭平：USB无线网卡不是华为发明的，但以前使用数据卡，需要光盘安装，还要使用很大的一张卡，所以一直普及不起来。现在USB无线网卡已经成为业界主流，但这个机会其实是我们去和欧洲运营商进行交流时发现的，回来后我们进行探讨才设计出这样一种产品，然后再把我们即插即用的创新发明应用到市场中去。

案例2：2002年，任正非针对研发体系的一次讲话

研发副总裁的人员名单要报给客户群管理部，客户群管理部要把对他们的考核交到研发干部部。客户群管理部每周见客人的次数由研发干部部来定。坚持与客户进行交流，听一听客户的心声，我们就能了解更多的客户想法。我们今天之所以有进步，就是客户教我们的。不断地与客户进行沟通，就是让客户不断帮助我们进步。如果嘴上讲365天都想着产品、想着市场，实际上连市场人员、客户的名字和电话号码都记不住，又有什么用？

华为生存下来的理由是为了客户。全公司从上到下都要围绕客户转。我们说客户是华为之魂，而不只是一两个高层领导。建立客户价值观，就是围绕着客户转，转着转着就实现了流程化、制度化，公司就实现无为而治了。所以，普遍的客户

关系要推广。

VOC主要靠客户自己来表达"想要什么"。这种方法存在两方面的问题：一是客户不清楚自己想要什么；二是客户通常会表达对产品本身的看法，包括功能和体验等，这些都是围绕现有产品进行，往往会使企业创新拘泥于现有的产品。在马车时代，如果问人们对交通工具的需求，得到的答案通常是"一匹更快的马"，而不是汽车。这就导致VOC的输入是有局限的，尤其在行业发生革命性变化时。因此，在询问客户想要什么（产品、功能、性能、外观、改进……）时，还要往下挖深一步，明确客户要完成的任务是什么？正如现代营销学奠基人之一西奥多·莱维特（Theodore Levitt）所说："人们并不想买一个1/4英寸（0.635厘米）的钻头，他们要的是一个1/4英寸的洞。"JTBD理论正是基于该思想应运而生，该理论由颠覆式创新理论创始人克莱顿·克里斯坦森提出。

JTBD：关注客户要完成的任务

JTBD理论认为客户购买产品或服务的目的是要完成具体某项或某些任务。这是在做用户需求分析时，必须掌握的一个最重要的思考方式，即要关注最终结果，关注客户想要完成的任务，关注产品能够帮客户完成什么任务，而不是产品的具体功能或细枝末节的体验。顾客购买电动剃须刀是为了完成刮胡子的任务，购买财产保险是为了完成确保财务安全的任务。国际知名化妆品企业露华浓的创始人曾说："我们在工厂里造的是化妆品，我们在化妆品店里卖的是希望。"这句话完美地阐释了JTBD的理念。总之，企业在探索和收集需求时，需要先思考用户想通过这些产品达到什么目的，完成什么任务，再思考通过什么方式能够帮助他完成任务，才会涉及产品的具体功能。

用户要完成的任务通常可以分为三个层面：功能层面、个人情感层面和社会层面。功能层面是指想要完成特定的工作或功能性的目标，个人情感层面是在某种环境下希望获得的感受，社会层面是希望在他人心中树立的形象。大多数企业面对用户想要完成的任务时，都过度关注功能层面的任务，而忽视个人情感层面和社会层面的任务。在考察客户要完成的任务时，要同时关注这三个层面的任务。

如何充分了解客户想要完成的任务呢？仅通过客户反馈的声音是不够的，更重要的是深入用户场景，通过"场景化"和"案例化"的方式去了解客户要完成的任务，从而挖掘背后的问题和痛点，在这个基础上构想解决方案。

具体操作上，要深入客户某个场景，观察客户为什么需要我们的产品？用来完成什么任务？在过程中有哪些好的和不好的体验？有哪些不完美和痛点？从客户角度来看，任务可分为三个场景，或称为三个时刻，如图5-5所示，每个时刻关注的重点有所不同。

- 第一时刻——购买。在重复购买时会受后面两个时刻的影响。
- 第二时刻——使用。
- 第三时刻——售后服务。

图5-5 基于客户角度的三个典型需求场景

以上三个时刻，对应的角色分别是购买者、使用者和维护者。三个角色可以是同一个人，也可以不同。对于任何产品，我们都要对这些角色进行深入分析，不能弄错。例如，婴儿是纸尿裤的使用者，但不是购买者和维护者，即便作为使用者，也无法对产品表达意见。对于复杂的工业产品，三个时刻对应的角色更是不同，需要进一步深入分析。

那么，哪个时刻更加重要？我们的观点是第二时刻，也就是产品的使用最重要。购买环节固然重要，但购买的目的是使用，并希望在使用过程中不出问题，不用厂家提供服务。《哈佛商业评论》中文版2018年第3期有一篇文章《成功品牌关注用户而非购买者》，也持同样观点，认为产品的重复购买来源于好的使用体验，产品开发要更加重视使用者的需求。宝洁公司曾在中国市场遇到挫折，部分原因是过度重视客户的购买过程（第一时刻），而忽视了产品本身的使用体验（第二时刻）。

在竞争分析上，从任务角度更能清晰了解企业真正的对手是谁。它常常不是企业的传统对手，而是在企业认为的其他"行业"。例如，从产品角度来看，公路运输和飞机运输似乎不是铁路运输的竞争对手，但从任务角度来看，它们完成的都是运输任务，公路运输和飞机运输与铁路运输都存在着竞争，企业在做竞争对手分析时需要将其纳入考虑范围。

企业案例：如何增加奶昔的销量

JTBD理论提出者哈佛大学教授克莱顿·克里斯坦森的客户经营快餐店，店里奶昔销量一直不佳。为了增加奶昔销量，快餐店管理者花了几个月时间做调研，找来典型顾客问了很多问题。例如，你觉得奶昔是不是太贵？你更喜欢浓稠的奶昔吗？等等。根据顾客的喜好，快餐店对奶昔做了很多调整，但销量依然不佳。

克莱顿·克里斯坦森建议，从截然不同的视角来探索这个问题：顾客买奶昔需要完成什么"任务"（Jobs）？营销人员在店里待了18个小时观察顾客买奶昔的场景：什么时候会买？一个人买还是几个人买？打包还是堂食？有没有同时买其他产品？结果发现很多顾客是早上九点独自买奶昔，买完马上开车离开，也不买其他产品。

营销人员采访了那些早晨来餐厅购买奶昔的顾客，询问他们买奶昔的目的。一开始这些顾客也答不上来。营销人员试着引导他们："想象一下，如果没来这儿买奶昔，您会去买些什么？"结果表明，大多数顾客购买奶昔只是为了一个简单的目的：他们早上开车上班，需要为枯燥的路途增加一些乐趣，并且避免上午肚子饿。很多食物都无法很好完成这些任务。例如，香蕉很快被吃完，吃完不久还会饿；甜甜圈容易掉碎屑，弄脏衣服和方向盘；如果一边开车一边涂果酱，容易出车祸。相比之下，奶昔堪称完美的选择，浓稠的奶昔可以慢慢吸很久，一个上午不容易让人觉得饿；装在纸杯里不会弄脏车子；而且单手拿着就能喝，也不影响驾驶。

清楚顾客购买奶昔的"任务"后，就有了不同的改进方向。为了更好地消除路途困乏的烦恼，快餐店把吸管做得更细，这样可以喝更久，并且在奶昔中拌入小块水果、坚果或糖果，顾客偶然吸到嘴里时，会增添一点新奇和期待。同时，快餐店在柜台前摆了一台自动售卖机，并出售充值卡，顾客刷卡即可购买，不会被堵在排队的付款通道里。通过这些改进措施，快餐店的新品奶昔大受欢迎，销量也大幅增加。

💡 ODI：关注任务、可量化的目标成果和限制条件

成果驱动型创新（Outcome Driven Innovation，ODI）建立在克莱顿·克里斯坦森的JTBD理论基础上，它将客户要完成的任务与客户定义的指标联系起来，更关注任务背后的目标成果及相关的限制条件，从而使创新可衡量、可预测。通过ODI探索和收集客户需求的步骤如下。

（1）通过JTBD识别客户需要完成的所有任务。

（2）识别如何衡量一个任务的完成情况，用什么指标来衡量目标成果。需要注意的是，这些指标要客户自己来定义，而不是由研发人员来定义。同时，必须从客户那里获得全部关于目标成果的信息，因为你可能永远不知道你的产品目前还不满足哪些目标成果。

（3）识别客户在完成任务时的限制条件。这些限制条件导致客户无法顺利完成任务，甚至根本不能达成目标成果，其通常是由规章制度或环境所造成的，通过识别限制条件，可能发掘出极好的市场机会。

（4）通过识别任务、可量化的目标成果和限制条件，形成企业创新工作的输入，指导企业系统性地、可预测地开发产品和服务。

ODI能够很好地指导企业发现市场机会，提高创新成功率。

企业案例：博世开发CS20圆锯

博世是一家享誉世界的德国工业企业。博世采用成果驱动型创新开发出CS20型号的圆锯，在市场上大获成功。在开发该产品的过程中，客户需求探索和收集过程如下。

（1）明确客户任务：客户需要完成的任务是锯一块木头。

（2）收集目标成果。

开始收集目标成果前，先把锯木头这个"大任务"分解成若干任务工序（如图5-6所示），也就是"小任务"。

然后，分析每个"小任务"，并制定一系列目标。例如，规划切割路线的目标如下。

- 最小化测量切口宽度的时间。
- 最小化标记切割线的时间。
- 最小化判断用哪种方式进行切割效果最佳的时间。

最后，汇总各个工序的目标成果，形成衡量整个任务完成情况的标准，即完整的客户价值模型。博世最终从客户那里收集了大约80个目标成果。

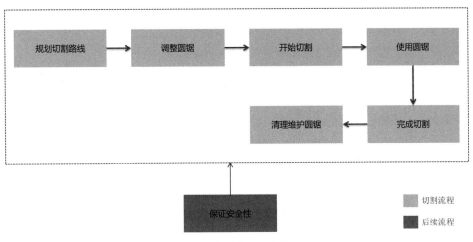

图5-6 锯木头的任务分解

（3）分析客户在完成任务时的限制条件，如能够单手操作。

基于以上任务和目标成果框架，开发团队按照一定的步骤开展工作：针对每个客户要完成的任务，明确客户期望的目标成果及其重要性，研究目前博世产品和竞争对手产品在每个任务上的满足程度和企业具备的能力。结合以上信息制订产品发展策略。博世采用JTBD和ODI方法研制的新CS20圆锯产品上市后，市场效果远远超出预期。

需要注意的是，VOC、JTBD和ODI三种方法均有其独特的价值，JTBD和ODI不能完全取代VOC，企业在需求探索和收集的操作过程中需要综合使用三种方法。对于现有产品的局部改进，三种方法都适用。对于新领域开拓和创新型产品的探索和研发，需要将JTBD和ODI方法结合使用。

需求分析：对原始需求进行加工提炼

需求收集阶段得到的需求信息构成原始需求库，这些需求来自不同渠道，往往是零散的，描述也不规范，需要进行"二次加工"，也就是对需求进行分析，包括对需求进行解释、过滤、分类、排序和证实。经过分析后的需求形成初始需求库。

（1）解释：用正式的语言，描述需求的背景、场景、客户需要完成的任务、验收与衡量标准等。需求经过"解释"后，使各方对需求的理解趋于一致。利用"需求采集卡"对需求进行解释。

（2）过滤：对需求进行提炼，判断是否对企业有价值，包括"去粗取精"和"去伪存真"，前者是对各种需求信息进行归纳总结，后者是去掉虚假信息和个别客户需求，抓住细分市场的共同需求。

（3）分类：可按前面探讨过的时间、层次和来源等对需求进行分类，让需求信息更加结构化，易于交流和理解。

（4）排序：不同细分市场客户对需求各维度的重视程度是不同的。例如，中低端客户对价格更加敏感，中高端客户对品牌和产品性能更加看重。同时，为了让产品的投入产出比更高，也需要对需求的重要性和投入产出比进行排序。需求的重要性排序通常采用卡诺（KANO）模型，如图5-7所示，该模型从满意度和需求满足程度两个维度将需求定义为四类：基本需求、核心需求、兴奋需求、无差异属性。

管理术语：KANO模型中的四类需求

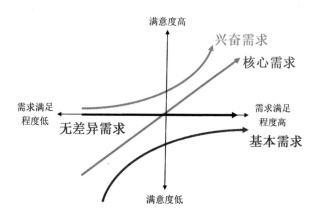

图5-7　卡诺模型中的四类需求

基本需求：也叫必备需求，当优化此需求时，满意度不会提升；不提供此需求，客户满意度大幅降低或拒绝购买，如羽绒服的保暖功能。

核心需求：也叫期望需求，该需求满足得越好，客户满意度越高，如羽绒服的款式。

兴奋需求：也叫魅力需求，是令客户惊喜或意想不到的需求。不提供此需求，客户满意度也不会降低；但提供此需求，客户满意度将会大幅提升，如羽绒服的免费清洗。

无差异需求：客户不在意的需求，无论是否提供此需求，满意度基本不会有改变，比如电视机遥控器上有很多从来不会用的功能。

卡诺模型对需求的分类在不同细分市场中是不同的。例如，老年人羽绒服市场，保暖更有可能是核心需求；而年轻女性羽绒服市场，款式更可能是核心需求。四类需求也会随时间的推移相互转换。例如，手机的照相功能，曾经是兴奋需求，而目前是基本需求或核心需求。

需求的投入产出比可以用价值工程（Value Engineering，VE）方法进行评估。价值工程的基本思考逻辑是V=F/C。其中，V（Value）是需求的价值；F（Feature）是从客户角度考虑为满足需求需要实现的特性/功能；C（Cost）是实现该特性/功能需要增加的成本，包括研发费用的摊销和产品本身的成本。通过比较需求的价值，对需求进行优先级排序。需求的投入产出分析，为需求的分配提供关键信息，首先要满足高价值需求。

（5）证实：在需求收集和分析过程中，信息可能被误读，传递过程也可能失真，所以要对经过处理的需求进行验证，始终确保和客户的真实需求保持一致。需求证实是一个端到端的过程。需求证实的方法包括关键干系人访谈、原型法等。关键干系人访谈是把经过分析加工的需求，与关键干系人进行确认。原型法是指在获取需求后，在对需求进行分析的过程中，快速提供能够满足客户需求的产品初始原型，并和客户进行确认。初始原型可以是用语言文字表达的产品概念，也可以是用原理图、草图表达的二维模型，还可以是三维数字模型或实体模型。原型法的目的是在开展下一步工作前，以成本较低的方式快速验证需求的真实性。

需求的收集和分析是一个不断迭代的探索过程，是需求管理流程中独立和核心的工作，因为需求的分配、实现和验证阶段的具体工作内容，往往是和规划、立项、研发流程同时进行的。需求的收集和分析两个阶段的工作相互交叉、循环，收集的同时要进行分析，在分析的过程中，如果发现需求不够完整，就要及时启动新的需求收集工作。

需求分配：产品规划的核心工作

从时间维度上进行划分，需求可分为长期需求、中期需求和短期需求。对于它们的具体定义，不同行业差别较大。通常，长期需求的实现需要3年或以上，中期需求的实现需要1~3年，短期需求的实现在1年之内。

无论何种需求，都必须通过某个产品和某项技术来实现。规划和立项的最重要工作就是将需求库中的需求按照时间维度有节奏地分配给不同的产品系列（或技术系列）和产品（或某个技术）。如图5-8所示，需求的分配有6种路径。

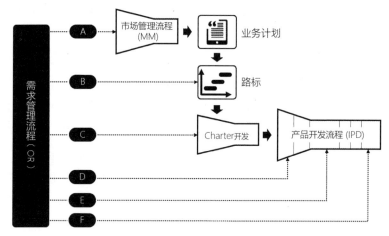

图5-8　需求的6种分配路径

路径A：纳入规划流程。对于长期需求，包括部分中期需求可以纳入市场管理及产品规划流程（MM）、技术和平台规划流程（TPP），形成新的产品和技术路标规划。

路径B：纳入现有产品/技术路标。对于中期需求，包括部分长期需求，一般可以纳入现有产品和技术路标规划中，在某个或若干个已经通过规划评审的产品、技术中实现。

路径C：纳入项目任务书开发流程。对于一些中短期需求、部分长期需求可以纳入项目任务书开发流程（CDP）中，增加到立项材料的初始产品包需求中。

路径D：纳入处于概念或计划阶段的研发项目，通过在研项目实现。如果IPD流程已经通过TR1评审，需要对需求进行变更；如果已经通过TR2评审，需要对架构设计和系统设计进行变更；如果已经通过TR3评审，除了以上工作，还需要对子系统设计进行变更。

路径E：纳入开发、验证或发布阶段的在研项目。为了满足这类需求，除了路径D的工作，还会涉及工程变更。需要注意的是，涉及工程变更的需求变化，代价最大，要尽量避免。

路径F：需求可以在已经上市的产品上实现，比如客户希望对产品的小改进、降低产品成本的需求、对购买便利性和服务的需求。这类需求围绕特定的现有产品提出，一般通过优化产品、调整价格、优化供应链、构建更多更好的销售渠道、改善客户沟通策略和提高售后服务水平等方法来满足。这类工作可以纳入产品生命周期管理团队，或者在职能部门中完成。

"人无远虑，必有近忧"，在需求管理上也是如此。如果路径A、路径B和路径C的中长期需求比例过少，就会导致研发团队疲于应对路径D、路径E和路径F的需求。尤其是满足路径E的需求将大大增加研发费用，同时影响上市时间。如果路径F的需求比例过高，说明产品开发过程中漏掉了很多需求，尤其是非功能性需求，比如可销售性、可服务性等。

为了加强研发工作的有序性，必须提高中长期需求的占比，尤其是路径A和路径B的需求占比。华为对PMT和RMT（Requirement Management Team，需求管理团队）的考核指标中，特别设计了"长期需求占比"这一KPI指标，以引导和激励团队成员探索中长期需求。

需求的实现和验证：与其他流程并行

对于客户需求的实现和验证，主要通过产品和技术的研发流程来实现。如图5-9所示，系统工程的V模型有助于我们理解需求的实现和验证的端到端过程，该模型纳入商业计划实现后，形成了"双V"模型。双V模型可以在满足客户需求的同时，实现商业目标。

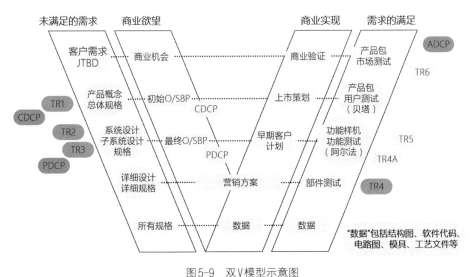

图5-9 双V模型示意图

在产品开发流程的概念阶段,来自各方面的需求形成产品包需求,同时,来自各领域的系统工程师在产品系统工程师的带领下探索产品包需求的实现方案,也就是产品概念。产品包需求和产品概念在概念阶段同步发展,最终形成系统需求。在概念阶段结束前,进行TR1评审,冻结产品包需求和系统需求。在概念阶段的每一步,都要对需求进行跟踪,确保产品概念、总体方案、系统需求等满足产品包需求。

计划阶段的工作是通过架构设计和系统设计把系统需求转化为设计需求,也就是对各个子系统的设计要求,形成规格参数。如果产品由多个子系统构成,在计划阶段还要完成各个子系统的概要设计,形成产品的详细规格参数。在计划阶段要进行系统设计和概要设计评审(比如华为IPD流程的TR2和TR3),最终确定各种规则参数并基线化。基线化后的需求、设计方案和规格等,将作为对研发团队的绩效考核指标。

系统工程师是确保产品满足需求的技术总负责人。对于复杂产品,需要成立系统工程师团队负责系统设计工作。系统工程的工作质量决定了产品开发过程的效率和效果,也决定了测试过程是否可以结构化地有效开展。

研发流程的开发和验证阶段是实现设计方案的过程,同时也是测试和验证的过程,通过零部件/单元测试、部件/子系统测试、系统设计验证、集成测试、客户验证、第三方认证等逐层进行测试验证,也叫"渐增测试"。逐层测试的目的是及时定位和解决局部问题,避免问题的积累和放大。

V模型的精妙之处在于,从水平线上看,"V"左边是需求逐层分解的过程,"V"右边是需求逐层测试验证的过程,两者相互对应。从需求管理的整体过程来看,需求验证是第五个阶段,其贯穿整个研发管理过程。

华为实践:各领域充分互动,随时验证需求,确保需求得到满足

华为B2B业务(运营商业务)的大量需求来源于一线市场部门——地区部,为了确保产品开发团队最终交付的产品满足客户需求,在需求验证上采取了4项措施。

需求早期确认:对于重要的产品和解决方案,要求产品开发团队的关键成员在概念和计划阶段与客户面对面沟通,以确保正确理解客户需求。

需求分析团队参与技术评审:需求分析团队参与产品开发过程中的技术评审,跟踪需求实现过程,确保客户最初的"所需所想"最终能在产品中得以实现。

例行的需求确认:需求分析团队和地区部的营销部门应定期(比如每月)与产品开发团队确认大量处于开发状态的需求的执行情况,而不仅仅是在技术评审或产品交付时集中确认。

需求的常规确认：产品开发团队通过实验局（Beta测试）等活动，收集客户意见，完善产品，以确保产品满足客户需求。

本章要点

（1）满足客户需求是企业存在的理由，从这个意义上讲企业就是"需求加工机"，但大量企业并没有把需求作为一个管理对象，没有建立需求管理体系。

（2）企业在需求管理上的问题主要表现在以下几方面：缺乏需求定义和描述框架，错误地认为需求是创造出来的，过度满足客户特定需求而没有平台化开发产品，长中短期需求分布不合理，以产品和技术为中心而不是以需求为中心经营企业。

（3）构建需求的分层定义和完整的客户需求描述框架（$APPEALS）是需求管理的基础工作。在需求管理中，分层定义中的"跟踪关系"往往被企业忽略。

（4）需求要基于场景进行收集和分析。从客户角度来看，在宏观上有三个需求场景：购买场景、使用场景、服务场景。在微观上，可以把三个场景进行细分，重点识别在不同场景下客户需要完成的任务、遇到的问题和挑战、现有产品的满足程度等。

（5）需求管理流程分为需求收集、需求分析、需求分配、需求实现和需求验证5个阶段。其中，需求收集和需求分析是核心，需求分配是产品规划的核心工作，需求实现的大部分工作在研发过程中完成。特别需要指出的是，需求验证是需求管理过程中端到端的工作。

（6）为确保最终交付满足需求，必须对需求进行端到端跟踪管理。当需求发生变化，或设计变更、工程变更等影响需求时，必须启动需求变更流程。

（7）质量是需求的满足程度。质量管理首先要确保需求本身的高质量，需求质量管理应当成为公司质量管理体系建设的核心内容之一。

Chapter 06

第6章

用一致的方法
管理创新型项目

引言 项目管理是创新和研发的"临门一脚"

几乎所有创新和研发工作都具备项目的典型特征,比如独创性、唯一性、有时间节点要求、资源约束、需要多个领域参与等。如果说在创新上做得好的企业有什么共同点或"独门绝技",那就是:相对其他企业,项目开展得更好。本书前面提到的所有理念、方法和工具,只有融入具体项目运作,达成项目目标,为企业创造价值,才具有意义。从这个意义上讲,项目管理是创新和研发管理的"临门一脚"。单个项目的成功有偶然性,要持续把多个项目、项目群和项目组合做好,就一定要构建一套适合企业特点的研发项目管理方法。

在管理和咨询实践中,我们深深感受到绝大多数企业缺少一套真正能指导研发项目运作的方法论,它们主要还是基于PMBOK(或其他项目管理标准)来指导项目运作。尽管PMBOK可以适用于所有类型项目,但产品和技术创新型项目具有其独特性,其项目管理也有自己的特点。在本章,我们主要基于华为的RDPM(研发项目管理方法),参考美国项目管理协会(Project Management Institute,PMI)的PMBOK、项目组合管理标准、组织级项目管理标准、项目集管理标准等,探讨项目管理的运作,旨在用统一的项目管理方法,做好与MM、IPD和OR相关的项目管理,踢好创新和研发管理的"临门一脚"。

项目管理将知识、技能、工具和技术应用于项目活动,以满足项目要求。项目管理要在有限的资源约束条件下,通过项目经理及其团队成员的努力,在整个项目生命周期内,运用系统的方法达成项目目标。中国制造向中国创造转型过程中,企业内部越来越多的业务具有项目特征,随之大量企业开始引入了项目管理方法,尤其是创新型企业。项目运作已成为创新型企业的常态,管理者每天都要面对不同的项目。如何对项目进行有效的管理,已成为企业能否取得成功的关键。

虽然很多企业已经意识到项目管理的重要性,但缺乏项目管理的知识、方法、工具等。从整体来看,大部分企业在开展研发项目管理时,也存在很多问题。

企业在研发项目管理中的典型问题

没有把项目管理方法引入研发领域

尽管研发工作具有项目的典型特征,但很多企业并没有采用项目管理方法和工具来管理研发项目。很多企业仍然以职能管理和例行工作的方式来开展工作,项目中的相关工作被分解到各部门,并按部就班地开展。因此,除这些职能部门的共同上级外,没有人对整体项目的成功负责,部门之间的协调也主要靠员工自发进行。

因为没有把研发工作作为项目来管理,没有构建项目组,并且涉及的部门都有自己的"部门本职工作",所以开发工作阻力重重,很多工作不能达成目标。而涉及跨部门的工作,往往是由公司总经理或高层亲自协调各部门工作,而不是授权给产品经理或项目经理,因此工作效率低下。随着产品数量越来越多,公司内部也没有一个人清楚有多少项目在进行,进展到何种程度,严重制约了公司的进一步发展。

以职能管理方式来进行项目运作,是工业化时代以专业分工为基础的管理方式的延伸。如果客户需求很少变化,产品更替慢,竞争也不够激烈,这种管理方式还能有一定的作用,但在行业发生快速变化和竞争激烈的情况下,用职能管理、例行工作的方式来管理项目,就会收效甚微。

用流程管理代替项目管理

很多企业建立了产品规划、产品定义、产品开发、技术开发等流程,并根据流程要求规定了各部门及岗位的职责。有的企业还建立了跨部门团队,任命了跨部门团队负责人。但即便如此,产品和技术研发工作开展起来还是困难重重。深究其原因,在于这些企业认为只要有了流程和团队,每个人都按流程工作,就能出结果。

然而，流程犹如一条通往珠穆朗玛峰的道路，虽然有了这条路，但路上也会有很多困难，即便流程中附带了大量如何登山的操作手册和成功经验，也并非所有人、团队或组织都能够登上峰顶。流程和指导手册告诉了我们做事的方法，但是因为每次（登山）面临的外部环境不同、人员情况不同，要把事情做成功并达成最终目的，还需要项目管理体系的支撑。例如，制订计划、获取资源、进行团队建设、开展成本费用管理等。

此外，除了项目管理，还需要组织能力、个人能力和绩效激励机制的支撑。

没有用一致的方法管理不同类型的研发项目

从工作的确定性程度（研究或开发）和工作的对象（产品或技术）两个维度出发，研发项目可以分为四类：产品开发、技术开发、技术研究、产品研究，如图6-1所示。虽然它们是不同性质的工作，但有一点是相同的：它们都是"项目"。

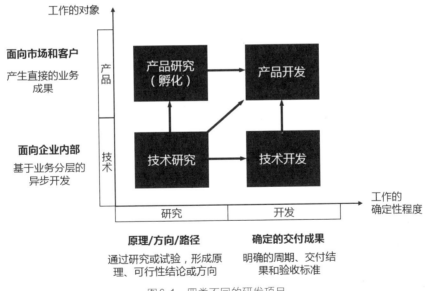

图6-1 四类不同的研发项目

从抽象的项目管理角度来看，四类研发项目可用同样的管理方法进行管理。例如，在研发过程或项目生命周期维度，它们都遵循IPD流程；在组织模式上，它们一般都采用矩阵结构；在涉及的知识域方面，也有很多共同点，比如都需要成本管理、质量管理、风险管理、人力资源管理等，都需要统一的模板、术语、工具。

然而，很多企业没有把技术与产品进行相对分离，也没有把开发与研究进行相对分离。有的企业即便进行了区分，但却没有抓住它们都是"项目"这一共同点，没有用统一的研发项目管理方法进行管理，导致不同类型的项目甚至是每个项目都有自己的项目管理方法。这不仅导致项目之间的沟通和协调十分困难，而且严重依赖项目经理的个人能力。

重视事，忽略人

很多项目经理把大量精力放在事情本身，比如工作分解、制订计划、控制计划等，而忽视了对人的管理和团队氛围的打造。还有的项目经理，把对人的管理仅仅局限在内部项目成员，没有对项目涉及的干系人进行系统全面地管理，导致项目不能实现预期效果。

不同的项目需要不同的管理，但每一个项目都需要创新，而创新需要人来完成。创新型项目的管理，是对事的管理，也是对人的管理，往往需要通过搞定人来搞定事。因此，项目经理最重要的工作职责之一就是激励团队成员，最终达成项目目标。

仅有单项目管理，没有多项目管理和组织级项目管理

很多企业虽然引入了项目管理方法，但仅局限在单个项目的管理，针对每个项目单独制订项目任务书，分别成立项目组、启动项目、制订项目计划、开展各种项目活动。从单个项目管理角度来看，这似乎是成功的，但企业一般有多个项目同时开展，项目之间通常相互关联，涉及多个职能部门。忽视多项目之间的关联性，将导致项目与项目之间、项目和职能部门之间产生大量的冲突。

此外，项目之间往往存在资源的交叉和冲突，在没有多项目管理机制的情况下，项目的优先级次序不明确，多项目之间争抢资源的情况非常严重。一个典型的现象就是项目之间借调人才很困难，即使项目结束了，项目经理还会想着给自己的下一个项目储备人才，抓着优秀项目组中的成员不放，不愿意把他们放回公司资源池，导致其他项目无法使用这些人才。所以，当有多个项目同时开展，就需要对这些相互关联的项目进行统一管理、统一协调，以提高管理效率。

一个项目往往可以被拆分为多个子项目，尤其是通信设备、汽车、航空航天等大型产品开发项目，这些子项目也需要采用一致的项目管理方法进行管理。

没有围绕商业目标和客户关键需求开展项目

很多公司的产品和技术研发项目主要由技术部门完成，目的是达成功能、性能指标，而不是满足客户多方面的需求，并最终达成公司商业目标。在客户多方面需求中，要抓住核心和关键的需求，也就是前面介绍的卡诺模型中的期望需求。无论是产品研发项目还是技术研发项目，都要围绕公司的商业目标展开。商业目标可以是赢利目标、战略目标或积累自身能力的目标，大多数研发项目对商业目标强调不够。

很多公司即便在研发项目中采用了业界标准的PMBOK项目管理方法，但却没有实现相应的商业目标。因为，不是所有项目都有商业目标，比如婚礼作为一个项目就没有通常意义上的"商业目标"。美国项目管理协会（PMI）的项目管理知识体系（PMBOK）作为一个通用项目管理框架，没有特别强调商业目标。PMBOK的成本管理知识域，管理对象是项目费用，并没有描述如何管理研发对象的目标成本，以及如何分析项目的收入、赢利情况。

没有把项目作为一个整体进行管理

很多企业认为项目管理就是协调各部门工作，做好时间进度计划，然后在此基础上"催进度"。在这种理念指导下，就无法把项目作为一个整体进行管理，项目经理就成了项目秘书。

研发项目及其项目管理过程要取得成功，就需要完整地考虑项目的各个方面，包括项目商业目标、给客户带来的核心价值、研发费用、目标成本、人力资源和团队、项目干系人等。项目管理要对这些因素进行综合考虑、平衡取舍，然后在此基础上进行策划，制订整体项目计划，不仅包括时间进度计划，还包括财务计划、人力资源计划等。在项目实施过程中，不仅要控制时间进度，还要对项目的各个方面都进行整体控制，并且要特别关注项目中人的因素，以及处理好项目组和职能部门的关系。

没有给项目管理配备合格的人才和激励机制

有的公司虽然解决了以上七大问题，但还是做不好项目，原因是还有一个问题没有解决，即没有解决各个层级中从事项目管理工作的人员的地位和待遇。

每个公司都有董事长、总经理、副总经理、总监、经理、主管和员工，几乎所有薪酬和激励机制都按这样的职级体系来搭建。对于项目经理的职级，最多只是"参照"某个职级进行设计。因为项目经理往往没有或只有很少直接下属，很多企业并不把项目经理当成一个"官"，在薪酬待遇上也不如职能管理序列。对于这样的人力资源体系，将导致项目管理缺乏吸引力，很多适合做项目管理的人员，并没有走上项目管理岗位。

那么，谁在做项目管理工作呢？主要是新员工、技术上不是特别专业的员工及没有被提拔到职能管理岗位的员工……总之，很多公司综合能力最强的人，都在职能线而非项目线。但是项目的成功运作与每个部门和部门领导都相关，当项目经理和项目成员能力不够时，项目权力自然就转移到职能部门。这就导致很多企业表面上有跨部门流程、项目管理制度，也有跨部门项目组和专职的项目管理人员，但本质上还是在按职能管理方式运作项目，以致无法做好创新型项目。

创新型项目管理是一个管理体系

生产和研发是企业两大重要活动。不同之处在于，前者大多是连续不断、周而复始地以"例行工作"方式开展，按照既定的工作程序、规章制度不断重复进行；后者是临时性、一次性的，其最大的特点是"创新性"，故而被称为"项目"。项目的最终成果，不仅取决于通过规划和立项确定要做什么，还要把项目做成功。而是否能把项目做成功，项目管理至关重要。所以，对创新的管理，最终将落地到对各种产品和技术研发项目的管理上。

创新型企业都非常重视项目管理。它们不仅重视在实践当中的项目，还重视项目管理方法论的提炼总结，并形成符合自己特点的一套方法。目前，业界广为采用的管理方法是PMI的PMBOK。该体系对提高项目管理水平非常有帮助，但是它过于通用，在将它应用到研发项目管理上时会缺乏针对性。所以，很多企业都有自己的一套项目管理方法论，比如爱立信的PROPS（The PROject For Project

Steering，企业项目管理方法），IBM的WWPMM（World Wide Project Management Methods，全球项目管理方法），华为开发的RDPM（Research And Development Project Management，研发项目管理方法）。其中，华为的RDPM是专门针对研发类项目而制定的项目管理方法体系，并实现了与IPD产品开发流程体系的无缝对接。

无论是业界普遍采用的PMBOK，还是各大公司基于自身情况构建的企业级项目管理体系，其内容都极其丰富，本书不再详细介绍，感兴趣的读者可以查阅相关资料。本章以华为的RDPM为蓝本介绍创新型项目管理框架。

研发项目的分层

对于研发项目，最终要输出的结果是产品。产品生命周期始于产品规划和产品开发项目任务书，通过评审后，产品生命周期进入产品开发阶段（狭义的IPD），此时启动产品开发项目，终止于GA阶段，然后产品进入生命周期管理阶段。由此可见，在产品生命周期中，很多工作以项目的方式开展。

从时间维度来看，研发项目有产品路标规划项目、项目任务书开发项目、产品开发项目、补丁版本研发项目、器件替代项目、生命周期终止项目等；从项目所属领域来看，产品开发项目由每个领域的子项目构成，其中研发领域子项目还包括很多细分项目。图6-2是华为公司的产品生命周期中的项目分类。图6-3为通用的产品开发项目结构。

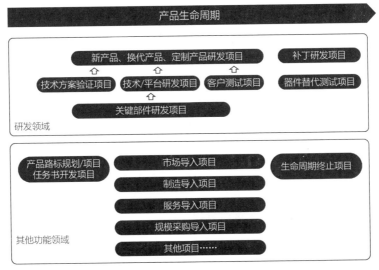

图6-2　华为公司的产品生命周期中的项目分类举例

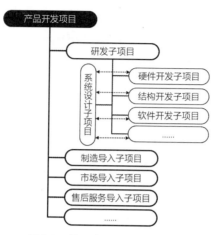

图6-3 通用产品开发项目结构

虽然这些项目的目标和研发内容不同,但是它们有很多共同点。

(1)每个子项目都在研发一个需要移交给客户或其他领域的有形或无形的交付物。

(2)需要进行跨部门合作,或组成跨部门团队完成任务。

(3)均需要和最终的商业目标"对齐"。

(4)研发过程中均需要考虑需求、质量、成本、进度等。

正是考虑到这些不同于其他项目的特点,华为公司针对IPD体系中的研发项目,制定了RDPM,并把这些项目纳入一个统一的项目管理框架。

在面对众多项目时,进行项目选择或有多项目并行开展是不可避免的,一旦如此,就需要引入项目组合和项目群管理,三者的关系如图6-4所示。

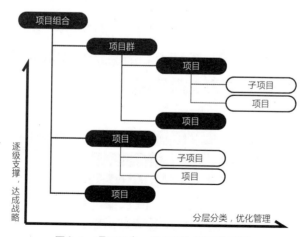

图6-4 项目组合、项目群与项目的关系

项目群管理和项目组合管理是PMBOK中的重要概念，同样也是华为RDPM关注的内容。项目群是为了提高管理效率、促进资源共享而集中管理的一组项目，这些项目间一定有某种关联性，如针对同样的细分市场、共享技术平台、同时隶属于一个更大的项目、共享职能部门资源等。例如，厨房家电企业同时经营抽油烟机、灶具、消毒柜，若希望客户在装修新房时能同时购买这三个产品，就需要在研发时考虑它们在外观设计上的协同，统一管理这三个项目，增强它们在外观上的一致性。上面提到的产品开发项目可分解为多个子项目，这些子项目也构成一个项目群，产品开发经理需要把这些项目进行统一管理。

项目组合是在资源约束条件下，为了达成战略目标而决定开展的一组项目或项目群，这些项目之间不一定有相互关联和依赖关系，一般要根据战略目标和要求对它们进行优先级排序。例如，一家厨房家电企业同时从事房地产业务，房地产项目和抽油烟机研发项目虽然构成了一个项目组合，但它们在运作上可以相对独立。确定项目组合是一个战略和产品规划过程，可在MM方法论指导下进行。

总体而言，项目组合关注的是选择做哪些项目，项目群关注的是如何把已经决定要做的一系列项目完成得更好。

研发项目管理框架

在基于IPD方法论的产品开发体系中，研发项目往往是产品开发过程中工作量最大的子项目。很多企业所说的产品开发项目，其实就是其他领域很少参与或没有参与的研发域项目。管理好研发域项目，就为管理好产品开发项目打下了坚实基础。华为的RDPM就是以研发域项目为对象制定的一套项目管理框架，这个框架不仅可以用在IPD流程中的研发域项目，还可以为各种技术开发、平台开发、预研类项目提供指导。对其稍做适应性修改后，也可以用在产品开发项目管理、Charter开发项目管理和其他有项目特征的工作上。也就是说，虽然RDPM主要针对IPD产品开发项目中的研发项目，但产品生命周期中所有项目类型都可以采用RDPM方法进行管理。

RDPM由8个部分构成，分别是商业目标、项目生命周期模型、项目组织模型、知识域、工具、模板、术语和项目文化，如图6-5所示。

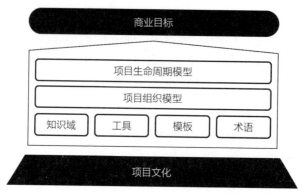

图6-5 RDPM的"项目钟"模型

💡 与商业目标"对齐"

在任何一个商业组织，包括项目在内的所有工作都要与组织的商业目标对齐，达成客户满意的同时实现企业的商业目标。产品开发项目的商业目标包括但不局限于给目标细分市场客户带来价值、产品组合的竞争力、销售额、利润率、质量要求、上市时间等。

与研发项目相关的有产品管理、项目管理和职能管理三种角色，分别负责产品价值的识别和定义、实现和交付、能力和资源保障。要实现商业目标，就要将产品管理、项目管理和职能部门管理的目标与商业目标对齐，它们有各自的衡量指标。

（1）产品管理：产品管理的衡量指标针对产品全生命周期，包括产品的投资回报率、客户满意度、销售收入、利润率、市场份额等。

（2）项目管理：各种研发项目管理的衡量指标针对项目生命周期，包括关键特性达成率、过程规范性、研发项目周期、各阶段进度偏差、成本达成率、毛利率、预算执行偏差率等。

（3）职能管理：职能部门负责资源能力建设和长期技术积累，对产品质量、人均效率和技术竞争力负责。

为实现商业目标的对齐，产品开发团队经理和相关子项目经理（包括研发子项目经理，也就是IPD流程中的研发代表）、技术/平台研发项目经理在工作中要采取各种活动，主要如下：

➢ 深度参与项目商业目标的制定；

➢ 与决策者或决策团队在商业目标上进行沟通；

- 与周边部门在商业目标上进行沟通；
- 与外部客户在商业目标上进行沟通；
- 与项目组成员在商业目标上进行沟通。

华为实践：在产品项目任务书阶段深度了解项目背景信息

根据公司产品规划启动B产品的项目任务书（Charter）开发工作。

在成立项目任务书开发团队（Charter Development Team，CDT）时，研发部门指派后续可能承担该项目研发领域项目经理的小王参与该项工作。

小王在会上了解到B产品是在A产品基础上研发的面向全球发布的产品，主要增大系统容量，大幅提高系统可靠性和可维护性，预计未来三年全球销售额为10亿美元左右，希望在6个月后上市，同时了解了B产品的若干初始需求。会后，小王立即根据所掌握的信息做了相关策划，组织研发部各个相关领导讨论，确认需求和可实现性，依据客户需求和项目周期要求做了研发人力预算（包括系统设计、软硬件、结构、测试等）、物料预算和其他配套项目的进度安排，并完成了项目任务书相关章节的撰写，比如关键里程碑、产品架构、关键技术实现路径、产品和技术的依赖关系、人力需求、研发预算、风险评估等内容。

B产品项目任务书通过IPMT评审后，研发部门召开项目启动会议，成立B产品研发项目，小王担任项目经理。由于小王在前期的深度参与，充分理解了客户需求、商业目标和整体商业计划，使研发域项目目标和产品开发项目目标非常一致，对研发资源的需求预算非常准确，研发项目开展得非常顺利，并最终取得成功。

项目生命周期模型

研发域项目作为产品开发项目的子项目，其过程与IPD流程是一一对应的，分为项目立项准备、概念、计划、开发、验证、发布、项目关闭阶段。其中项目立项准备阶段对应产品开发项目任务书流程（CDP），项目关闭阶段对应生命周期阶段GA前的部分。

项目生命周期模型分为项目指导流程、项目管理流程和项目使能流程，如图6-6所示。需要注意的是，该模型并不是一成不变的，企业需要根据研发项目的特点，对模型中各个阶段的活动进行相应的调整。

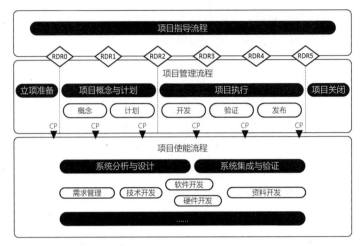

图6-6 研发项目生命周期模型

【项目指导流程】

项目指导流程主要通过研发领域评审（Research&Development Review，RDR）对研发域项目进行阶段性评审，只有通过评审才能把研发域项目结果提交给PDT。RDR是IPD流程定义中的研发领域子评审，同时也是研发项目自身的阶段评审点，还可以用于支撑决策评审、项目启动和关闭决策。RDR评审结论有以下3种，值得注意的是，RDR不能否决产品开发项目。

（1）通过评审。该阶段的问题已经得到解决，不存在风险。

（2）带风险通过。该阶段还存在一定风险，但已经有风险应对措施。

（3）本次评审不通过。该阶段需要项目组对评审问题提出解决方案后再次提交评审。

每个RDR都要从以下四个方面进行评审。

（1）项目目标对齐，包括商业目标的对齐和组织目标的对齐。

（2）资源承诺，各个资源部门是否有足够资源支撑项目开展。

（3）项目本身状态，从系统的角度来审视项目，包括项目价值、范围、进度偏差、技术准备度、质量、研发费用和人力资源、风险、目标成本达成度、采购准备度、项目计划等，也就是从项目管理知识域角度审视项目本身状态。

（4）项目组合状态，考虑项目之间的优先级排序、资源投入和相互依赖关系。

【项目管理流程】

项目管理流程定义了项目从立项准备到关闭过程中各个阶段的所有项目管理活动和交付文档，指导项目经理聚焦项目目标，在限定的项目范围、时间、成本、资源内确保项目交付。CP（Check Point）是在项目管理过程中，为确保项目按要求完成而设定的检查点，可根据关键交付件的完成时间点来设置。CP点可借用TR点中研发部分的结论。

【项目使能流程】

项目使能流程是项目执行团队在项目生命周期过程中所运用的各种工作模式，包括流程、方法、模板、工具等，比如系统架构、系统分析与设计、外观设计（ID）、以用户为中心的设计（UCD）、结构开发、软件开发、硬件开发、工艺开发、资料开发、系统验证等。研发使能流程同时对应了研发子项目，比如软件开发子项目。

研发项目组织模型

与项目相关的人员包括所有组织、个人和其他干系人，主要有客户、竞争对手、供应商、顾问和专家、项目接收人、产品和技术规划团队、职能部门、其他项目等。

项目的临时特性决定了研发项目组也是临时的，其人员来自职能部门。和前面的研发项目生命周期模型对应，与研发项目相关的职能可分为项目指导职能、项目管理职能和项目执行职能。研发项目组织模型框架如图6-7所示。

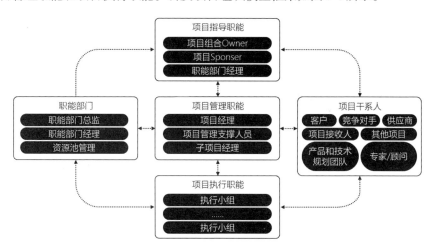

图6-7 研发项目组织模型框架

【项目指导职能】

项目指导职能根据项目指导流程确定项目方向，对项目的重大事项进行决策，并对项目提供支持。通过项目指导可减少项目失误，降低项目风险。

承担项目指导职能的成员，其职责与他所拥有的资源和业务管理权力相匹配，对项目拥有业务决策权力的管理者要参与项目指导职能中。项目指导职能主要包括以下几个角色。

（1）项目组合负责人：负责项目组合管理，根据业务规划对项目进行优先级排序，制定多项目管理策略。

（2）项目赞助人：以资金或其他方式为项目提供财务资源的个人、团队或组织，比如产品开发项目中的PDT经理和研发部门经理，其对项目的最终财务结果承担责任，对于超出项目经理控制范围的事项，需汇报给赞助人做决策。

（3）职能部门经理：负责职能部门的工作。职能部门也叫资源部门，包括项目管理部、研发部、软件部、硬件部等。相对于项目组，职能部门一般是长期存在的组织，根据专业分工不同，负责某个领域的能力建设，为项目提供合格的人力资源，以及进行该领域的长期技术积累。

（4）项目运作指导团队：对项目进行指导和监控的团队，确保项目目标与组织要求协调一致。

【项目管理职能】

项目管理职能对项目的目标达成负责，负责选择适合的方法、技术和工具，根据项目管理流程执行项目管理活动，将议程情况报告给流程的上一级——项目指导职能。项目管理要通过权衡若干相互矛盾的领域，比如范围、质量、成本、进度等，达成项目目标，满足干系人不同的期望。

项目管理通过项目内部的沟通，缩短组织内的沟通渠道，让决策变得更为高效。项目管理的权力是由项目指导职能授予的，其权力仅局限在项目周期之内。项目管理职能包括组织制订项目执行策略和项目计划、分配职责和资源、控制项目活动，该职能的实现依赖于组织内各级管理者的支持，职能部门主管为项目提供资源，比如人力、设备、办公场地、方法和工具等。

项目管理职能以项目经理为核心，包括下面4个角色。

（1）项目经理：全面行使项目管理职能，确保整个项目组达成项目目标。项目目标由项目合同约定，项目合同可能是正式的合同、已经批准的项目计划。对于产品开发项目中的研发域项目，合同是指产品开发项目合同中研发部分的内容。

（2）项目管理支撑人员：在复杂和大规模项目中，项目经理可以把部分项目管理职能授权给一个或多个项目管理角色，也就是项目管理支撑人员，比如项目助理（POP）、项目配置管理（CMO）人员、项目质量保证（QA）人员、项目财务人员等。

（3）子项目经理：如果项目需要分为若干个子项目，项目经理可以将子项目的管理职能授权给子项目经理。例如，一个包含结构、软件、硬件的项目，如果软件部分工作量大且复杂，可把软件部分作为一个子项目授权给软件项目经理。

（4）项目管理团队：建立项目管理团队，即一个包括项目经理、子项目经理和项目管理支撑人员的项目管理团队，负责管理项目活动，以加强项目内部的协作，充分利用项目管理支撑人员各种专业上的技能，将项目组内各个子项目、开发组的工作串起来，使整个项目团队高效地推动项目实施。

【项目执行职能】

项目执行职能是指根据项目管理团队制订的计划执行各种项目，保证高质量交付各种产出，通过逐一达成每项交付件的交付标准，最终达成子项目和项目目标，满足客户需求和内部需求。当项目执行人员遇到自身无法解决的问题时，需要及时上报以获取支持。

项目执行职能往往包括多个专业领域的执行小组，比如ID开发组、结构开发组、硬件开发组、软件开发组、测试验证组、工艺开发组等，这些小组可能同时负责一个或多个子项目。

<h3 style="text-align:center">华为实践：产品开发团队和研发部门的关系</h3>

华为产品开发团队（PDT）是一个虚拟组织，其成员来自7个领域：市场、研发、财务、采购、制造、服务、质量。在一个PDT内部，有多个项目同时开展，称为版本，针对每个版本设置版本经理。

为支撑PDT中的每个领域的运作，资源部门设置了相应的组织和管理体系。华为研发领域项目组织结构示意图如图6-8所示。在研发部门，研发领域项目管理办公室和项目运作指导团队为开发代表和版本经理的项目运作提供支持。

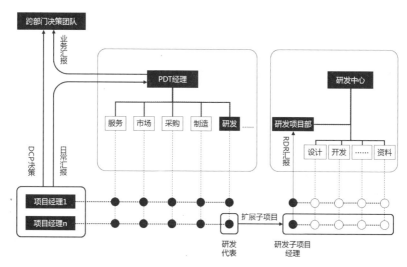

图6-8 华为研发项目组织结构示意图

知识域：一个都不能少

要把研发项目管理好，需要掌握若干知识和工具，2018年修订的PMBOK第六版将其总结为10个知识域，包括整合管理、范围管理、进度管理、成本管理、质量管理、资源管理、沟通管理、风险管理、采购管理和相关方管理，其中后面9个知识域要作为一个整体服务于项目的整合管理。华为公司的RDPM针对研发项目的特殊性，开创性地优化了这10个知识域。掌握好这些知识域对做好项目管理和开展产品开发管理工作具有重大意义。

RDPM的十大知识域

RDPM的十大知识域主要针对研发项目。它遵循项目管理业界标准，并结合研发项目管理实际工作，重点描述了企业为了有效控制项目QCT（质量、成本和时间）、确保项目目标及客户满意度而需要开展的管理活动。十大知识域互相关联，共同构成一个整体，如图6-9所示。

图6-9　研发项目管理RDPM中的十大知识域

（1）整体管理：聚焦于项目目标的实现，对所有项目管理活动进行整合、统一管理，确保所有项目活动协调推进，并协调和控制项目涉及的内外部利益干系人。整体管理的主要工作包括制订项目任务书和项目计划、执行与监控项目、管控项目变更、进行沟通管理和移交项目等。

（2）价值管理：分析、定义、管理项目的内外部价值，主要活动包括价值分析、价值定义和价值控制。研发项目的价值包括对客户的价值和对组织的价值，外部价值是指满足客户需求以实现投资收益，内部价值是提升组织能力和技术等。

（3）范围管理：收集和定义项目的需求，明确项目的交付成果（如产品需要具备哪些功能和特性），通过变更控制及验收活动，确保项目交付满足客户要求。范围管理包括范围分析、范围定义、范围控制和范围验收等。项目的范围是渐进明细的，其间要严格控制范围变更，关注范围的影响，防止项目蔓延。

（4）质量管理：制定项目质量策略、目标，并确定支撑目标达成的过程和关键措施，遵循企业相关的项目质量管理流程，确保项目的过程和交付符合项目的质量要求。质量管理的主要工作包括质量策划、质量保证与控制。质量管理的理念可以参考克劳斯比质量核心理念[①]。此外，项目经理需要平衡好质量与进度的关系，防止牺牲质量追求进度。

（5）目标成本管理：一种成本管理的方法，其基于市场竞争和公司盈利目标设定目标成本，并要求按照预定的目标成本进行产品设计，以构建具有成本竞争力的产品。需要注意的是，目标成本是包括采购、制造、服务、销售等成本在内的端到端的成本。目标成本管理的主要工作包括目标成本设定、目标成本分解、目标成本设计、目标成本实现与验证等。

（6）时间管理：指管理和控制项目的交付时间和进度，确保项目按计划进行，最终按时完成。时间管理的活动包括活动定义、活动评估、活动排序、计划制订、进度控制等。项目计划会随着环境的变化而变化，但对计划的变更要进行严格管控，不能让"计划赶不上变化"成为常态。

（7）财务管理：包括研发费用管理和赢利分析，前者是对项目运作过程中发生的费用进行概算、预算、核算和决算管理，确保项目投入受控；后者是估算项目的预期收入，并对项目实际收入进行管理，确保项目投资合理有效。对于产品开发项目，PDT经理要关注产品的盈利情况，确保商业目标的实现。

（8）风险管理：采取措施对未知消极事件（可能影响项目的进度、质量、范围等的不确定因素等）进行主动应对和管理，降低或消除消极事件对项目的影响，主

---

① 克劳斯比质量核心理念即"一个中心，四个原则"。"一个中心"指第一次就把事情做正确。"四个原则"包括：质量即符合客户要求，质量体系的核心在于预防，质量的工作标准是零缺陷，质量用不符合要求的代价来衡量。

要包括风险管理规划、识别风险、分析风险、制订风险应对计划、控制风险。风险管理与问题管理不同,问题管理是针对已经发生的或未来一定会发生的事件,而风险管理则针对未来可能会发生的、有潜在影响力的事件。

(9)人力资源管理:建立、管理和领导项目团队,确保项目人力资源和团队绩效满足项目需求,且促进项目团队成员成长。研发项目团队往往是由来自不同体系、不同部门的成员组成的跨部门团队,项目经理要关注团队建设,提升团队的凝聚力。人力资源管理具体包括人力资源规划、项目团队组建、项目团队管理、人力资源释放等。

(10)采购管理:从项目组织之外获取产品、服务及其他资源,确保在需要时,项目可以得到相应的产品、交付和服务。研发项目的采购主要是研发物料采购、技术合作和产品合作。采购管理是研发项目的重要环节,其过程比较复杂且风险较高,常常会影响研发项目的进度。采购管理的活动包括采购规划、采购实施、供应商合同管理、供应商合同收尾等。

RDPM的十大知识域通过参考PMBOK、基于华为实践提炼总结而成,能够提高研发项目的成功率,但这并不意味着十大知识域是一成不变的,组织和项目团队需要根据实际工作情况做出适当的选择和取舍。在建设项目管理体系时,企业也需根据自身实际情况,形成符合自身特点的知识域。

与PMBOK相比,RDPM框架最大的亮点在于突出了价值管理、沟通管理、目标成本管理和项目的赢利分析,把IPD的两个核心思想"研发是投资行为"和"基于需求的开发"在具体的项目中落地,具体体现在以下几个方面。

(1)增加了价值管理,关注项目给客户/接收方带来的核心价值。产品和技术研发要满足的需求很多,但客户最关注的需求并不多,其形成了产品的卖点,也就是产品最终给客户带来的价值,是价值管理的核心。

(2)增加了沟通管理,并将沟通管理和干系人管理纳入整体管理。沟通管理和干系人管理贯穿于项目始终,每个知识域都需要和相关干系人进行有效的沟通。

(3)增加了目标成本管理,关注研发对象的目标成本,这是非软件类研发项目的特别之处。

(4)增加了项目的赢利分析,将成本管理拓展为财务管理。在项目管理过程中,不仅要考虑完成项目所需要的支出,也就是项目费用,还要考虑开发对象的目标成本和项目带来的收益,在这些数据基础上,才能够进行全面的财务和赢利分析。

由于研发项目的沟通管理和盈利分析与其他项目差异不大,本书不再做详细介绍。接下来介绍价值管理和目标成本管理。

价值管理是研发项目管理的核心

什么是价值

价值管理体现了IPD的两个核心思想"创新是投资行为"和"基于客户需求的开发"。作为一个单独的知识域，理解和应用好价值管理对研发项目管理具有重要的意义。价值管理是项目管理的核心。要理解价值管理，首先要理解价值。

研发项目的价值分为两个方面：客户价值和组织价值。从投资收益或组织战略上来说，项目中的所有工作都要给客户或组织带来价值。客户价值是外部价值，其核心是要通过产品实现良好的投资收益，包括使产品更有竞争力或有更好的投入产出比、降低客户的费用支出、提升客户满意度、提升市场占有率、挖掘潜在的客户等。组织价值是内部价值，其核心是提升组织内部能力，包括开发能力提升、新技术/工具/方法的积累、员工能力的提升、资源使用效率的提升、内部成本的降低等。例如，很多企业将培养项目经理作为研发项目的重要目标之一。从整体来看，研发项目要以客户需求为中心，客户价值是价值管理的核心，内部价值是组织长期生存的关键。

客户价值并不等同于性能/功能，而是要综合考虑客户对性能/功能和成本的要求，也就是说要使用最合适的解决方案来满足客户需求，使客户整体效益最大化，而不是性能/功能越高越好。

价值是特性具备的特征与获得该特性的全部费用之比，类似于"性价比"。项目团队要平衡功能/特性、费用、进度等多方面的因素，如果单方面追求特性增加可能会导致客户成本增加、研发费用超支、延迟交付等，反而会影响客户满意度。过度设计就是一种误解价值的典型，它脱离了产品和用户的"实际需求"，不仅增加了成本，还加大了产品的复杂度。例如，很多家用微波炉有几十个功能和按钮，但是实际上绝大多数顾客能用到的只有几个。

价值公式不仅阐明了项目团队应该如何看待价值，也为价值的提升提供了方向。价值的提升需要以客户需求为起点，以功能分析为核心，通过突破创新和团队协作来实现。需要注意的是，要把提升项目价值和突破项目范围区分开。尽管要将两者进行区分，但是价值管理和范围管理是密切相关的。价值的提升是在项目范围内进行的，即在范围内深挖高价值特性，适当减少甚至舍弃低价值特性的投入，交付"刚刚好的"项目成果。如果以提升价值的名义增加项目范围，导致范围蔓延，反而可能会降低项目价值。

💡 如何开展价值管理

理解价值的含义是价值管理工作的基础。价值管理的主要活动包括价值分析、价值定义和价值控制。

（1）价值分析——"做什么"。通过合适的方法对项目价值机会点进行分析，明确项目外部价值和内部价值。项目要尽早明确利益干系人的要求，确定项目的内外部价值点。一般情况下，外部价值在产品需求定义环节已经初步定义，在价值分析阶段需要进一步明确，包括系统要交付的主要特性及特性的价值、每个特性的达成标准（如生产量、性能等级、质量和可靠性指标）、项目交付件的评审流程和验收标准。价值分析也为需求优先级排序提供了有力的基础，可以帮助项目团队聚焦高优先级任务。内部价值一般在项目立项准备阶段由利益干系人、项目发起人提出，在概念阶段需要进一步分析和明确。

（2）价值定义——"怎么做"。主要针对外部价值机会点，深入分析已识别出的价值点，给出最优的解决方案和实施建议（包括实施的行动计划），并明确最终绩效评价参数和标准，确保项目整体的价值最大化。该阶段可能会识别出新的价值机会点，并需要进行价值分析。价值定义的一般步骤如下。

🠶 提出方案——尽可能地识别和挖掘各种能够满足需求的解决方案。

🠶 评估方案——参考既定的价值评价标准项评估上述各个解决方案，对初步判断合理的方案进行细化和完善。

🠶 确定方案——选择最优的解决方案，并给出实施建议。但在选择最优的解决方案时，需要综合各个方面的因素。例如，对于优先级低的特性，仅提供满足要求的方案即可，对于优先级高的特性，则需要考虑解决方案的竞争力和一定的领先性。

（3）价值控制——"做得怎么样"。监控所有已识别的价值机会点，以确保在此项目中创造出最大的价值；定期审视价值，分析新的价值机会点，针对增加项目价值新的机会点进行变更。在对价值机会点进行跟踪的过程中，需要特别注意当进度和价值发生冲突时，相较于刚性和明确的进度，相对难衡量的价值容易被忽略。此外，在价值控制阶段可能出现增加项目价值的机会，不同的是，该阶段的价值增加需求走变更流程。

第6章 用一致的方法管理创新型项目

华为实践：无线数据卡给客户带来的价值

在21世纪初3G网络覆盖过程中，无线数据卡却迟迟不能在全球普及，问题出在哪里？华为数据卡研发团队经过和欧洲运营商的交流，并进行大量市场调研后发现，以前的数据卡需要光盘安装，还需要一张很大的接口卡，携带很不方便。

无线数据卡需要满足的需求和标准非常多，但是客户购买的理由却不多，研发团队认识到正是安装上的不方便和结构设计上的缺陷导致无线数据卡不能普及。因此，在立项和开发过程中，整个团队紧密围绕这两个能够给客户带来价值的核心需求，做好价值管理，发明了即插即用的USB无线数据卡。

这个看似不起眼的产品拉动了欧洲乃至全球的无线数据卡销售，进而带动无线网络运营设备的销售，给华为创造了巨大的经济价值。

利用目标成本管理构建成本竞争力

目标成本管理主要是针对产品开发项目。但是，产品研发项目为什么要做目标成本管理呢？哈佛大学教授罗宾·库帕尔（Robin Cowpar）指出，许多公司总是先设计好产品，然后计算产品的价格，再看能否以这一价格水平卖出该产品，而日本公司却将这种程序完全颠倒过来，即先将某种新产品的成本或售价确定为X，然后回过头去努力实现这一目标。

在市场竞争越来越激烈的形势下，企业间产品质量的差异越来越小，价格优势已经成为产品重要的竞争优势。然而，价格优势的本质是成本的竞争力。大量实践表明，企业具备成本优势，才有生存机会。成本和质量一样，成为企业的核心竞争力。产品的成本主要是由研发项目决定的。实际上，80%以上的产品成本在研发阶段就已经确定，产品生命周期的其他阶段很难再大幅改变产品成本。因此，应该在产品的研发阶段设计好产品的成本，而不是在制造过程中降低成本。

目标成本管理正是通过研发阶段的设计和开发来管控和降低产品的成本，从而构建具有成本竞争力的产品。如果不设置目标成本并进行管理，研发团队在开发过程中可能没有成本意识，可能会采用昂贵的材料或复杂的设计工艺等，导致产品成本过高，缺乏竞争优势。这种方法使成本成为产品开发过程中的积极因素，而不是事后消极的结果。

什么是目标成本

目标成本是指产品研发完成后直至产品生命周期结束前,企业向客户提供产品需要承担的所有成本,包括材料成本、制造费用、售后成本和分配到单个产品的期间费用等,其中售后成本包括安装/测试成本、维护成本、物流成本等。需要注意的是,研发项目本身所需资源的成本不属于目标成本的范畴,而是研发费用,属于项目财务管理的内容。

如何开展目标成本管理

在满足用户功能需求的前提下,目标成本管理通过分析项目所交付产品的成本要求和目标,明确产品目标成本的构成,并制定目标成本的实现方案,从而提高产品的成本竞争力。如图6-10所示,与项目各阶段相对应,目标成本管理主要活动包括设定、分解、设计、实现与验证目标成本。

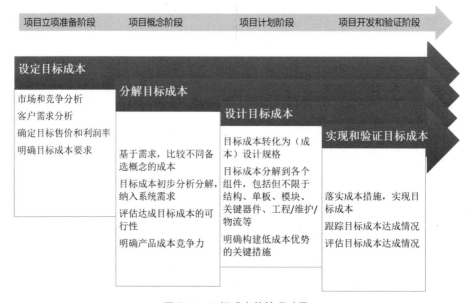

图6-10 目标成本的管理过程

目标成本的确定依据是市场竞争分析、客户消费能力、现有技术能力及公司的毛利率等,产品的目标成本需要在项目任务书中进行定义。

在项目概念阶段,目标成本是影响产品概念选择的重要依据之一。目标成本分解可以按照产品结构树,自上向下地分解。分解过程中可以采用以下方法。

➤ 价值分析/价值工程法:对每个功能模块的特性进行评分,按分数比例分解成本目标。

➤ 类比分解法：根据已有的相近的产品或标杆产品的成本构成推测各模块的目标成本。

➤ 潜力分解法：分析各个模块的成本会降低的潜力，潜力大的模块相应承担的成本降低目标就大一些。

目标成本设计是将产品的目标成本需求转化成设计规格，并给出关键的降成本措施。典型的降成本措施包括以下几个方面。

➤ 在架构和系统设计中，采用各种技术创新手段，在不降低产品性能和质量的前提下，降低产品生命周期成本。

➤ 降低产品设计的复杂性，避免过度设计，可以去掉客户不需要的功能，确保没有冗余功能。

➤ 产品要模块化和组件化，模块和组件要归一化/标准化，要强化对平台、通用构建模块的重复应用，同时也要考虑制造时工艺工装的可重复利用。

➤ 将制造、采购、销售、售后维护环节纳入成本考虑范畴内。例如，器件选择上采用通用/主流/标准的器件，避免使用独家供应的器件，提供远程调测/升级及维护工具等。

➤ 对于发货量大的产品，需要将硬件纳入成本考虑范围内。例如，结构件设计要选择利用率高、重量轻、加工工时少的材料。

在项目开发阶段，项目团队要跟踪产品目标成本的达成情况及降成本措施的实现情况，给出风险预警并采取应对措施。在验证阶段，综合各领域的目标成本达成情况，给出产品目标成本达成率，并制订成本优化的计划和措施。

把价值观与文化融入项目管理

项目是创新型公司的运作细胞，在创新型公司中，大多数工作是在项目中完成的。很多公司的价值观和企业文化无法落地，就是因为没有把它们落地到具体项目中。

在研发项目中，关注人和关注业务同等重要。只有建立良好的价值观和研发项目文化，才能激发项目成员的潜能，尤其是创造力，从而高质高效地完成项目。

研发项目文化是项目开发人员在长期相互协作、不断取得进步和成功的过程中，逐渐形成的共同价值观、工作方式和行为准则等。项目文化也是公司价值观和文化的缩影。

"项目文化"是华为研发项目管理框架中非常重要的一个组成部分。华为要求各层级项目组所有成员必须把华为六大核心价值观贯彻到项目管理中。

价值观1　成就客户

为客户服务是华为存在的唯一理由，客户需求是华为发展的原动力。华为坚持以客户为中心，快速响应客户需求，持续为客户创造长期价值进而成就客户。为客户提供有效服务，是华为工作的方向和价值评价的标准，成就客户就是成就华为自己。

价值观2　艰苦奋斗

华为没有任何稀缺的资源可以依赖，唯有艰苦奋斗才能赢得客户的尊重与信赖。奋斗体现在为客户创造价值的任何微小活动中，以及在劳动的过程中为充实提高自己而做的努力。华为坚持以奋斗者为本，使奋斗者得到合理的回报。

价值观3　自我批判

自我批判的目的是不断进步、不断改进，而不是自我否定。只有坚持自我批判，才能在倾听和扬弃中实现持续超越，才能更容易尊重他人和与他人合作，实现客户、公司、团队和个人的共同发展。

价值观4　开放进取

为了更好地满足客户需求，华为积极进取，勇于开拓，坚持开放与创新。任何先进的技术、产品、解决方案和业务管理，只有获得商业上的成功才能产生价值。华为坚持以客户需求为导向，并围绕客户需求持续进行创新。

价值观 5　至诚守信

人们只有内心坦荡诚恳，才能言出必行，信守承诺。诚信是华为最重要的无形资产，华为坚持以诚信赢得客户。

价值观 6　团队合作

团队进行合作，胜则举杯相庆，败则拼死相救。团队合作不仅是跨文化的群体协作精神，也是打破部门壁垒、提升流程效率的有力保障。

"以客户为中心，长期坚持艰苦奋斗和自我批判"被认为是华为成功的最核心要素。这些价值观不仅体现在管理层的宣誓、民主生活会、绩效考核上，还渗入了每个研发项目中。接下来，我们以几个典型案例来了解华为项目经理和项目组成员是如何将对价值观和文化的深刻理解落实到具体的行动中的。

案例 1　成就客户

某国大型运营商向华为提出希望实现一个新需求。该运营商设备分为两部分，一部分由 A 公司提供，另一部分由华为提供。由于 A 公司的错误引导，客户认为该需求应当通过华为设备实现，一线客户经理也认为在华为设备上实现可以带来新的市场机会。研发人员从解决方案的角度评估，并和一线客户经理积极沟通，从客户利益角度出发，认为在 A 公司设备上实现该功能最为合理，成本低，对现网的改造最小，逐步让客户理解并接受在 A 公司设备上实现该需求的优势。最终客户由衷地表示，华为是一家真正把客户利益放在第一位，而不是只想让客户掏钱买设备的公司。

案例 2　艰苦奋斗

为了使产品更具竞争力，满足各种应用需求，产品线决定优化系统的开户和销户速度，速度从目前的每秒 70 条提高到每秒 100 条。这个任务被安排给项目经理 S。根据任务要求，项目经理 S 应尽快带领团队提出解决思路和方案。接到任务后，项目经理 S 注意到，目前每秒 70 条的速度是经过若干资深工程师努力后的结果，但是他还是在心里给自己鼓劲："很有挑战，但是相信我一定能够实现！"于是，他召集相关专家讨论优化方案，走读所有软件代码，分析整个业务流程，然后制作样品，测试方案。最终，经过项目组成员的不懈努力，系统开户和销户的速度超过了每秒100条。

案例3　自我批评

某产品在批量上市后出现了一个问题，与软件、硬件和测试都相关，该问题在测试阶段就应当被发现，属于测试工程师漏测。项目经理首先把项目组的软件、硬件和测试三个子项目经理召集在一起，共同做了一个管理上的自我反思。之后和测试经理一起找到测试工程师并说："首先是我们在管理上存在不少问题才导致这个问题出现，你经验不足，我们应当给你更多指导……"然后和测试工程师一起分析测试过程中的问题，最后说："别灰心，年轻人不要怕犯错误，相信下次一定会做得更好！"

将敏捷项目管理思想融入RDPM

RDPM主要针对瀑布式开发，强调遵循规范的、线性的项目流程，并且每个环节都必须进行严格的规划，严格按照项目计划开展。它要求在项目建设时，需求要足够明确。在项目执行中，对于规划以外的需求变更，必须经过批准后才能纳入项目。开发过程中需求变更越多、越晚，需求变更对项目的影响越大。

为了解决以上问题，敏捷项目管理应运而生。它对需求变更是"友好的"，当客户需求不明确时，敏捷项目管理可以在较短的周期内推出可用的产品，并在后续不断完善。虽然迭代过程中的需求变更会更频繁，但最终会满足客户需求。因此在敏捷项目管理中，需求变更的成本较小。

敏捷项目管理的基本思想

项目管理知识域有四个核心要素：范围（需求）、时间（进度）、资源（成本）和质量。范围的时间、成本和质量共同构成了传统项目管理的"铁三角"。

传统的项目管理认为，在这个铁三角中，范围往往是固定的，即新开发产品要满足的需求或项目要交付的内容要在项目初期确定下来。在项目开展过程中，项目经理通常需要对时间、资源和质量进行取舍和权衡。例如，项目人力资源的投入加大可以加快项目的进度；在资源投入不变的情况下，缩短进度往往会导致质量的下降。由于范围是固定的，团队因担心中期变更，往往会纳入一些不必要的产品需求或特定性能，从而导致这种模式普遍存在范围膨胀的问题。

敏捷项目管理恰恰与传统项目管理相反。在敏捷项目管理中，时间和资源通常是固定的。例如，项目存在一个确定的时间盒/迭代周期——冲刺（Sprint），而项目的范围、产品要满足的需求是变化的。在固定的时间和资源下，项目团队可以只处理在特定时间和资源框架内能够实现的需求，优先实现高优先级、高价值的需求，并尽快交付，从而使整个项目的价值最大化。

敏捷项目管理模型

敏捷联盟发起人和《敏捷宣言》的作者之一吉姆·海史密斯（Jim HighSmith）开发了敏捷项目管理模型，将敏捷项目管理分为5个阶段：构想、推演、探索、适应和结束。敏捷项目管理的阶段与RDPM的五个过程组（分析、计划、执行、控制和移交）似乎相对应，但两者的侧重点不同。

🚩 构想阶段：确定产品的愿景、目标、约束、利益相关者、团队及团队共同工作方式。相比RDPM的"分析"，"构想阶段"更强调愿景的重要性，通过愿景来引导团队工作。

🚩 推演阶段：制订基于功能/特性的发布计划、里程碑计划和迭代计划，确保交付构想的产品。传统的"计划"是在信息较全、较为确定的条件下的预测和规划。而"推演"强调根据不完全确定的事实或信息进行猜测，它迫使项目团队面对不稳定的商业环境和变化多端的产品开发环境。

🚩 探索阶段：在短迭代周期内计划和交付经过测试的功能，不断致力于减少项目的风险和不确定性。RDPM的"执行"强调实现所有需求后一次性交付项目成果，而敏捷项目管理的探索阶段是以迭代方式交付，是非线性的。

🚩 适应阶段：审核提交的结果、当前情况及团队的绩效，必要时做出调整。该阶段会分析、对比结果和计划的差距，但更重要的是要根据项目的最新情况，思考和修改项目愿景和计划，修改后的结果将被反馈并应用到新的工作计划中，以开始新的阶段。"适应"意味着修改或改变，以"响应变化高于遵循计划"为指导原则，而传统项目管理的控制更强调对比计划，进行纠偏，其中隐含了计划是正确的假设。

➤ 结束阶段：终止项目，交流学习成果，将成果传递给下一个项目团队，并开展庆祝活动。

自构想阶段以后，推演、探索、适应通常以循环形式进行，每次迭代都不断优化产品。该过程中，团队成员会收集新信息，定期修正构想阶段。

如同RDPM，敏捷项目管理也需要知识域的支撑，RDPM的十大知识域同样适用于敏捷项目管理，但敏捷项目管理方法的不同也导致其知识域有自己的特点，其中最核心的思想是：范围（需求）是变化的，而时间和成本则保持相对稳定。

RDPM和敏捷项目管理的融合

总体来看，敏捷项目管理强调根据实际情况的变化及时进行相应的调整，但这也对企业的项目管理能力、项目团队的沟通能力提出了更高要求，其中大型研发项目尤为如此。如果项目管理能力不强、团队沟通不畅，项目不但不能"敏捷"，反而会出现更多混乱。对于敏捷项目管理与RDPM的区别，从表面上看是框架和方法上的不同，但本质上看却是思维方式的不同。尽管敏捷项目管理与RDPM不同，但是两者却有一个共同的核心：以客户需求为中心，即围绕客户需求，通过价值管理来实现项目价值的最大化。

在VUCA时代，能够适应变化、拥抱变化的项目管理的生命力更强。但从商务角度看，大部分客户都希望通过固定合同、明确的范围来保障自己的利益，从这个意义上RDPM也有其不可替代的价值。传统项目管理模式和敏捷项目管理没有绝对好坏之分，各有自己适应的场景，同时也在相互渗透。事实上，敏捷已开始逐渐融入IPD和研发项目管理中，形成彼此相融相生的状态。一种可行的方案是在整体上采用RDPM，局部（如某些阶段或某些子项目）采用敏捷项目管理。例如，现在逐渐出现的"外瀑布内敏捷"的项目管理模式（也被称为"信封法"），兼容并蓄两种模式的优点，满足企业和客户双方的利益。

第6章 用一致的方法管理创新型项目

本章要点

（1）无论是产品研发项目，还是技术和平台研发项目，都需要创新，我们可以称之为创新型项目。创新型项目需要特别的管理方法，不能简单套用PMBOK等通用项目管理框架。

（2）企业在研发项目管理中的典型问题包括：没有把项目管理方法引入研发领域，用流程管理代替项目管理，没有用一致的方法管理各类研发项目，重视事的管理而忽略人的管理，没有做好项目群和项目组合管理，没有围绕商业目标和客户关键需求开展项目，没有把项目作为一个整体进行管理。

（3）RDPM是针对创新型工作的项目管理框架，是研发管理领域的一个创新，包括8个组成部分：商业目标、项目生命周期模型、项目组织模型、知识域、工具、模板、术语和项目文化。

（4）无论哪种类型的研发项目，都必须和组织的商业目标对齐。对项目组的考核要有相应的指标进行牵引。参与项目立项过程、与高层和客户沟通、与周边部门和团队成员沟通都是确保商业目标对齐的有效方法。

（5）项目运作离不开组织的支撑，需要设置3大职能组织对项目运作进行支撑：项目指导职能、项目管理职能、项目执行职能，这些职能往往由跨部门团队协作完成。这些团队可以是临时的，也可以是相对固定的。

（6）项目管理涉及若干知识领域，与PMBOK不同的是，RDPM针对研发项目管理的特殊性，增加了价值管理和目标成本管理两个知识域，将干系人管理和沟通管理纳入整体管理，并将成本管理扩展为财务管理，不仅关注成本费用，还关注项目带来的收益，对项目进行财务和赢利分析。

（7）公司价值观和文化只有转化为项目组共同认可的文化，才能在产品管理和研发领域落地。为此，RDPM框架特别增加了项目文化部分。

（8）瀑布式项目管理已经不适应VUCA时代的需要。与敏捷开发模式相呼应，项目管理也开始敏捷起来，将敏捷思想和实践纳入项目管理，形成敏捷项目管理。

Chapter 07

第7章

构建双元驱动型组织

组织规模大了如何保持灵活性

发展是企业永恒的主题。大多数公司都希望发展壮大,然而规模大了,又发现难以像小公司那样灵活地快速应对客户需求和市场竞争。有没有一种有效的组织方式,既能让大公司发挥规模优势,又能像小公司那样灵活、高效运作呢?

对于以上问题,基于战略和业务,以流程为中心的流程型组织提供了一种解决方案,其往往表现为经过精心设计的某种矩阵组织或网络组织。这种结构下,组织设计围绕客户需求、基于客户需求的特定对象来进行,而不再基于专业分工和职能,组织内的责任和汇报体系也不再是单一直线,而是多维的。很多企业在没有充分理解这种组织方式的情况下开展变革工作,导致阻力重重,无法取得预期效果,从而过早宣告"矩阵组织(或流程型组织、网络组织……)不适合本公司",再次回到传统的职能制、事业部制或者项目制组织方式。

流程型组织并不排斥或弱化职能型层级组织,反而会更加加强。职能型组织更适合专业能力的培养和加强。流程型组织作为网络组织的一种,与职能型组织层级结构的有机结合,形成了"双元驱动"的新组织模式。双元驱动是哈佛大学教授约翰·科特(John Kotter)在《变革加速器:构建灵活的战略以适应快速变化的世界》中提出的核心概念。习风在《华为双向指挥系统》中所归纳的华为组织模式——中国军队"军种主建、战区主战"的组织模式,本质上都是"双元驱动"模式。

本章将深入探讨以下问题。创新和研发究竟需要什么样的组织支撑?这种组织形式会带来什么新的问题?如何构建适合本企业的流程型组织和矩阵结构?

案例:从"微软已死"到重回巅峰

作为个人电脑时代的王者,微软曾经连续多年都是全球市值最高的科技公司。然而,十几年前的微软,滋生了一种封闭、傲慢、反协作的组织文化。

当时,微软的各个部门、各条产品线之间各自为政,员工的精力主要用于内耗,根本没工夫理会外部世界的变化。创新被官僚主义所取代，内部协作被内部政治所取代，员工倍感挫折。同时，大的部门可以压制新建立的部门，削弱它们的力量，不公平地与它们竞争资源，久而久之使新部门遭受各种困境。即使盖茨亲自抓的平板电脑项目，也面临这种处境。当时的一份年度员工调查结果显示，大多数员工不认为微软在朝着正确的方向前行，并对微软的创新能力提出疑问。"微软已死"的说法也开始流传。

不同部门各自为战，导致微软面向移动领域的不同分支Zune、Windows Mobile、平板电脑，使业务不能得到有效整合，让微软几乎错过了移动互联网时代。2013年，公司市值跌到3000亿美元以下，甚至不到辉煌时期的一半。

2015年，新任CEO萨蒂亚·纳德拉（Satya Nadella）对微软进行了一系列变革，纳德拉放弃了前任CEO以Windows为中心的战略，由"Windows-first"变为"Windows-and"。组织的调整为新业务的发展提供了空间。同时，纳德拉还采取一系列措施来强化内部协同合作。例如，原来只考核员工的直接贡献，现在还要考核员工对他人成功的贡献，以及员工从他人处得到的帮助。再如，让各部门的高管分成若干行动小组，分头拜访客户，围绕客户需求共同协商解决方案，提升协作意识。这些措施加强了公司内部的跨部门协同。

微软组织变革以后，犹如脱胎换骨了一般，在云计算、虚拟现实、人工智能、量子计算等前沿技术领域持续发力，从一家暮气沉沉的公司，重新站在了技术浪潮之巅。微软的股价也一扫颓势，市值接连突破一万亿美元、两万亿美元大关，并多次超越苹果公司位列全球第一。

阻碍创新的典型组织问题

业务流程会告诉我们应当如何做事，但是，流程中的角色要和组织中的部门和岗位职责对应起来，并且要明确这些角色之间的关系，流程才能得到良好运作。"完美"的流程如果没有合适的组织来匹配，没有合格的员工来执行，那么还是无法转化为生产力。IPD在国内的实施过程中，饱受诟病的就是很多企业制定了复杂的流程制度，而组织能力却不匹配。具体来看，企业中存在以下典型的组织问题。

组织能力与业务流程不匹配

很多企业基于战略建立了端到端的IPD流程，并把活动纳入岗位工作职责，匹配大量操作指导书，但还是没有达到预期效果。为什么？

流程只是做事的方式和方法，而其实施效果与组织能力相关，如果组织能力与流程要求不匹配，流程就无法运行。一方面，很多企业在构建IPD后仍然以职能部门为中心，而不围绕流程的产出打造对业务结果负责的跨部门团队，也不培养跨部门团队的领导人。另一方面，尽管一些企业建立了跨部门团队，但企业的职能部门却不能提供符合流程要求的资源、技术和能力，尤其是人力资源，导致创新受阻。某高压电气设备公司董事长接触IPD体系后，认为找到了能让公司创新和研发管理水平上一新台阶的钥匙。他将能找到的IPD资料研读了多次，认为"流程不复杂，可以快速在公司引入"，于是立即号召公司所有管理层一起学习，并据此改造公司现有产品开发流程。很快，全套流程制度出炉了，随后在公司7个产品线60多个项目组同时推行。半年后，各产品线的项目陷入混乱。深入调研表明，该公司的IPD变革之所以没有达到预期，是因为组织能力不能支撑流程运作。例如，公司长期以来由总工和部门经理兼任产品总体方案和系统工程设计工作，而在IPD流程实施过程中却任命了大量并不具备相应能力的工程师，他们无法承担系统设计的任务。同时，"根据IPD要求"部门经理不再直接管理项目后，新任命的项目经理没有没有得到充分授权，能力也不足，导致项目运作更加困难。

"各自为政"阻碍了协同和创新

大多数企业在业务高速发展过程中"野蛮成长"，能力不足时"缺啥补啥"：如果发现哪个专业和职能的人力资源不足，就成立新的部门和岗位；如果出现新的业务机会，就成立新的分/子公司、事业部或产品线；如果发现有的业务需要控制，就设置新的监管部门。这种操作的结果就是，公司内部门林立、"体系"混乱。然而，如果没有基于流程来设计组织，或者没有通过端到端的业务流程把这些部门和业务单元有效串起来，将会加剧部门之间的"各自为政"。

某手机设计公司为各大品牌整机厂提供ODM整体解决方案服务，业务范围涵盖PCB（印刷线路板）、PCBA（印刷线路板组件）、机头和整机。近两年，公司快速发展，规模从100人增长到1000多人。不断增加的新员工被纳入4大体系：市场营销、产品管理、研发和供应链，在内部被称为4个"界面"，分别有自己的职责、工作目标和工作流程，由不同的副总经理负责。该公司服务于上百家整机客户，同时开展的研发项目有70多个，每个项目都会涉及4个"界面"。为了满足客户需求，4个体系之间需要进行大量的沟通协调工作。为了尽可能避免决策上浮，4位副总经理每天分别需要阅读和处理500多封邮件，花费大量时间开会做决策。为了让不同部门的工作协同起来，先后成立了流程管理部、研发质量部、执行管理部等协调部门。这种随着业务规模扩大"缺啥补啥"的组织发展模式，造成了该公司职能部门不断增加，并且各有各的职能目标，阻碍了对客户需求的及时响应，从而阻碍了企业的协同和创新。

"各自为战"限制了规模优势的发挥

既然按专业或职能领域分工会产生部门壁垒，无法及时响应外界变化，那么是否可以按照企业服务的对象（市场、客户、产品或项目等）直接面向外界来分工呢？在这种架构下，每个业务单元是全功能的，不依赖其他部门或团体就能快速满足客户需求。采用这种方式进行组织分工的企业也不少，且有的企业做得也很成功。例如，美的集团根据产品类别设置了若干全功能事业部，事业部内部各种职能健全，几乎拥有完整的决策权。

把产品线和项目独立出来不受整个组织的干扰，固然有其好处，但带来的问题也是显然的：无法充分发挥企业的规模和资源优势，无法充分利用产品和技术平台的杠杆作用。尤其在那些总体规模不大的市场中，与在某个细分领域拥有核心竞争力的对手较量时，大企业往往并没有表现出优势。例如，某些家电巨头公司都希望能在厨电领域与方太、老板等专业厨电厂商竞争，但因为在组织上无法充分发挥大公司的规模优势，竞争起来非常吃力，始终无法成为厨电领域的一线品牌。

缺乏横向授权，导致无人对产品的市场成功负责

基于专业分工的职能组织，其授权是纵向的，因此，不同部门通常是被授权为对局部领域结果负责。产品作为满足客户需求的载体，需要跨部门通力协作才

能在市场上取得成功。谁来对"产品的市场和财务成功"负责呢？很多企业把这个责任不假思索地交给了研发部，研发部再把责任给到某个部门经理或员工，也有企业在研发部内部设置开发经理、项目经理等来承担产品开发的总体责任，还有的企业把这个职责交给了营销部门的产品经理。

这种方式在很大程度上依赖于产品经理和项目经理的个人能力，而无法从制度上确保端到端责任的真正落实。即使制定了端到端的跨部门流程，也任命了跨部门团队，在执行过程中还是阻力重重，因为企业中真正的"重量级人物"还掌管着各个职能部门，决策权还是纵向的，是他们在决定产品和项目的命运。最终，产品经理/项目经理责任到位了，授权却没有跟上，更多的是承担协调工作。他们往往这样调侃："在团队中没有一个下属，但上级却很多，谁都得罪不起！我们有的是责任，但没有权利。产品成功了没我们的事，失败了却是我们的责任。"其原因就在于这些岗位接受的仍旧是职能部门的授权，而不是端到端的授权。

产品创新被认为只是研发部门的职责

在产品研发项目中，这样的抱怨司空见惯：如果产品表现不好，研发部会认为营销部没卖好；而营销部会抱怨产品设计得太差，生产成本也高，根本没法卖；供应链会认为80%以上的质量和成本问题是在研发阶段决定的，供应链只是负责采购、制造、发货……

我们发现，抱怨越多的企业，岗位职责往往越清晰。这些企业认为，产品和技术创新的责任就在研发部门。研发部门开发好了产品，供应链负责制造，营销部门负责推广销售，售后部门负责解决技术问题。这种思维方式背后的逻辑是产品和技术创新是部门行为而不是企业共同行为，研发以外的部门不需要创新，只需被动响应研发部门的创新即可，所以在其职责中基本没有与产品开发相关的工作。如果这种意识不做根本性转变，研发以外的部门就会阻碍企业的创新，导致产品和技术的创新性不强，部门之间相互抱怨也成为一种常态。

满足客户的需求需要企业的各部门通力协作，尤其是IPD流程中6个阶段所涉及的各个部门，必须同步介入产品开发中来。也就是说，团队的每个成员都应从事产品开发工作，而不是只有研发部门成员从事产品开发工作。在PDT团队中，虽然成员的工作量不同，但成员的角色是对等的，都在为满足客户需求在努力。

这些工作都应当纳入各个领域的部门和岗位职责，和其通常认为的"本职工作"同等重要，甚至更加重要，因为这些工作决定了企业的未来。

创新型人才配置不合理

一个有效的创新型组织需要合理配置各种不同类型的人才来承接需求管理、产品规划、产品开发等流程中的各种角色。这些流程中的重要活动的性质差别很大，往往需要分别配置合适的人才才能保证活动高质量地完成。然而，大部分企业还没有充分认识到合理配置人才的重要性，认为只要研发主管带着工程师做好产品开发就行了，除工程师以外的岗位都是不重要的，包括产品和技术规划、架构师、系统工程师、产品经理、项目经理、需求分析和管理岗位等。这些岗位要么偏向管理，要么偏向端到端产品管理流程前端的规划和系统设计。很多企业认为这些工作是"务虚"的，让研发工程师等研发"牛人"专职负责这些工作太浪费精力，在绩效考核和薪酬激励上也没有向这些岗位倾斜。

最终导致这些重要工作往往由部门主管或工程师兼任，或者由新员工来担任，而有经验的员工被派去从事具体的开发工作。这种散乱的人力资源配置模式导致产品规划和立项的质量不高，以及在产品开发流程的概念和计划阶段的投入不够等问题。如果企业不是"想好了再做"，那么最终只能在产品开发后期不断进行修改，导致效率低下。

某食品成套设备行业的领头羊公司近两年遇到了不能准确把握客户需求，无法做好规划和立项的问题。此外，随着产品智能化水平的提升，产品涉及的技术领域越来越多，亟须把系统工程作为一个专职岗位来设置。这项工作职责长期以来"不明不白"，主要由研发高层、部门经理和骨干员工共同完成。在研发体系变革过程中，该企业充分认识到需求管理、产品规划和系统工程师这三个岗位的重要性。但在具体的组织调整过程中，最高层还是不能下定决心把研发骨干的工作前移，因为具体的产品和技术研发工作"更需要他们"。为了解决人力资源上的矛盾，该企业安排了大量新员工从事需求管理和产品规划工作，潜意识认为这些工作就是做调查、召集各部门开会、写文档、给领导汇报等。不到半年，这些经验不足的员工因为在需求管理、产品规划岗位上找不到感觉，纷纷要求回到研发一线，于是组织变革宣告失败。究其原因，还是创新型人才配置不合理。

组织设计要为战略与业务服务

苹果是目前世界上市值最高的公司，但按创始人乔布斯的说法，苹果始终是一个充满活力的创业型公司。海尔拥有员工8万多人，在前两年的内部改革中，被拆分为2000多个"自主经营体"，直接面向客户，为利润负责。华为全球员工总数达20多万，在运营商、企业网、终端、汽车、智能能源、云服务等领域协同作战。

这些企业如何把如此众多的知识工作者组织在一起为共同的目标而努力？有没有共同的逻辑和方法？相比于OR、MM、IPD和项目管理有着清晰逻辑的近乎"标准答案"的方法论和流程制度，组织结构设计的标准答案少了很多。苹果是一个典型的基于专业分工的职能制结构。根据苹果原CEO乔布斯的说法，苹果公司不设置任何委员会，虽然苹果的跨部门会议的运作方式与委员会类似。而华为和IBM、宝洁一样，是一个矩阵组织结构的坚定拥护者，公司内部存在若干纵横交错的矩阵，由跨部门团队为业务结果负责，同时设置了大量委员会进行集体决策，避免个人决策失误。

管理大师德鲁克说，管理是否有效最终要靠结果来检验。从结果来看，这些公司的组织运作都是有效的。那么，组织结构设计是否没有规律可循？是否不存在标准答案？

战略决定业务，业务决定流程，流程决定组织

战略管理大师迈克尔·波特认为，战略的本质是定位、取舍和配称。简单来说，战略就是要选择企业"做什么"和"不做什么"，然后研究该"怎么做"。一般来讲，企业确定了战略，也就确定了业务，以及与之匹配的业务模式。

每种业务及其业务模式都有自己的业务过程，即从客户需求开始，到交付产品和服务给客户，从而满足客户需求并实现企业自身价值和商业目标的端到端的过程，这个过程也叫作业务流。无论业务流是否被清晰地定义或描述出来，业务流都是客观存在的，是企业开展一切工作的基础。

流程是业务流的一种表现形式。实现同一种业务模式的业务流有很多种，但

总有一些能够更高效地满足客户需求和实现企业商业目标。正如条条大路通罗马，总有一条路是最近的。好的流程是基于大量的实践和经验的总结提炼，是对最合理、最高效的业务流的呈现。流程越符合最佳的业务流，就越顺畅。

流程决定组织，角色是流程和组织之间的纽带。流程是客观业务流的反映，因此好的流程应当看不到组织或部门。流程定义了一系列的活动，某一类活动的责任主体便是角色。流程设计明确了每个角色需要承担的活动、具备的能力。组织设计是把角色安排到组织架构中，也就是组织要承载流程中定义的角色及其职责。组织能力与流程越匹配，流程运作也就越顺畅和高效。

不同企业可能有相似的业务流程，但组织结构设计却相差很大。例如，有的企业把产品开发流程中的工业设计角色纳入市场部，有的纳入研发部，有的设置在独立于市场部和研发部以外的部门。存在这种现象的主要原因是角色和岗位职责的对应问题，不同企业把角色对应到了不同的岗位中。本书用角色而不用部门和岗位，是为了减少组织和流程之间的耦合，在组织变动或流程优化时，只需要把角色工作和岗位职责进行重新适配即可，无须调整流程。

需要强调的是，流程决定业务是一种思想、一种逻辑。企业在实践过程中，流程的演进和组织的演进往往是交织在一起的，没有绝对的先后顺序。

管理术语：角色和岗位

角色是针对要执行的流程活动的一组职责的抽象定义。一般来说，一个角色代表了一个领域，我们也把某个角色的工作称为某个域的工作，比如研发域、采购域。岗位是组织分工的最小单元。流程在设计与优化时要定义好角色，流程在运行时要明确岗位对角色的承接关系。

关于角色和岗位，需要特别强调以下几点。

（1）一个岗位可承载多个角色。在产品开发流程中根据职能把活动进行归类，有助于工作的分解和流程的阅读。但并非每个角色都要对应不同岗位，在一些小型开发团队中，一个岗位可能承载多个角色。例如，PDT经理同时兼任财务角色。

（2）一个角色可由多个岗位承担。在大型产品开发项目中，这种情况很常见。例如，硬件开发角色对应的工作，需要多个与硬件开发相关的岗位来承担。

（3）角色是分层的。如果一个角色的工作可再细分为子类，并且这些工作由不同岗位承担，则可设置二级角色，也就是PDT团队中的外围组，也叫扩展组。例如，市场角色可以进一步细分为需求管理、产品规划、市场策划、市场推广等角色。

（4）角色可以在组织外部。例如，在开放式创新模式下，客户、合作伙伴和供应商都可以是产品开发中的角色，他们不仅仅提供需求信息、原材料和零部件，还会直接参与产品开发。

（5）机器设备和信息系统通常不作为角色。

本书统一把角色对应到企业内部岗位。如果某些活动在组织外部完成，则用管理这个外部角色的内部岗位来对应。例如，供应商参与研发过程的活动可以被纳入采购角色。

总之，组织设计应该遵循以下步骤。

（1）确定公司战略选择。

（2）基于战略明确业务和商业模式，从而明确业务流。

（3）设计流程，包括流程中的各种角色及其活动和职责。

（4）开展组织设计以匹配流程，承接流程中的各种角色，并将其匹配到组织的岗位中。

（5）进行组织切换。

（6）持续培养人才。

用流程型组织解决分工和协作问题

产品和技术创新的组织设计必须解决两大问题：如何分工和如何协作，分工的目的是提高效率、积累组织能力，而协作的目的是要让组织高效地端到端满足客户需求。

"劳动分工"是现代经营管理之父法约尔（Fayol）提出的14条管理原则中的首条原则。大多数企业的流程设计和组织设计都是基于劳动分工理论。其中，两种典型的组织就是功能型组织和事业部型组织。功能型组织是以功能或专业为分工对象，按照流程活动的相似性，把企业划分成若干部门，如采购部、生产部、财务部等，各部门分别完成业务流程指派给本部门的任务，职能式组织就是典型的功能型组织。而事业部型组织是以产品、业务或地区为分工对象，把企业划分成若干事业部/子公司/团体，各个事业部/子公司/团体相互独立，拥有独立和完整的业务流程，各自独立经营。

分工理论的发展和实践为提高企业的经营效率、增强企业竞争力发挥了巨大作用，但同时也带来了大量的协作问题。

在功能型组织中，各部门往往只关注本部门的工作，致力于发展本领域的专业能力，相关协调工作主要由总经理、公司高层、各部门负责人完成。因此，部门之间的协作常常比较困难，很多企业都会遇到"各自为政""部门墙"等问题。即使各个部门都做好了自己的工作，最终目标也不一定会实现。这种组织类型适用于产品数量不多，或者产品不大变化的情形。

在事业部型组织中，各事业部/子公司独立运作，很容易出现"各自为战"的局面。一方面，各个事业部会争夺公司的资源，小事业部和新事业部往往不被重视，对公司的产品创新和未来整体发展非常不利。另一方面，各个事业部都有自己的职能/专业，这些职能/专业很难得到有效整合，事业部之间的资源无法充分共享，使资源的规模效应受到影响，无法发挥平台的作用，也不利于各职能和专业的能力建设。这种组织形式适用于对职能/专业能力依赖程度不高的企业。

流程型组织汲取了功能型组织和事业部型组织的优势，并弥补了两者在协作上的缺陷，更好地平衡了业务发展和能力建设。流程型组织是一种以流程为主干、以职能服务为支撑的扁平化组织形式，其核心思想是基于流程而非专业分工来设计组织，也就是基于工作任务来分配组织中的权利、资源和责任。流程型组织主要由三部分构成：横向的跨部门团队、纵向的职能/专业部门、流程责任人。流程型组织好比一座大桥，执行流程的跨部门团队是横向的大桥本身，它立足于产出，端到端地满足客户需求，完成面向客户价值和企业商业目标的交付。职能或专业部门是桥墩，起支撑作用，为流程团队提供技术、共用模块、人才等资源支持。需要注意的是，桥头堡部门既是流程负责人，也是资源部门。流程负责人就是桥头堡，对所负责的流程运行结果承担责任。流程型组织示意图如图7-1所示。

流程型组织的结构是一种由流程维和职能/专业维交叉组成的多维结构，其中，流程维是主导，职能/专业维是支撑。这种结构并非否定或弱化职能/专业管理，而是强调职能/专业对流程的支撑作用。职能/专业的知识和技术等是组织能力最重要的组成部分，只是从管控、直接从事业务变成了支撑和服务平台。在流程型组织中，横向的跨部门团队直接面向服务对象、解决跨部门协作问题，纵向的部门解决专业能力问题。企业的产品要想做强，则需要纵向和横向都强。

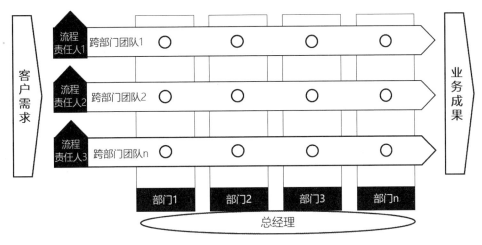

图7-1　流程型组织示意图

用矩阵组织支撑跨部门流程

对于创新和研发工作来说，流程型组织是一种可选的组织形式。创新和研发工作具有不确定性和非重复性，其最终目标的完成高度依赖于不同部门和角色之间的协作，做什么和如何做是在充分沟通、相互协调、相互配合的过程中完成的。同时，创新和研发工作对职能和专业部门的要求很高，尤其是技术专业部门。例如，对共用模块的应用就需要专业部门具有很强的平台化能力。当有了跨部门流程和跨部门团队后，部门和岗位还需要具备流程所要求的能力和资源，才能让跨部门团队有效运作起来。

在产品管理、需求管理、产品规划和研发过程中，大部分工作都是以团队形式开展的，需要各个领域参与。各领域能力建设和团队之间的这种交叉就形成一种二维和多维关系。企业如果要在能力建设和业务之间取得平衡，流程型组织是最佳的选择。

流程型组织是矩阵组织和网络组织的一种表现形式。关于矩阵组织、流程型组织、网络型组织这几个概念的细致研究和区分，不在本书讨论范围之内，我们把它们都看作是与基于职能分工的科层组织相对应的一种基于某种业务对象的组织方式，通常这些业务对象是来自外部的。矩阵组织建立在两个或多个维度之上，一个维度通常是职能；另一个维度是产品、技术、客户、市场或地域等业务维度，与某种流程相对应。IPD体系中的矩阵组织的维度主要是流程维和职能/专业维。矩阵组织主要有3种形式：弱矩阵、平衡矩阵、强矩阵（也叫重量级团队）。其中平衡矩阵是一种不稳定的矩阵，也比较容易理解，本书不做赘述。弱矩阵、强矩阵的示意图如图7-2所示。

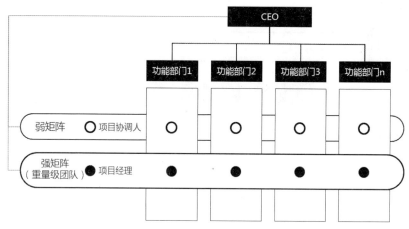

图7-2　弱矩阵和强矩阵示意图

💡 弱矩阵

流程的具体活动仍然由各部门完成，但设立特定部门、岗位或指定特定员工负责管理和协调跨部门流程中的活动。专职或兼职的协调人往往被称为产品经理、项目经理、项目负责人、项目助理、技术经理等。协调人往往被要求对最终的流程结果负责，但对参与流程的员工没有考核权。企业可能会成立一个名义上的项目团队，团队成员往往由各部门的人员兼职，职能部门对团队成员仍具有管理权。这种以专业分工为主导的矩阵式协作方式常常被称为弱矩阵。在这种方式下，跨部门的整合能力有所提升，但项目的大部分决策权还是在功能部门。弱矩阵一般适用于那些相对比较简单、不太需要大量沟通和协调工作的项目。

💡 强矩阵（重量级团队）

强矩阵也叫"重度矩阵"或"重量级团队"，即针对每个流程，设立正式的跨部门团队，由跨部门团队全权负责跨部门流程的运作，对结果承担责任。团队成员大都是从部门抽调出来"专职专干"，项目结束后再回到原部门。项目期间，团队领导者对团队成员的管辖权大于部门经理，并且对团队成员拥有主要考核权。

由于创新往往涉及供应商、客户等合作伙伴，常常还包括组织外的成员，所以这个团队还可能是跨组织的。因为绝大多数研发工作以项目方式开展，对结果承担责任的跨部门团队同时也是项目团队。这种方式与前一种方式的本质区别是项目责任和权力的转移，在这种方式下，项目的责任和权力转移到跨部门团队，功能部门的角色是提供资源，并支撑跨部门流程和项目的运作。强矩阵适用于复杂或全新的创新项目，这些项目的成功依赖于大量的沟通和协调，并且项目成员在项目上的投入很高。

强矩阵是IPD体系的主要组织形式。如果公司既想通过功能部门积累各种专业能力，为多种产品和项目提供支撑，从而发挥公司规模优势，又想发挥小公司灵活、快速响应市场的优势（大公司同时面临着来自小公司的竞争），强矩阵的组织方式可以说是唯一的选择。很多企业的IPD流程运作没有达到理想的效果，就在于没有把组织建设的重点放在跨部门团队和强矩阵组织打造上，而只是机械地把流程中的活动纳入功能部门。

强矩阵组织运作方式和传统的职能式或事业部式组织有很大区别。在强矩阵模式下，企业以项目方式运作跨部门流程，而不再由功能部门分段式运作项目。虽然绝大多数具体工作还是由各个功能部门来承担，但功能部门已经"蜕变"为支撑和服务部门，功能部门的员工一旦进入跨部门团队，就必须接受团队领导者的管理和考核，对团队目标负责。在这种架构下，横向的基于流程运作的产品线或项目组是作战单元，在内部代表了客户；纵向的功能部门是资源保障和服务部门，是内部供应商。横向的任务是满足客户需求，纵向的任务是满足横向的需求。

如何运作强矩阵组织方式（重量级团队）

强矩阵组织方式实质上是，在企业内部按照计划机制运作的同时，把外部市场机制引入企业内部，让企业内部功能部门通过支撑跨部门流程和团队，感受外部竞争压力。在强矩阵结构下，正式的汇报和责任关系由单向变成双向或多向，"一仆难事二主"常常是很多矩阵组织成员的心声，对纵向和横向都提出了非常不同的管理要求。这种机制的良好运作需要有以下几种转变。

（1）必须深刻认识到如果企业要达成多重目标，组织也必须是多重和复杂的。很多企业试图继续用简单的基于专业分工的职能组织结构面对复杂的外部环境，既想在多个产品领域取胜，又想积累专业能力和发挥规模优势。这些目标的实现必须有对应的组织设计，经过精心设计的矩阵结构就是为了让企业在多重目标之间取得动态均衡，最终让企业内部的分工和合作结构更加清晰，让员工清楚自己的职责范围，以及如何与周边部门和外部合作。

（2）纵向授权转变为横向和纵向授权并重。大多数企业通过专业分工进行纵向授权，副总经理和总监拥有某个领域（比如营销、研发、财务……）的责任和权限，总经理负责协调各部门，对结果负责。在强矩阵组织结构下，增强了横向授权，由横向责任人对产品和项目的最终表现承担责任，功能部门提供资源。最高层的任务是制定战略规划，并根据战略目标的需要协调管理好纵向和横向两条线的运作。

（3）人力资源配置向横向倾斜，尤其在强矩阵结构引入初期。仅仅对横向组织放权和授权是不够的，还必须在横向上配备合格的人力资源，否则难以"打通"各个纵向部门。横向组织的地位没有强化前，这个角色实际上是由总经理或功能部门的高层管理者兼任。没有合格的人才往往是企业拒绝或延迟采取强矩阵结构的理由，但是只有在强矩阵下才能快速培养出能够对产品最终市场表现承担责任的综合型人才。这是个"先有鸡还是先有蛋"的问题，我们的观点是只有在实践中才能培养出合格的综合型人才，责任承担可以让人快速成长。在这个过程中，企业要勇于承担风险。企业可以通过在岗培训、实战和反馈，快速培养能够承担横向责任的综合型人才，通过责任和风险承担让人才快速成长。

（4）横向组织和纵向组织都要基于计划开展工作，而不是行政命令。横向组织和纵向组织的冲突往往表现为资源冲突，横向组织没有事先提出正式要求，功能部门没有做好充分准备。要解决这些问题，横向组织的产品和项目团队要做好产品战略和规划、项目计划，在这个基础上纵向功能部门为横向组织配置资源。纵向功能部门内部的长中短期规划要围绕产品战略和规划进行，避免"临时抱佛脚"。

（5）纵向职能部门必须转变工作方式，侧重向横向团队提供资源和支撑。IPD模式下的强矩阵组织模式，通过跨部门团队来运作跨部门流程，功能部门转变为对跨部门团队提供支撑，如图7-3所示。在这种组织模式下，功能部门的职责更加聚焦和清晰。需要注意的是，承担流程负责人的部门既要对端到端流程的结果负责，还要对本领域的能力成长负责。

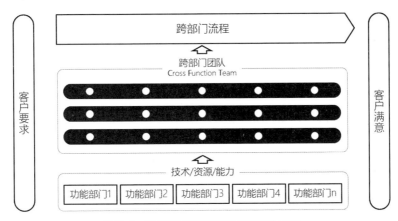

图7-3 跨部门流程需要跨部门团队支撑

各个功能部门必须深刻认识到其工作性质已经发生了转变。功能部门不是"配合"研发和市场进行产品开发、产品管理工作,而是已经成为跨部门团队的一个同等重要的有机组成部分。当资源发生冲突时,以前把本部门工作视为"本职工作",其他视为"协助工作",自然优先保障部门内工作。在基于专业的分工体制下,各部门对直接上级负责,上级代表了组织和客户的需求。在新强矩阵模式(重量级团队)下,功能部门的核心工作之一是为横向产品线与团队提供资源和支持,在发生资源冲突时,要根据承诺保障横向工作,并且工作质量要由横向团队来评价。

功能部门"本职工作"并非不重要,而是要把这些工作纳入横向端到端的、为客户创造价值的工作中去检验,据此可以将功能部门的工作分为以下三大类。

➤ 新产品开发中涉及本部门的研发工作。

➤ 有关现有已上市产品的工作(很多"本职工作"集中在此)。

➤ 本部门的内部能力和资源建设工作,包括本领域技术研发工作、人才培养等。

在IPD架构下,前面两类可纳入端到端的大IPD流程,第三类工作是对前两类工作的支撑。有了这样的明确分工和定位,当发生资源冲突时,孰重孰轻就一目了然了。

需要特别强调的是,在具体的组织设计中(尤其在横向产品线管理没有成为一个正式组织前),功能部门极有可能同时承担两方面的角色,一个是某种专业能力的提供者,另一个是端到端流程的责任部门。例如,研发部门不仅要构建专业技术能力,还要对产品开发的最终结果负责。作为端到端产品开发流程的责任部门，需要跨部门团队支撑，在这种情况下，研发部门同时承担了部分产品管理职能。这点需要在全公司内部达成共识：其他部门表面上支持的是研发部门，实质上是在支持为客户创造价值的跨部门团队和端到端流程。如果全公司都有这样的"思想觉悟"，即便整体上是基于专业分工的职能制组织方式，也可以在IPD核心思想指导下运作跨部门流程，尤其是在公司产品数量不多、相互间关联性非常强时。

（6）建立匹配的研发绩效管理制度，保证强矩阵组织的有效落实。很多企业虽然建立了强矩阵组织，但是却有形无实，团队成员仍然是按照弱矩阵甚至是职能式的模式在开展工作，其中一个很重要的原因就是企业缺乏合理的研发绩效管理制度，没有赋予跨部门团队领导适当的绩效管理权限，尤其是对团队成员的绩效考核权。传统职能式组织或弱矩阵中成员的绩效由部门领导评定，这导致团队成员的部门和岗位意识占据主导。在强矩阵式组织中，职能部门领导和跨部门团队领导都拥有对团队成员的一部分考核权。那么如何对考核权进行分配呢？一种方法是从纵向和横向上设置不同的考核比例，这种看起来"科学"的方法，缺点是很难设置出一个合适的比例，另外会因为有了比例，相关人员之间的沟通就少了，把绩效评价变成打分游戏。另一种方法是设置建议权和否决权，考核仍由职能部门领导（或跨部门团队领导）评定，但是跨部门团队领导（或职能部门领导）具有建议权或否决权。无论是按比例分配还是设置建议权和否决权，最关键的是跨部门团队、职能部门和团队成员三方要理解考核方案、建立沟通机制。

组织变革和业务流程变革相互促进

要构建理想的强矩阵组织，企业往往需要进行组织设计，有时候甚至需要展开组织变革活动。IPD体系的导入过程，本质上是一个变革过程，同时涉及流程和组织的变革。流程变革关注如何开展业务，才能更好地满足客户需求和达成公司目标。从创新角度看，新业务流程的引入就是运营创新，也就是用新的方式和方法来满足客户需求。

而组织变革则关注如何进行人员的分工与合作，如何配置人力资源，以更好地支撑业务的开展。从理论上讲，组织变革要服务于业务流程创新的需要，主要工作包括组织总体框架设计、部门和团队设置、岗位职责设计、任职资质体系设计、绩效管理和激励机制等。从广义上讲，人力资源管理也属于组织设计的内容。

第7章 构建双元驱动型组织

流程和组织变革都是为了实现公司战略目标。例如，如果要把产品的独特使用体验作为公司目标，业务流程设计上必须把UCD（以用户为中心的设计）作为一个重要业务流程来建设，在角色定义、流程框架设计和活动定义上都要充分体现这些活动的重要性。同时，在组织设计上，要把UCD作为一项重要的组织能力来建设，凸显与UCD相关的部门和岗位的重要性，为其配备行业最优秀的人才，并在激励政策上体现出来。

在变革实践中，企业经常遇到的问题是如何处理流程变革和组织变革的顺序关系，其实质是流程适应组织还是组织适应流程。两种方法各有优劣，如表7-1所示。流程作为一种做事和协作方式，其本身具有一定的客观性，其目的是完成业务目标，从这点看，组织设计应当适配流程的要求。但是在具体操作过程中，企业不太可能等流程完全确定后再开始考虑组织和人的匹配。因此，组织和流程的变革是交替进行的。

表7-1 变革顺序的优劣对比

变革顺序	优点	缺点
先流程后组织	• 基于业务要求而非现有组织能力构建流程 • 为组织设计提出明确要求，牵引组织能力提升方向	• 员工不理解流程 • 如果组织能力无法支撑流程中的活动，短期内会影响业务开展
先组织后流程	• 流程中的活动基于组织能力，组织和流程适配度高 • 参与流程建设的人员在投入方面具有更强的主动性	• 组织设计时不能全面考虑流程要求，尤其跨部门协作要求 • 可能造成流程的集成度不够高

在实践中，我们的经验是把两种方法结合起来。在明确公司战略目标后，首先制订业务流程框架，也就是进行流程的总体设计，在这个基础上进行组织结构的框架设计，然后再交替进行流程和组织的详细设计。

考虑到组织结构的重大调整往往会伤筋动骨，给业务带来较大影响，我们并不建议同时进行大范围的流程和组织调整。实践证明，最好的策略是在现有组织框架下，让员工先通过培训、参与流程设计、沙盘、试点等活动深入理解新流程，尤其是流程背后的原理和方法论，在思想上认同新业务流程后，再进行较大范围的组织变革，以降低变革失败的风险。

双元驱动：打造跨部门团队，建设资源池

业务价值、业务流程和业务能力是流程型组织的三大要素。这也构成了流程型组织的Y模型（见图7-4），其中业务流程承载了业务价值和业务能力，流程建设是流程责任人的核心工作。业务价值和业务能力是描述业务的两个维度，也是IPD体系中矩阵组织的两个维度的基础。业务价值创造围绕价值产出开展端到端的业务活动，是横向跨部门团队的核心工作。业务能力建设是完成流程活动所需要的人力、技术等资源的综合，代表了企业为客户创造价值和达成目标的能力，是纵向职能/专业部门的核心工作，也被称为资源池建设。

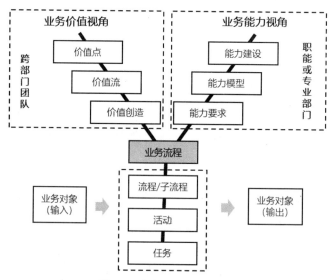

图7-4　流程型组织的Y模型

横向的跨部门团队和纵向的资源池是矩阵组织的"两条腿"。要支撑矩阵组织的运作，横向的跨部门团队建设和纵向的资源池建设都是必不可少的。跨部门团队主要是围绕跨部门流程的产出开展工作，旨在满足客户需求和实现企业商业目标，是直接面向外部客户需求的主要"作战部队"，在被充分授权情况下根据一定方法和流程开展工作，在有足够后台能力支撑情况下形成区别于"游击队"的"特种部队"。资源池是支撑跨部门团队运作所需求的技术、人才等资源库。

打造横向跨部门团队，高效交付产品或服务

跨部门流程从表面上看是解决产品开发中部门工作的衔接问题，但是研发工作的跨领域和必须频繁沟通等特点决定了团队建设和流程建设同等重要。跨部门团队作为专业部门和跨部门流程之间的纽带，是IPD体系成功运作的关键。跨部门团队与职能部门的设置和建设一样，都属于能力建设，并最终服务于业务。IPD体系中的跨部门团队可以分为三类，包括决策类、规划类和执行类，其通用组织架构如图7-5所示。

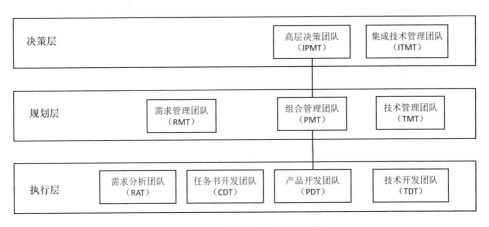

图7-5　IPD跨部门团队通用架构

企业可以参照通用架构设置自己的IPD组织架构。如果企业规模较小，部分跨部门团队可以合并。例如，集成技术管理团队（ITMT）可以并入IPMT中，需求管理团队（RMT）、需求分析团队（RAT）、负责技术规划的技术管理团队（TMT）和负责立项的任务书开发团队（CDT）可以并入组合管理团队（PMT）。如果企业规模比较大，公司的层级比较多，跨部门团队的层次可以增加，分为公司层、产品线层、子产品线层等，每个层次都可设置上面3个类型的跨部门团队。

无论哪种类型和哪个层级的跨部门团队，都具有双重属性：团队成员在跨部门团队中代表功能部门，在功能部门中代表"客户"。从跨部门流程的角度，团队成员就是业务和部门之间的衔接点或"中枢"。

在IPD体系中，最重要和最基础的跨部门团队是高层决策团队、组合管理团队和开发团队，其他团队都可以看作是在这3个团队基础上的延展。本节将重点介绍这3个团队，其在组织中的位置如图7-6所示。

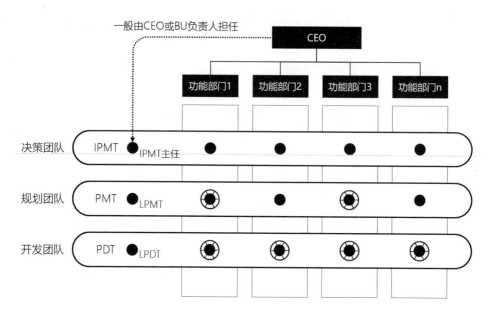

图7-6　IPD体系中3种典型的跨部门团队

💡 打造决策团队

产品开发过程需要公司或产品线决策层的参与。高层参与或多或少都会影响产品开发的效率和结果,所以一个好的体系必须对高层如何介入产品开发过程做出明确的规定。

IPD体系中高层在产品开发中承担的角色是商业决策,决策方式是集体决策,最好达成集体共识。如果高层同时在技术方面具备相应的评审能力,可以在技术评审过程中发挥作用,把两者进行清晰划分,从而有助于不同的角色各司其职。

IPD体系中的高层决策团队(IPMT)是一个集成组合管理团队。它是一个由各领域高层组成的正式的跨部门团队,根据其决策层级的不同,可分为公司级、产品线级、子产品线级等。IPMT主任由该业务层级的第一责任人承担,成员由各个职能领域高层组成,必须涵盖7大功能领域——财务、质量、研发、售后、采购、制造、营销,并可根据决策会议的需要增加成员。各个层级的IPMT都承担着以下共同职责。

(1)确定价值观、使命、愿景、目标和战略路径。

(2)审批中长期战略规划、年度业务计划、预算和产品路标规划等。

(3)确保各领域规划与整体业务计划保持一致。

（4）确定市场、产品和资源的投资优先级。

（5）负责MM、CDP和IPD等流程中的决策评审和重大变更审批。

（6）管理各领域资源建设，为跨部门团队提供合理的资源。

（7）对跨部门团队的绩效表现进行管理。

IPMT的打造是IPD体系成功运作的最重要因素。IPMT成员既是资源建设的责任人，同时又是业务成果的责任人，在PMT和PDT运作中产生的大部分问题都可以在IPMT中找到缩影，某种程度上可以说规划团队和执行团队中的问题是IPMT团队问题的映射。例如，PDT的成功运作特别强调跨职能领域的合作，PDT成员在IPMT中都有其对应的直接或间接上级，如果IPMT团队成员不能在跨部门合作上做出表率，高层之间"相互拆台"，那么PDT团队内部的合作效果将大打折扣。

IPMT在行使决策权的同时，必须深知其权力基础是在规划和研发过程中解决本领域问题，必须从各个方面对PMT和PDT提供支持如图7-7所示。同时，IPMT作为一个跨部门高层团队，其成员在进行产品方面的决策时，必须超越本领域，从业务和公司角度审视产品线和产品包业务计划。

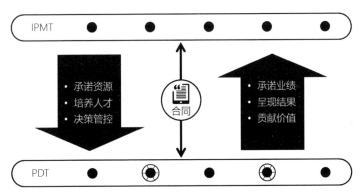

图7-7 IPMT团队和PDT团队的契约关系

IPMT的业务决策主要通过规划和研发过程中的DCP会议（决策评审会议）进行。这些会议的会前准备、会中控制和会后跟踪质量决定了决策评审的质量。

华为实践：IPMT成员的共同行为准则

华为非常重视IPMT会议，制定了规范的决策评审流程，并严格要求高层以身作则，为PDT和PMT团队树立榜样。有华为高层评价称："回顾整个IPD项目，IBM顾问主要教会了我们如何开会！"

以下为2012年版IPMT和IRB（Investment Review Board，投资评审委员会）的共同行为准则。

（1）把话放到桌面上。公开、坦诚地面对问题，并展开讨论。

（2）永远尊重并正直地对待彼此。尊重彼此的职业素质；讨论中以事实为依据，对事不对人。

（3）倡导团队协作。在树立团队精神方面高层要起表率作用，鼓励下属积极进行跨部门、跨界限的沟通与协作。

（4）一个声音说话。遵守"内阁原则"，永远只在团队内部解决不同意见。团队做出的决定就是团队每一成员的决定，应坚决贯彻落实。

（5）恪守团队承诺。恪守对团队/成员的承诺，尊重最后的期限，只承诺能够交付的，保守秘密。

（6）做到准备、在场、参与的一贯性。要预先阅读材料，永远有备而来，准时参与并遵从日程；积极参与讨论，主动发表观点，充分分享信息，及时回应团队成员的发言；利用好时间并能做决定。

（7）鼓励不同的观点。既要独立思考又要善于妥协；要善于倾听团队成员的发言，具有同理心，能够听出发言人的内心感受；日常团队成员间多利用非正式的沟通方式加强协商。

IPMT一旦做出立项决策，各领域就等同于对项目的开展做出了资源承诺，各成员要密切关注本领域资源能否支撑相应的业务，在日常工作中做好资源准备。

作为一个常设虚拟组织，IPMT需要秘书机构或岗位作为支撑。秘书机构可设置在总裁办、企业管理、市场营销、研发管理或变革管理部门。IPMT秘书要有很强的流程和规范意识、丰富的变革管理经验，敢于在IPMT成员违反规则时站出来坚决制止，为IPD变革树立榜样。

打造跨部门规划团队PMT

战略规划和产品规划工作的开展，一般有以下四种情况。

（1）最高层亲自做规划：最高层亲自确定公司方向、战略、市场和产品规划，甚至亲自做各职能领域规划，然后由各部门和员工执行。

（2）高层团队做规划：老板和高层团队一起制定战略，确定方向，进行产品规划。

（3）规划部门做规划：公司成立企划部、战略规划部、产品规划部等部门负责制定规划,由专人做调研和分析工作,规划成为一种职能。各部门也可能成立专职规划部门从事规划工作,比如技术规划、人力资源规划、生产规划等。规划报高层审批后执行。部门规划主要由各分管领导完成,高层团队为多样规则提供协调和支持。

(4)跨部门团队做规划:规划部门牵头成立正式的跨部门PMT,以团队方式运作规划流程,各部门同时完成部门规划,确保各部门规划之间的相互支撑和匹配。规划报高层审批后执行。

以上规划主体的优劣、适用场合和优化方向的对比如表7-2所示。

表7-2 不同规划主体的优劣、适用场合和优化方向的对比

规划主体	优点	缺点	适用场合	优化方向
最高层	决策和执行快;成本低	受限于最高层个人能力	初创公司、小公司;老板业务能力强	多方征求意见
高层团队	利于发挥团队力量;方案更加完善	难以发挥中基层在规划中的作用;不利于规划领域专业能力建设	一定规模公司;高层团队能力强	调动中基层积极参与;构建规划能力
规划部门	专业化分工,将规划作为一项职能进行发展	规划部门和其他部门间易产生"部门墙";资源重复建设;规划执行率低	公司规模大;业务复杂	规划部门主动与其他部门合作,凝聚共识;跨部门团队运作
跨部门团队	各层级规划相互支撑和匹配;发挥团队力量	沟通成本高,效率可能降低;"多头领导"带来员工不适	复杂的产品和服务快速变化的市场和产品	加强公司规划能力建设;加强各个业务单元和专业的规划能力建设

无论企业采用哪种组织方式做规划,都可以引入MM方法论。例如,如果企业处于"老板拍脑袋说了算"的阶段,老板本人在进行规划时,也可以参照MM方法论,先确定战略目标,再进行市场和需求分析,然后进行产品和能力规划,并充分考虑自身能力建设,以提高规划质量。但是,对于大部分企业而言,我们建议由正式的跨部门团队按MM方法论做规划。MM方法论为组织内部各种规划提

供了统一的方法论,让各领域规划瞄准客户需求的同时实现战略目标,进而降低沟通和协调成本。

PMT是负责规划和产品定义的跨部门团队,一般由规划部门负责人/骨干员工担任团队经理,各个相关功能领域派代表参加,形成跨部门团队完成规划工作。PMT是一个参谋团队,并没有最终决策权,主要参照MM方法论开展工作。PMT通常负责以下职责。

一是形成公司或产品线的使命、愿景、目标和战略。

二是制订、管理和维护长期战略规划(SP)和业务计划(BP)。

三是制定、管理和维护产品路标规划。

四是制定项目任务书。

五是参与制定、管理和维护技术与平台规划,确保其与产品规划保持一致。

六是组织开展支撑以上工作的专项工作。PMT是分层的,可分为公司级、分/子公司级、业务单元或产品线级等。PMT团队成员组成和规划的覆盖面相关,完整的规划需要所有功能部门规划的支撑和匹配,所以,理论上所有功能部门都应有代表参加PMT。狭义的产品规划必须包括三个角色:财务、市场、研发。

华为实践:PMT的构成

华为PMT的角色构成,充分体现了在利用MM流程做规划时,需要各领域代表充分参与,否则就难以实现各领域之间的协调和匹配。华为公司级PMT的构成如下。

(1)PMT主任。

(2)业务规划。

(3)市场分析。

(4)需求管理。

(5)解决方案PMT代表或解决方案管理。

(6)产品线PMT代表或产品族代表。

(7)大客户市场代表。

(8)区域市场代表。

(9)国内/国外销售部代表。

(10)渠道/联盟/合作。

(11)品牌管理。

（12）预测。

（13）定价。

（14）技术规划。

（15）预算／损益。

（16）技术服务。

（17）订单履行／制造／采购。

（18）HR（人力资源）。

（19）运作管理。

（20）执行秘书。

在华为，公司层面和产品线层面的PMT角色组成基本相同。

企业在引入IPD体系的早期，或者企业规模不大时，往往缺乏产品规划和产品定义方面的专业人才，这时可以把规划职能同时也纳入PDT核心组，待条件成熟时再成立正式的PMT跨部门团队。

在企业规划能力和PMT的建设上，可以把技术和平台规划、需求管理、产品规划、产品定义等耦合度非常高的工作全部纳入PMT，有重点地展开。随着业务的发展，有了相应专业人才准备后，再成立相应的专业职能部门和跨部门团队。

打造跨部门产品开发团队

PMT做好产品规划和产品定义，经过IPMT审核通过后，就由PDT团队来执行产品开发工作。PDT是一个对产品的市场和财务成功负责的跨部门团队，其工作起始于项目任务书，终止于GA。为了提高产品研发效率，减少跨部门团队的磨合时间，企业要根据产品种类或系列而不是单个项目来组建PDT，让PDT团队的核心成员保持相对稳定，同时负责多个相互关联的产品开发项目。这种关联体现在产品针对相同或类似的市场，并且基于相同或类似的平台和技术。

这样做的好处在于稳定的跨部门PDT团队可以长期关注产品的表现，不断对产品进行升级换代，也有助于对PDT团队实施基于市场最终表现的绩效衡量和考核。

PDT通常负责以下职责。

（1）根据项目任务书的要求实施产品开发，对产品的市场和财务成功负责。

（2）形成并维护O/SBP，报IPMT进行决策，评审通过后实施。

（3）组织产品的TR，确保满足客户需求。

（4）管理PDT团队负责的多个产品开发项目。

（5）管理每个产品开发项目中各个领域的子项目。

（6）考核PDT核心组成员。

（7）根据IPD产品开发流程、需求管理流程等开展工作。

在IPD体系中，特别强调PDT必须是一个完整的跨部门团队。一般来说，PDT团队包括LPDT（产品开发团队经理）和7大领域（质量、财务、市场、研发、采购、制造、服务），这8个角色构成PDT的核心组。对于小型和初创型公司而言，PDT核心组一人承担多个角色是常见的，但对于中大型公司，最好对这些必要的角色进行单独配置和专职化，并由相应的职能部门来承担。

对于不同行业和不同种类的产品开发，以及承担不同工作范围的PDT，PDT的整体规模具有很大的差异，主要体现在每个角色背后的扩展组上。PDT中的8个核心组成员均可以有扩展组成员，如表7-3所示。

表7-3　PDT中的8个核心组成员及其扩展组

核心组	扩展组成员举例
产品开发团队经理	项目助理，单项目经理（版本经理）
财务代表	目标成本、费用管理、财务和盈利分析
产品质量代表	XQA，X指所有领域
市场代表	销售管理、产品推广、产品规划、需求管理、商业模式、定价、渠道、零售、专卖店
研发代表	SE、UCD、ID、结构、软件、硬件、测试、资料、PDM（Product Data Management，产品数据管理）、专利和知识产权
采购代表	新物料认证、供应商管理、采购计划、采购操作
制造代表	工艺、试制、工装夹具、生产设备、生产管理、订单履行
服务代表	备品备件、客户培训、售后服务、服务点管理、呼叫中心、服务产品化

PDT内部的组织架构呈"金字塔"形，顶端是LPDT，中间是7大领域的核心组成员，下层是扩展组成员跨部门产品开发团队PDT的结构示意图如图7-8所示。

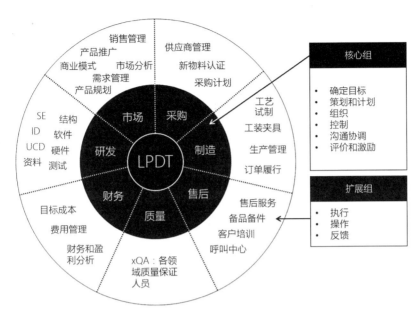

图7-8 跨部门产品开发团队PDT的典型结构

在产品开发项目中，扩展组成员向7大领域的核心组成员汇报，后者向LPDT汇报。当PDT同时开展多个产品开发项目时，LPDT和7大领域的核心组成员要对多个项目的运作（项目群）负责。对于单个产品开发项目，可在PDT内部设置单项目经理，很多企业也叫版本经理。

对于汽车、飞机、电信设备等复杂产品的研发，其内部团队构成也是复杂的。除公司内部团队数量多、规模大外，因为很多零部件的制造采取ODM和OEM模式，团队还包含了客户、合作伙伴、供应商等组织外的成员。

总体来说，PDT的设置需要遵守以下原则。

（1）根据企业内部的产品类别或产品的细分市场，而不是产品型号或版本来设置PDT。

（2）如果企业内多个产品构成解决方案，可设置解决方案开发团队（Solution Devolvement Team，SDT）。SDT中可以包含若干PDT。

（3）有合格的LPDT和核心组成员。

对于最后一点，要重点说明。要使PDT真正对产品的财务和市场成功负责，最关键的是要有合格的LPDT和有能力代表各领域的核心组成员，这也是企业在设置PDT团队时需要重点考虑的因素。在初创型或小型企业，总经理实质上就是LPDT，各个职能部门经理就是7个领域的PDT核心组成员，其他员工就是扩展组成员。在IPD体系实施初期,要让总经理和各个职能部门经理组成一个合格的PDT,并在其基础上衍生更多的PDT。所以,在IPD试点项目中,要让总经理和各个职能部门经理有机会深入参与和理解PDT的运作,一个可行的办法是由他们构成PDT来运作一个试点项目。

建设资源池,提升专业能力

很多企业构建了IPD流程,并打造了跨部门团队,但在实际运作中却发现,团队成员无法胜任流程中的角色和岗位,例如,各领域代表的管理和专业能力不达标,把"代表"做成了"接口人"。然后企业就简单地将原因归咎于这些人的能力不足,要求职能/专业部门换人,然而发现换来的人还是不行,于是开始质疑IPD流程和跨部门团队是否不适合自己的企业。

实际上,这背后的原因在于企业没有做好纵向的资源池建设,缺乏专业技术积累和相关人才来支撑跨部门团队运作。尤其是在IPD团队运作初期,企业没有那么多合格的人才,大量成员都是"跑步上岗",职位变更或提升了但能力却没有提升。在这种情况下,领域代表等团队成员就会变成"接口人",事事请示职能主管或专业主管,很难在项目中及时做出该领域相关的决策和解决问题。最终项目运作就变成了项目经理跟"接口人"对话,而"调兵遣将"及进行决策又回到了部门主管。

跨部门团队中成员工作的高效开展依赖于其所在部门的资源支持。因此,企业必须强化纵向资源池的建设。资源池建设职责在各个职能管理部门,主要工作包括体系建设、人才培养、专业能力建设、专业技术发展和积累等。

为跨部门团队提供合适的人才是资源池建设的核心。IPD体系中最核心的角色包括IPMT、产品经理(一般也是市场领域代表)、LPDT、各领域代表、SE、产品质量保证。其中,各领域代表包括市场代表、研发代表、财务代表、质量代表、制造代表、售后代表、采购代表。企业可能根据自身行业特点增加或减少领域代表角色。例如,商用飞机开发团队可以增设构型管理代表和适航代表等。这些岗位往往需要复合型人才,既要具有专业技术能力,也要具备沟通协调等管理技能。职能和专业部门要重点围绕这些角色开展人才培养和能力提升工作,形成人才梯队和领域代表能力基线。需要注意的是,其他角色(如PDT团队扩展组成员)的能力建设也不可忽视。

具体来看，企业需要识别这些角色的能力要求，然后制订并实施培养计划，培养重点在于高质量完成关键活动。在能力识别方面，要强调"仗怎么打，兵怎么练"，要识别角色相关干系人，明确干系人对该角色的期望和要求。企业可以利用同心圆模型，按照"角色—职能—关键业务活动—核心能力提升"的逻辑，梳理角色的关键能力。角色关键能力同心圆模型如图7-9所示。

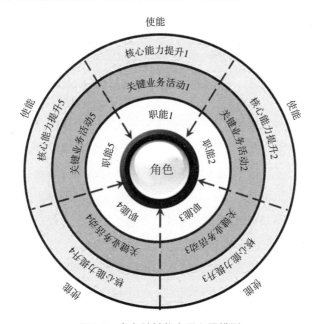

图7-9　角色关键能力同心圆模型

在角色的能力培养方面，应强调"在实战中学习"。企业可以参照"721学习法则"（也称"3E模型"）对角色进行培养，该法则融合了实践、曝光、教育等多种方式。同时，要像管理业务一样管理人才培养，将培训项目化运作，实现培训效果的最大化。

管理术语：721学习法则/3E模型

"721学习法则"也被称为"3E模型"，由普林斯顿大学的摩根·迈克尔和他的同事提出，目前已成为很多公司培养人才的法则。"721学习法则"的含义如下。

70%的学习成效来自实践（Experience），包括实习/行动计划制订、导师辅导、述职、项目实践等"干中学"。

20%的学习成效来自曝光（Exposure），包括基于案例的小组研讨、虚拟的流程演练、总结和曝光发表、辩论赛、专家&主管座谈答疑等。

10%的学习成效来自教育（Education），包括读书、各种培训、线上学习与考试、线下授课及课堂考试等。

综上所述，70%的学习效果主要来源于实践。另外，虽然教育只占10%，但却非常重要，是其他培训活动的基础，不可忽视。

需求管理需要团队作战

无论从外部的客户需求的8个维度（$APPEAL）和标准/约束着，还是从DFX看，需求都与企业各领域的工作密切相关。事实上，企业所有工作都应围绕需求展开，成为一部"需求加工机"，所以需求工作一定是跨部门的。

需求管理是一项日常工作，需要有特定的部门或岗位来承担，把跨部门需求工作协同起来。在组织形式上，市场调研与分析、需求管理、产品规划等职能密切相关，为了减少不必要的跨部门沟通和协调，可统一管理。对于规模不大或产品形式比较单一的公司，这些工作可由一个岗位来承担。

为了让端到端需求管理流程落地，必须把流程中涉及各领域的工作转化为相关职能部门的本职工作，并纳入绩效考核，而不仅仅是协助需求管理部门开展工作。与产品规划和产品开发一样，以团队运作方式来强化需求管理是非常值得推荐的做法。需求管理跨部门团队是为产品规划服务的，可以认为是PMT的子集。所以对于规模不大或产品形式较为单一的公司，正如规划与需求角色可由同一个人承担一样，规划团队和需求管理团队也可以合并。

需求管理业务中的两个核心团队是需求管理团队（Requirement Management Team，RMT）和需求分析团队（Requirement Analysis Team，RAT）。

RMT负责本领域端到端产品包需求的管理，重点是需求的决策，其决策的主要依据是需求对客户的价值和对企业的商业价值，并参与公司重要的产品规划。RMT的主要活动包括需求分析和排序的决策、需求实现进展监控、需求变更管理等。RMT一般包括RMT组长、产品管理代表、开发代表、SE代表、市场代表、服务代表、质量与运营代表等。

RAT主要负责领域内需求的分析活动，支持RMT/PMT/IPMT等的决策，主要活动包括对收到的需求进行分析，如解释、过滤、分类、排序、证实等。RAT一般包括RAT组长、产品管理代表、需求管理工程师、开发代表、SE代表、市场代表、服务代表等。

本章要点 ✏️

（1）很多公司的IPD变革没有达到预期，原因之一是组织设计和战略、业务流程不匹配。组织设计包括组织结构设计、绩效与激励机制设计、人员能力匹配等。

（2）以专业分工为基础的职能制容易导致各部门"各自为政"，缺乏端到端的责任人为产品研发的最终结果负责。同时，按产品和项目分工的组织方式容易导致"各自为战"，不能共享资源，不能充分发挥公司规模优势。

（3）组织结构设计必须在面对市场的灵活性和强调资源共享带来的僵化之间取得平衡，因此矩阵结构是一种适用于大多数企业的组织方式。

（4）跨部门流程需要跨部门团队的支撑，跨部门团队需要资源部门的支撑。创新型组织要想有效运作，必须处理好专业分工与跨部门合作之间的关系。

（5）跨部门团队和资源部门各司其职是IPD体系运作的组织基础。跨部门团队为业务成果负责，资源部门为跨部门团队提供足够的合格资源。

（6）跨部门决策团队（比如IPMT）、跨部门规划团队（比如PMT）和跨部门执行团队（比如PDT）是IPD体系中最典型的三类跨部门团队。

（7）IPMT是公司或产品线的业务决策机构，IPD变革要取得成功，IPMT成员必须起到表率作用。

（8）PMT是公司或产品线的参谋机构，必须按规范的流程方法开展战略规划和产品规划与定义工作，提交IPMT评审。

Chapter 08

第8章

绩效与激励：
达成组织和个人目标

企业导入了IPD的核心思想、方法论及与此对应的业务流程和组织形式，人力资源也进行了适配，组织目标就一定能实现吗？如果答案是肯定的，那只需拷贝标杆企业的组织结构、流程、制度和模板，招募合格的员工填充部门和岗位，按照流程开展工作就可以复制标杆企业成功的元素。

实际上，以上只是企业创造价值、实现组织目标的一个方面，与此同时，企业还要构建合理的价值衡量、价值评价和价值分配机制。如果说价值创造是企业的"督脉"，价值衡量、评价和分配是企业的"任脉"，只有打通"任督二脉"，企业各组织单元和成员才能被激活。也就是说，企业要有相应的机制来激励研发员工，让他们在日复一日、年复一年的创新和研发工作中始终充满工作激情。

管理大师德鲁克曾说："如果不能衡量，就无法管理。"但针对不确定性大的研发工作，如何设定目标、制订计划和进行衡量？衡量结果如何用于员工绩效管理和考核？考核结果如何与薪酬挂钩？薪酬又是如何影响员工的积极性的呢？

很多企业的解决方案是建立一套看起来非常科学和量化的考核机制对研发工作进行精确衡量，据此考核研发人员，考核结果与薪酬直接挂钩，以确保结果的客观公正。遗憾的是，这些制度往往都以失败告终。

究竟应该如何激励研发人员？如何开展研发人员的绩效管理和考核？这些是本章要回答的问题。

案例：绩效主义毁了索尼

21世纪初，日本索尼公司（SONY）在电视机、笔记本电脑、音乐播放器、手机等领域创新乏力，导致连年亏损，面临巨大的财务危机。2006年，960万块笔记本电脑电池召回事件使其业绩雪上加霜。

当主流意见都把原因归咎于战略失误时，2007年初索尼前常务董事土井利忠（笔名为天外伺朗）的一篇文章《绩效主义毁了索尼》（文章核心观点见表8-1）一石激起千层浪,从另一个角度审视了索尼衰退的原因。这位索尼发展史上的功臣通过对比实施绩效考核前后的状况,把索尼的问题归咎于"绩效主义"。

表8-1 索尼实行绩效考核前后的状况对比

要素	实行绩效考核前	实行绩效考核后
工作动机	出于对工作本身的热爱,在此基础上形成个人和团队的激情	绩效结果和物质报酬直接挂钩,工作动机被牵引到"世俗"的赚钱或升职,员工无法成为"开发狂人"
挑战精神	不断挑战新技术和新目标。更有挑战性的工作带来丰厚报酬	绩效主义诱使研发人员提出没有挑战性的目标,浪费大量时间在短期成果和业绩统计上,忽视长期性工作,比如老化试验
团队精神	信任下属,充分发挥员工潜力,上级勇于为下级承担责任	把工作和人的能力量化,上级以评价的目光对待下属,不合适的评比导致部门和员工之间相互拆台
创新	追求独立开发精神,勇于做别人不敢做的事,重视长期积累,比如单枪三束彩色显像管技术	基础研发能力大大落后,无法自我超越,比如不得不和三星合资生产液晶电视机
高层主管	德高望重的领导人让公司拧成一股绳,充满斗志向高目标迈进	没有向新目标挑战的魄力和把新技术拿出来检验的胆识,比如"爱宝"机器狗项目出现亏损后就被撤销

土井利忠认为,20世纪的索尼神话来源于坚持公司的创立宗旨,即建设理想的工厂,在这个工厂里,应该有自由、豁达、愉快的气氛,让每个认真工作的技术人员最大限度地发挥技能。

他在文章中提到:"这正是索尼公司的创立宗旨。索尼公司失去活力,就是因为实行了绩效主义。没有想到,我是在绩效主义的发源地美国,聆听用索尼的创建宗旨来否定绩效主义的涌流理论。这使我深受触动。"[①]

涌流理论所描述的状态不正是从事创新和研发工作所需要的吗?如何才能让员工处于这种状态?高技能和与此相匹配的挑战性工作是两个必要条件。同时,与此相关的制度不能干扰这两个条件。

然而,索尼对研发工作和人员考核进行量化管理,将量化结果和薪酬、晋升

---

① 涌流理论是指当人们的技能达到一定程度,面对与此技能相关的非常有挑战性的工作时所表现出来的状态。在这种状态下,行动和意识相融合,没有杂念,目标感极强,思如泉涌,不担心失败,忘记时间的流逝等,忘掉自我而达到另一个层级的自我。

直接挂钩。这样的制度设计诱使员工为了达成"高绩效"而故意设置较低的目标，改变了员工的工作动力，并破坏了团队氛围。

企业在绩效管理和激励中的主要问题

很多企业试图通过绩效考核调动研发人员的积极性，却往往事与愿违，反而降低了员工的积极性，为什么会出现如此南辕北辙的结果？

大量企业在没有进行正式、"科学"的考核前，往往根据主管或项目经理的主观印象来评价员工，并将其与薪酬、晋升等挂钩。在企业发展初期，员工数量不多，管理层能掌控企业的情况下，这种方法还能奏效。但企业发展到一定规模后，"拍脑袋"的工作方式会导致不同主管、不同部门、不同项目之间的方法不一致，并让员工产生不公平感。

对研发绩效进行科学管理在很多企业表现为对研发工作进行量化衡量，根据衡量结果对员工进行量化考核，再把量化考核结果与员工的报酬挂钩，尽量减少这个过程中的人为干预。图8-1形象表达了考核和激励制度设计不当带来的严重后果。

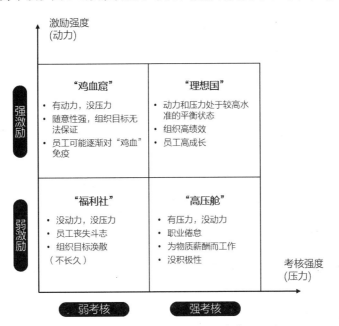

图8-1　考核和激励制度设计不当带来的严重后果

在图8-1中，处于左下角的企业，既没有规范的绩效考核制度，员工积极性也不够高，这种状况如不改变，企业自然不会长久。处于左上角的企业，虽然没有规范的绩效考核制度，但因为主管个人能力强，善于调动员工积极性，分配中的"拍脑袋"误差也不大，员工积极性并不低。两类企业都想达到右上角的状态，也就是通过制度化的绩效管理制度充分调动研发人员的积极性。但遗憾的是，大多数企业的归宿却是右下角的状态：制度有了，员工积极性却没了。右下角的状态是所有企业都不愿看到的，绩效管理制度非但没有调动研发人员的积极性，还改变了员工工作的原动力，工作积极性还不如以前。在这种状态下，企业达到右上角的状态有更大难度。

企业在研发绩效管理和激励方面的问题主要体现在以下几个方面。

没有针对研发工作特点制定绩效管理制度

在"中国制造"大背景下，除了战略管理、财务管理和人力资源管理，大量企业的管理重点在供应链和营销。在"从中国制造向中国创造转型"过程中，创新管理、研发管理、产品管理、变革管理等对大多数企业来说还是新生事物，很多企业自然就把供应链和营销的绩效管理方法直接移植到研发管理中。

供应链管理是一个成熟的领域，从福特的世界上第一条流水生产线到现在的准时制（Just in Time，JIT）、柔性生产，已有上百年历史，这个过程中积累了大量成熟的量化管理方法，尤其是对一线工人的基于劳动分工的管理。营销管理中的绩效也相对容易衡量，其结果与员工个人工作努力程度强相关，激励也相对容易。

研发工作、研发管理和研发人员特征的不同，会导致研发绩效和员工激励的管理有很大不同。研发工作的主要特点如下。

（1）不确定性：工作对象的结果具有不确定性，导致难以量化，尤其是长周期项目，比如产品创新、技术创新、管理创新等工作。

（2）信息不对称：面对高度复杂的工作对象，上级主管也可能不知道具体应当做什么/如何做/做得怎么样。

（3）相互依赖：成果严重依赖相互协作，是组织和团队共同努力的结果，个人贡献难以被剥离出来进行衡量。

与此相对，研发管理也有以下特征。

（1）需要用确定的规则来减少结果的不确定性。

（2）任用合格的员工，并激发员工积极性和内驱力。

（3）营造团队合作氛围，重视沟通。

研发人员作为知识型员工，也有不同于供应链和营销员工的特征。

（1）需求多样性，除了物质报酬，还包括个人成长、被尊重和被认可、自我实现的需求。

（2）不愿意/不善于表达内心感受。

（3）逻辑思维能力强，追求精确，强调量化。

（4）技术导向，追求功能、性能，容易忽视真正的客户需求。

（5）成就导向，重视独立贡献，忽视合作。

（6）工作本身就是激励，专业忠诚度超过雇主忠诚度。

（7）自主意识强，更强调工作中的自我管理和自我引导，更倾向于拥有自主的工作环境，对传统的等级式管理容易产生逆反。

在制定研发绩效管理制度时，一定要紧密结合这些特点，不能直接把供应链和营销的绩效管理方法直接套用在研发上。

强调公司目标的同时忽视个人目标和需求

这些情形在企业司空见惯：管理层抱怨员工不以公司大局为重，没有奉献精神，缺乏敬业精神，一下班就准时回家；而员工抱怨公司待遇低，得不到成长，不是自己不想做事，而是做得多错得也多，最后考核结果更差。

绩效管理最终是为了实现组织目标，包括公司目标及其分解到各个部门、团队和个人的目标，但员工积极性却来源于个人需求是否得到满足。很多公司在制定、宣导和管理组织目标上会投入巨大资源，但却忽略了员工的个人需求，因此，公司在抱怨员工没有奉献精神时，员工往往会问："实现了这些目标，和我个人有什么关系呢？"

这是管理者需要深入考虑的问题，作为管理者决不能粗暴地用自私、没有大局观的方式来解释员工的行为。只有把组织目标和个人目标与需求有机地结合起来，才能真正调动员工的工作积极性。

那么研发人员的主导需求是什么？调查结果表明，个人成长、物质报酬、自我实现是最重要的三大需求。

量化工具使用不当

量化是现在企业绩效管理的核心方法之一，适度量化是绩效管理发挥效果的关键。很多企业已经意识到量化不足带来的问题，如绩效评价主观性高，缺乏客观性和公平性，然而却没有意识到量化过度同样也会带来潜在隐患。

很多企业的绩效管理制度和模板表单看上去"技术含量"很高，工作目标被转化为一个个量化的关键绩效指标（KPI）和数字。这些数字还通过数学模型和数学公式进行处理，最后得出结论：员工甲、乙、丙、丁的绩效考核成绩分别是97分、92分、91分、90分。有的企业甚至精确到了小数点后两位。

这样的数字真的有意义吗？不同类型的工作在绩效考核过程中可以通过简单的数学模型进行处理吗？当我们问这些企业：1个苹果加上1个苹果等于2个苹果，1个苹果加上1个梨又是什么呢？回答一般是2个水果。

那么，2个水果代表什么？在绩效评价的数学运算中，由于信息被耗散了，因此越是经过数学处理的绩效结果，其含义越加模糊。模型是对现实的抽象和简化，但不是现实本身。

因此，完全采用量化模型既不能反映员工的真实工作情况，也不能保证评价结果的客观公正，反而可能会适得其反。在高层或人力资源部门要求下，大量企业的研发体系不断重复着这些工作，最终的考核结果（数字）成了大家关注的对象，数字背后的意义却被忽视了，无法通过这些量化数据来牵引员工强化优势和改进工作。同时，难以被量化的工作也往往被忽视。最后，绩效管理和考核成了定期的"数字游戏"。

绩效管理等同于绩效考核

大量企业的绩效管理或绩效考核制度主要包括：设置哪些目标和指标，如何设置权重，如何自评，如何打分，考核结果如何与奖金、晋升、工资等挂钩，等等，总之都是围绕"如何考核"员工进行的。这些制度的共同问题就是把绩效考核等同于绩效管理，把绩效管理作为一个点上的活动，而不是一个完整的管理过程。

本质上，这样的制度总体上都是"滞后"的，只在事后用评价的眼光看待员工，而没有围绕目标（包括组织目标和个人目标）是什么、如何达成目标、需要哪些资源、有了问题如何解决来进行。这些工作是提高组织绩效的关键。

完整的绩效管理过程包括绩效目标和计划制订、绩效执行和辅导、绩效沟通和评价、绩效考核结果应用4个阶段。过度、片面强调绩效考核结果应用会忽视前面3个环节。绩效管理的根本目的是提高组织和员工的绩效，从而实现企业目标。在绩效管理过程中，前面两个阶段的工作更加重要，它们侧重于共识目标的达成和过程中绩效的真正提高，强调事先的沟通和承诺。

忽视员工需求的多样性

谈到员工激励，很多基层研发主管会认为："我既不能决定也不能影响员工工资奖金，更没有给员工升职的权力，如何激励员工？有了这些权限，主管就能有效激励员工吗？"大量研究、经验表明，在员工解决了"温饱问题"后，主管是否拥有以上权限，与能否有效激励员工关系不大。

大量的研究和统计表明，决定员工加入公司的主要因素是薪酬和福利，但决定员工不离职的因素除薪酬和福利外，还有公司提供的发展机会和工作环境；决定员工能在岗位上持续积极工作的激励因素通常与薪酬和福利不相关，这些激励因素往往是成长空间、工作本身、责任、成就感等。也就是说，研发主管看重的工资和奖金并不是激励因素，这些因素对吸引员工加入公司，让员工留在工作岗位上是有效的，但不能有效激发员工工作积极性，这就是著名的"双因素理论"。因此，薪酬和福利太低是导致员工敬业度不够高这一结论是不成立的。对于激励，要从物质报酬以外的其他地方想办法，也就是上面提到的激励因素。在自由雇佣时代，员工留下来不离职就可以认定他（她）对目前的待遇是满意的，否则他（她）就会另谋高就。

考核指标过多导致抓不住重点

企业在研发绩效管理中的问题，还表现在设置了太多的绩效考核指标。有的企业KPI数量多达15个以上，囊括了员工的所有工作。例如，一个普通研发人员的KPI质量指标包含需求更改率、任务完成率、研发费用完成率、目标成本完成率、5S得分、出勤率、跨部门沟通得分、团队合作得分、工作态度得分、文档质量得分、部门内部工作得分、专利完成率、培训完成率等若干功能性指标。考核项目多了，指标的权重就会降低，在上面这个例子中权重最高的不到10%，最低的只有1%～3%，这样的指标设计让人无所适从，不能引导员工聚焦在真正重要的工作上。

造成考核指标过多的原因在于，绝大多数企业没有区分衡量指标和考核指标。衡量指标用于构建企业运行"仪表板"，展示企业运作状况，在条件允许下越全面越好。考核指标用来牵引员工的工作方向，让员工抓住工作重点。当"仪表板"显示一些指标已经做得很好，就可以不作为考核项目，即便这项工作也很重要；相反，有一些工作似乎不那么关键，但"仪表板"显示这些指标处于较低水平，已经或即将成为短板，比如出勤率、过程文档质量等，同样可以作为重要的考核指标，用于牵引员工。

没有统筹兼顾企业、团队、个人三个层面的考核

科学的绩效考核体系，应同时兼顾企业、团队、个人的考核。很多企业孤立地设计各层面的考核，导致无法形成合力来支撑企业目标。

一方面，三个层面的考核要有一定内在关联性。企业要根据战略规划来制订考核期内企业目标和考核指标，然后逐次分解到团队和个人。同时，每个绩效周期的目标要进行动态调整。然而，很多企业在落实过程中却存在大量偏差，考核指标与公司战略之间没有实现有效承接，指标与指标之间缺乏相互关联，无法支撑公司的战略，最终导致团队与团队、团队与个人、个人与个人之间的指标缺乏内在的关联。

另一方面，很多企业在推行绩效考核时，只关注单个研发人员的业绩好坏，而忽视团队绩效和企业整体效益，导致"个人主义"盛行。一个常见的问题就是，虽然个别员工绩效结果很好，但产品开发团队的整体绩效结果很差。如前所述，产品开发的绩效严重依赖个人能力及团队成员相互间的协作。一般来说，团队没有达成目标的原因在于大部分团队成员没有达成目标，反之，团队绩效好时，大部分团队成员的绩效应不错。企业、团队和个人绩效割裂，不利于培养团队精神。因此，科学的绩效考核体系，应该同时兼顾各个层面，通过合理的权重分配来尽可能准确衡量。

统一概念和理念是关键

要解决上面的问题,企业需要注意两点。首先,企业必须纠正在研发绩效管理和员工激励方面的若干认识误区,形成正确的理念,而正确理念的基础在于对绩效、绩效管理、绩效考核等若干基本概念的澄清。其次,企业要掌握绩效管理的科学工具和方法来落实绩效管理的理念。

绩效既是结果,也是过程

以结果为导向是很多企业对管理者和员工的要求,但究竟什么是结果?如何达成结果?如何衡量结果?结果意味着什么?大多数"以结果为导向"的企业未必深入思考并解决了这些问题。如果这些问题没有清晰的答案并达成一致,"以结果为导向"只能是口号,不能转化为有战斗力的行动。

绩效的英文是performance,原意为"表演""表现""工作情况""业绩"等,也就是"表现得如何",并非仅仅是最终结果,也应包括过程。

> **管理术语:绩效**
>
> 绩效既是结果也是过程。对不同层级、不同部门、不同团队、不同个人,其含义各不相同。高层要对最终的经营结果负责;中层既要对结果负责,也要对过程负责;基层主要对过程负责。这些区分不是绝对的,有的最终结果可以直接分解到基层员工,比如销售额,我们称之为"物理分解";但有的结果难以直接分解,比如利润,但可以分解为收入和成本费用两个部分,再进一步分解到普通员工,我们称之为"化学分解"。在研发领域,大量存在的是"化学分解"。例如,产品可靠性不能简单分解为各个零部件的可靠性,而要从系统角度出发仔细分析背后的机理。

研发绩效就是研发工作的绩效。从最终结果来看,研发既要满足客户需求,又要能给公司带来利润(对大多数研发项目而言)。但在研发领域,这些最终结果大多数只能通过"化学分解"转化为各部门和研发人员的绩效目标,即研发人员的"结果",是一种过程目标。所以,研发绩效同样既是结果也是过程。在项目组中,产品开发项目经理要对最终结果负责,各个领域代表对各自的交付负责,外围组和工程师对具体的开发工作负责。

绩效管理是一套完整的管理体系和方法

绩效管理就是对绩效的管理,但这个概念如不加以定义就会泛化,成为"绩效管理是个框,什么管理都可以往里装"。

最佳实践:绩效管理的目的

华为轮值CEO徐直军认为,绩效管理整体上要促进生产力的发展,而不是制约生产力的发展,且不能产生高成本。站在管理者角度来讲,绩效管理就是要让你的下属都愿意跟你一起干。

通用电气前董事长杰克·韦尔奇认为,绩效管理的最终目标并非仅使员工达到期望的绩效,而是使他们愿意付出超越职责的努力。

IBM公司认为,绩效管理的根本目的是引导并激励员工贡献于组织的战略目标,同时实现组织和个人的共同成长,它不是绩效考核,而是一个管理过程。

美国绩效管理专家罗伯特·巴克沃认为绩效管理是一个持续的交流过程。该过程由员工和其直接主管之间达成协议来保证完成,在协议中对未来工作达成明确的目标和理解,并将可能受益的组织、经理及员工都融入绩效管理系统中来。

结合该定义,并借鉴很多公司的最佳实践,我们从管理体系(宏观)和管理方法(微观)两个角度对绩效管理进行定义。

管理术语:绩效管理

从宏观层面讲,绩效管理是将公司的使命、愿景、目标、战略、业务、资源有机地结合起来,所构成的一个完整的管理体系。绩效管理要构建目标和衡量指标管理体系,形成运营"仪表板",随时反映企业和各个领域的运营状况,其中包括KPI衡量指标。这些工作也叫组织绩效管理,应与员工绩效管理相对独立进行。

从微观层面讲,绩效管理是管理者和员工双方就目标及如何达到目标形成共识,并促成员工成功达成目标的管理方法。绩效管理就是上下级之间的互动管理,通过绩效目标与计划制订、绩效辅导与执行、绩效考核与沟通、绩效结果应用等环节形成闭环,充分调动员工的积极性,达成公司和个人目标。表8-2说明了绩效管理的内涵。

表8-2 绩效管理的内涵

绩效管理是什么	绩效管理不是什么
• 主管希望下级做什么及为什么要做 • 建立工作标准,并说明如何衡量 • 主管和员工合作共同完成绩效 • 识别影响绩效的障碍,并予以排除	• 主管对员工做的事情 • 迫使员工将工作做得更好或努力工作的工具/棍棒 • 只是在绩效低下的时候使用 • 填写表格的工作

所以,绩效管理是一个完整的闭环管理过程,不等于绩效考核,考核只是其中的一个环节。表8-3对比了绩效管理和绩效考核的不同。

表8-3 绩效管理与绩效考核对比

绩效管理	绩效考核
• 一个完整的管理过程 • 侧重于沟通和绩效提高 • 伴随管理活动的全过程 • 侧重事前沟通与承诺	• 管理过程中的局部环节和手段 • 侧重于判断和评估 • 只出现在管理活动的特定时期 • 侧重事后评价

研发绩效管理是绩效管理在研发领域的应用。在应用过程中,必须充分考虑前面提到的研发工作特点,尤其是研发人员的需求多样性。对研发人员而言,在绩效管理循环中,绩效目标与计划制订、绩效辅导与执行环节更加重要。

激励是要回答"为什么拼命工作"的问题

如果绩效管理不是激发了员工积极性,而是压抑了员工积极性,那么这样的管理制度一定是失败的。绩效管理和员工激励这两个问题往往关联在一起,在制度设计过程中必须同时加以考虑。它们一个从企业角度出发,一个从员工角度出发。

激励问题的本质是要回答"员工为什么要拼命工作"的问题,而不是解决吸引员工加入公司、留在公司不离职的问题。企业要区分驱动员工加入、保留和敬业的三类因素。前两个问题属于双因素理论中的"保健问题",不是激励机制讨论的重点。很多企业采用工资和奖金来激励员工这种方式,但这种方式的作用是有限的,甚至可能改变员工工作的原动力,降低员工工作的积极性。

> **管理术语：双因素理论**
>
> 双因素理论又叫"激励-保健理论"，是美国的行为科学家弗雷德里克·赫茨伯格提出来的。赫茨伯格通过考察一群会计师和工程师的工作满意度与生产率的关系，提出了激励中存在两种性质不同的因素。
>
> 保健因素：包括公司政策和管理、技术监督、薪水、工作条件及人际关系等。这些因素涉及工作的消极因素，通常与工作氛围和环境有关。不满足这些因素会带来不满情绪；满足这类因素只能消除不满情绪、维持原有的工作效率，但并不能激励员工产生更积极的行为。
>
> 激励因素：包括成就、赞赏、挑战、晋升、发展及工作本身的意义等。这些因素通常涉及对工作的积极情感，和工作本身的内容有关。这些因素如果得到满足，可以使员工被激励；若得不到满足，也不会像保健因素那样因不被满足而产生不满情绪。

激励就是找到员工的需求并予以满足，其重点是要识别并满足双因素理论中的激励类因素。这些因素往往与员工的内在动机相关。研发人员往往具有需求多样化、成就导向、注重工作本身的激励、自我意识强等特点。这些特点导致了研发人员激励的复杂性。事实上，传统的"胡萝卜+大棒"的激励方式对于研发人员的作用越来越有限，反而可能产生消极作用。这种"寻求奖励、避免惩罚"的激励模式主要适用于利用外在激励动机、按照指令来开展的一类工作，但是对探索型工作可能具有破坏性。针对探索性和创新性工作，要真正地激发研发人员，就要调动员工的内在动机。对于非重复性工作的脑力劳动者来说，其驱动因素主要包括以下三个方面。

➤ 自主："我做什么我决定"，包括时间自主、方法自主、团队自主和内容自主。

➤ 专精：做事情力求更好，强调所面临的挑战与能力的吻合，任务应不要过难也不要过易，达到一种最佳体验。

➤ 目的：超越自身的渴望。企业的目的应是实现利润和社会责任并举，成为员工的远大志向和行动指南。

绩效管理和激励要围绕价值循环

企业存在的最大理由是为客户创造价值。客户价值的创造不仅需要有优秀的人才，还需要激发人才的活力。绩效管理和激励的目的就是激发人才的活力，其本质是促进人才创造更大的价值。为此，企业需要建立正向循环的价值系统。华为基于"以客户为中心""以奋斗者为本"等原则，提出了价值创造—价值评价—价值分配的人力价值循环。基于大量的企业实践，我们将价值评价分离为价值衡量和价值评价，形成价值创造—价值衡量—价值评价—价值分配的循环系统，如图8-2所示。

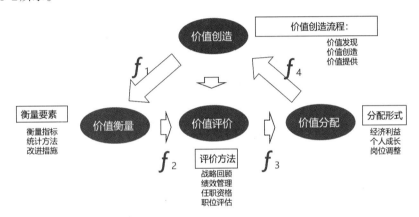

图8-2 价值创造、衡量、评价和分配循环图

价值创造：把蛋糕做大

"价值创造"强调围绕客户需求，通过业务流程进行价值创造，包括LTC（从销售线索到回款）、IPD、ITR（从问题到解决）、零售等端到端的业务流程。该环节重点明确为谁创造价值、创造什么价值、怎么创造价值等。"谁创造价值"决定了后续的价值分配，落实到绩效管理中就是，要明确什么组织（团队）或岗位/角色（个人）要对上述问题达成充分理解和共识。

同时，企业要认识到创造价值的要素和源泉。《华为基本法》提出："劳动、知识、企业家和资本创造了公司的全部价值。"企业要把这些要素激活和调动起来，把蛋糕越做越大。

💡 价值衡量：客观地评价做了多大的蛋糕

"价值衡量"所衡量的对象是价值创造的组织与业务流。企业需要采用量化的指标对价值进行衡量，如新产品销售比例、客户满意度、项目周期和进度偏差等，衡量指标也是反映企业/项目运作的仪表盘，企业据此全面了解业务状况。价值衡量的指标最好不要由做事的人来提供数据，尤其当度量结果和薪酬紧密挂钩时，否则数据容易失真。

需要注意的是，这个环节是对"事"的度量，与做事的人无关。它强调客观的业绩结果和过程，是下一环节"价值评价"的基础。

💡 价值评价："论功"

"价值评价"是评价团队或个人在做蛋糕的过程中发挥了多大的功劳，要对团队或个人的价值创造的关键成果和行为过程进行评价，也就是通常讲的绩效考核。业绩结果不可避免地存在一定的偶然性，价值评价既要考虑结果也要考虑过程。价值评价的第一个依据是结果产出，是价值分配的核心依据；第二个依据是关键行为，这是能力项，也是机会分配的依据。例如，甲乙两个人都以12秒的成绩完成了百米赛跑，虽然结果一样，但甲在顺风中跑，乙在逆风中跑，说明乙的能力可能更强，该关键行为就可以作为一个重点考察项。当然行为的考察必须以结果为基础，没有结果的关键行为是没有价值的。

总之，主管需要综合各方面的信息对团队和个人做出最终评价。对团队的评价要以量化指标为主，但对个人的评价是一门艺术，不能过度量化，设置3～5项考核指标即可，并突出重点。

把价值衡量和价值评价分离的核心原因是前者是客观的，而后者是主观的。对事的评价和对人的评价的分离是绩效管理过程中的第一道防火墙。如果把考核指标等同于衡量指标，且和薪酬挂钩，那么衡量就容易失真。

💡 价值分配："行赏"

"价值分配"即"行赏"，也就是分蛋糕的过程，分多少取决于蛋糕有多大。在价值分配环节，怎么进行分配是关键。企业在进行价值分配的过程中应当遵循以下三个原则。

一是要打破平衡，拉开差距，否则就容易出现"大锅饭"现象。华为提倡"给火车头加满油"，也就是要使价值分配向价值创造的主力倾斜。这就要求企业在价值评价时要识别"火车头"。

二是价值分配要向企业想要发展的方向进行倾斜。价值分配是要导向全员冲锋的方向，牵引员工的行为，让他们自己瞄准公司需要的方向全力以赴。例如，公司在推行IPD变革，就可以给予相关团队和个人更多的价值分配。需要注意的是，分配方案应该在价值创造的起点就明确，并与各价值创造主体达成一致，从而牵引他们的行为。

三是全面激励，长中短期激励要相结合，并且物质激励和精神激励相结合。尤其是针对研发人员，荣誉、表扬、晋升等可能会产生更大的激励效果。

绩效管理的第二道防火墙是在价值评价和价值分配之间。价值评价和价值分配之间并非一一对应的关系，而是要根据分配的原则进行调整，既要讲求效率，也要兼顾公平。这个过程的人为介入和"拍脑袋"是必要的。

绩效管理和员工激励的5大核心理念

基于绩效管理和激励方面的问题，以及对价值循环过程的深入理解，我们总结了五大核心理念：目标协同、持续沟通、全程激励、重点改进、适度量化。

目标协同：组织目标和个人目标并重

绩效管理和员工激励的最终目的是达成组织目标。但是，实现组织目标需要依靠组织中的员工，如果他们不能达成个人目标，那么又如何有动力去实现组织目标？

所以，把组织目标和个人目标协同起来是一切工作的基础。要让员工有积极性，必须确保员工在帮助企业达成组织目标后，同时可以实现个人目标，也就是满足个人需求。这要求员工在达成组织目标后得到的奖励是他所需要的。

研发人员的个人需求除薪酬福利外，还包括能力提升、发展机会、工作环境等。这些需求的满足要融入绩效管理过程中，而不是自成体系，只有这样才能把组织目标和个人目标协同起来。

持续沟通：贯穿于绩效管理循环的始终

在目标和计划阶段，组织与个人要通过沟通，就下一个绩效周期的目标，以及如何达成目标、需要哪些资源、遇到困难如何解决等达成共识，并相互做出承诺。

辅导和执行阶段占据整个绩效周期90%以上的时间,是真正产生绩效的阶段。由于外界环境的变化和自身能力的局限,"计划赶不上变化"是常态。在这个过程中,上下级之间要通过定期和不定期的沟通来确保下级的工作始终走在正确的路上。

绩效评价不仅是上级给下级一个评级或分数,也是一个双向沟通的过程,并且应注重正向激励。上下级通过沟通找到上一个绩效周期中做得好的地方和存在的问题,一起寻找解决问题的方法。

沟通工作需要花费主管大量时间,这些时间是一种投资,回报就是员工的绩效提升,所有下级员工的业绩就是主管的业绩。

💡 全程激励:在绩效管理过程中逐步实现个人目标

在理解了员工需求的多样性之后,就不难理解激励不是一个点行为,而是一个过程行为,这个过程和通常意义上的绩效管理过程(组织目标实现过程)是并行的。

在绩效管理过程中,这就要求主管要根据员工的需求,采取灵活多样的激励措施,而不仅仅是在绩效考核结果出来后或者绩效结果应用阶段找措施。对于这点,无论是物质激励还是非物质激励,都是适用的。

对物质激励而言(如有),在计划制订阶段上下级就要明确绩效目标和物质激励的关系,让下级明白目标达成程度和报酬之间的关系。在绩效辅导和执行阶段,要让下级知晓现状和目标的距离,做好期望管理。在绩效沟通和评价及考核结果应用阶段,要兑现物质激励。

在研发人员的非物质需求中,个人成长和发展机会通常是排序最高的,对很多员工来说已超过物质需求,在员工需求中排名第一位。因此,非物质需求更需要在绩效管理过程中去满足。例如,对个人发展而言,在计划制订阶段要明确个人发展的目标和具体内容是什么:提高某项技术水平?还是掌握市场调研知识?或提高管理技能?等等。这些内容一定要与组织目标和工作计划紧密结合起来,让员工在实现组织目标的同时达成个人发展目标,做到"一箭双雕"。

一旦组织目标和个人目标在计划制订阶段就得到协同,那么在辅导和执行阶段就是两个目标同时实现的过程。在辅导下级实现组织目标的同时,要让员工深切感受到也正在实现个人目标,这对员工来说就是莫大的激励。因此,这样的激励不用等到绩效周期结束之时才做。

在绩效沟通和评价阶段,在对组织目标实现情况进行评价回顾的同时,也要对个人发展目标的实现情况进行回顾，两者同等重要。一定要记住，员工在为组织目标工作的同时，其实也在为个人目标奋斗，而后者是激励员工奋斗的源泉。

💡 重点改进：堡垒要一个一个攻破

个人有限的时间和精力决定了能同时关注的对象是有限的，过多的指标将大大分散员工注意力，尤其是对真正重要和需要改进的工作的注意力。实践表明，如果考核周期是月度或季度，那么考核指标要控制在3～5项；如果考核周期是半年或一年，那么考核指标不要超过7项。

不纳入考核的指标并非不重要，而是在这个绩效周期中，相对来说其重要程度较低，或者该指标已经做得足够好。例如，在军工行业的研发项目QCT（质量、成本、进度）平衡中，成本费用往往不是考虑的重点因素，按时保质保量完成任务才是最关键的，成本费用方面的指标可以不纳入考核。但这也不是绝对的，如果质量已经达到一定程度，降低成本可能就会成为工作重心，此时可增加这方面的指标。所以，抓住重点、改进突破的思想要贯穿研发绩效管理过程的始终。

💡 适度量化：量化考核是双刃剑

很多企业认为量化管理就是好的管理，于是认为对人的考核也要量化，或者认为越是量化的员工考核就越科学。

然而，员工量化考核取得成功的前提是工作的量化。研发工作的量化首先要建立结构化的流程，通过流程把工作进行分解，同时建立与流程相适配的组织结构，否则量化数据没有客观依据，其准确性就会受到质疑，如果将这样的量化数据与员工个人考核甚至收入挂钩，就会失之毫厘、差之千里。

很多企业在没有具备这些条件的前提下就进行量化考核，强制正态分布，结果一推行量化考核就出问题。为了推行量化考核，各部门投入大量时间搜集甚至杜撰数据；为了提高量化考核分数，很多员工在制定评价标准时夸大工作难度和工作所需时间。

有的企业认为量化的考核结果更加客观。对此，华为总裁任正非认为："考评不因其量化的形式而更加客观。真正客观的考评，指的是考评主管有意愿而且有能力不失偏颇地评价下属的工作。"也就是说，如果主管没有意愿、没有能力公平地评价下属的工作，那么考核就不是客观的。

不过也不能否定量化的作用，在具体操作中，华为的做法如下。

（1）量化是保证评价公平公正的一种有效方法。但精确量化并不能明显提高评价的客观性。

（2）如果主管不受个人偏见影响，能公平地基于可见的事实做出评价，那么绩效评价就是客观的。

（3）基于事实的集体评议。

基于关键事件的考核是对量化考核的最有效补充，尤其是对"劳动态度"和"价值观"的考核。

华为实践：任正非2002年的劳动态度考核为什么是C

2002年，任正非的劳动态度考核是C，为什么呢？主要是他出了两个问题，一个是责任心，另一个是奉献精神。

为什么说任正非的责任心不强？华为用的是关键事件法。一天，任正非答应见一个客户，结果他那天事多，忘了。通过这件事来证明他的责任心有问题，这不是主管打分，是用做事来反映。奉献精神有问题是因为国外来了客户，任正非承诺要陪客户吃饭，结果家里临时有事，没有陪客户吃饭。劳动态度考核结果，使他当年的退休金受到影响，第二年也不能加工资，奖金也大打折扣，还不能参与配股。

在一个流程中实现绩效管理和激励

绩效管理和激励是一个管理过程，主要目的是聚焦全员的力量达成公司战略目标，实现个人与组织共同成长。针对企业在研发绩效管理和员工激励中存在的典型问题，围绕人力价值循环，以5大核心理念为指导，本节在参考若干公司最佳实践的基础上，总结出从公司战略管理到个人绩效管理的典型绩效管理步骤模型。

（1）制订公司战略：确定组织需要为哪些客户提供价值，提供什么样的价值、产品/服务。这一步骤可以使用BLM模型，也可以使用MM方法论。

（2）进行战略解码：将组织的战略转化为全体员工可理解、可执行的行为的过程，明确战略落地的关键路径、重点工作、关键结果领域（KRA），并为这些重点工作提取量化的关键绩效指标（KPI）和非量化的关键行动指标（KPA）。这一步骤常见的工具为平衡计分卡（Balanced Score Card，BSC）。

（3）管理组织绩效：将战略解码后的关键结果指标等分配到部门/团体等组织

单元,通过衡量指标的状况进行定期审视与监控,对衡量指标中出现偏差的经营方向/关键活动进行调整修正,不断提高整体组织绩效。

(4)管理个人绩效:将组织目标分解到个人,并依据个人绩效管理循环进行绩效管理。典型的绩效管理过程可分为4个阶段:绩效目标和计划制订、绩效执行与辅导、绩效评价和沟通、考核结果应用。管理个人绩效是本章的重点内容。

进行战略解码

战略解码是"化战略为行动"的有力工具,是将公司必须打赢的仗进行清晰描述,并转化为具体行动的过程。其主要的过程如下。

(1)分析公司战略:高层团队成员以集体研讨形式,分析公司现状和未来愿景,梳理公司战略。

(2)明确必须打赢的仗:明确具有决定性意义的战略任务,这些任务是战略性、影响全局和长远的工作重点,可以分为外部市场导向和内部能力导向两大方面。只有明确企业发展必须打赢的仗,才能真正做到战略解码。

(3)描述必须打赢的仗:一般用一句话进行精准的描述,即描述要打赢的仗是什么、不是什么、成功时的样子、有哪些成功的衡量指标,以及有哪些有利因素和阻碍因素。

(4)确定KRA、KPI和KPA:将每场必须打赢的仗拆分成2~3个关键支撑,关键支撑可以采用KRA的方式进行展开,再进一步细分为KPI和KPA。这一过程体现为具体方法和措施,要避免过于抽象。企业可以用"鱼骨图"来展示KRA、KPI和KPA,如图8-3所示。

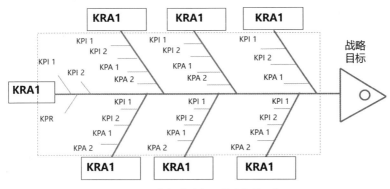

图8-3 进行战略解码的"鱼骨图"

> **管理术语：KRA、KPI和KPA**
>
> KRA（Key Result Area，关键结果领域）：基于对战略方向理解、关键成功要素分析，制订出的"关键绩效领域"，它是企业为了实现整体目标不可或缺、必须取得满意结果的领域，一般采用"动词＋形容词＋名称"的形式进行描述，如"达到领先的市场地位"。每个KRA都可细化为几个KPI和KPA。
>
> KPI（Key Performance Indicator，关键绩效指标）：通过对KRA内容的细化，以及对上级目标的分解，确定可衡量的工作目标，如"市场份额占比达到10%"。每一项KPA可以设定1～3个KPI，KPI应涵盖员工90%以上的工作。
>
> KPA（Key Performance Action，关键行动指标）：当一件任务暂时没有找到可衡量的KPI或一时难以量化的时候，可以将任务关键的几个点进行分解，形成多个目标，最终达到考量的结果。

平衡计分卡是战略解码中常用的工具之一。它将企业战略目标逐层分解转化为各种具体的相互平衡的绩效考核指标体系，并在不同时段对这些指标的实现状况进行考核，从而支撑企业战略目标的落实。[①] 平衡计分卡从财务、客户、内部业务流程、学习与成长四个角度审视企业的业绩绩效，并构建了一系列相关的指标。企业可以参考BSC的指标体系来开展战略解码活动，并利用BSC审视KRA、KPI和KPA是否有遗漏或缺失。

管理组织绩效

企业制订好公司级的KRA及相关KPI和KPA后，需要将其横向分解到各个部门，形成各个部门的KPI和KPA；并纵向分解到各个业务团队，形成各个业务团队的KPI和KPA，如图8-4所示。

基于以上分解结果，企业即可围绕组织绩效管理循环开展组织绩效管理工作。组织绩效管理循环示意图如图8-5所示。

---

① 罗伯特·卡普兰，大卫·诺顿. 平衡计分卡——化战略为行动［M］. 广东：广东经济出版社，2013.

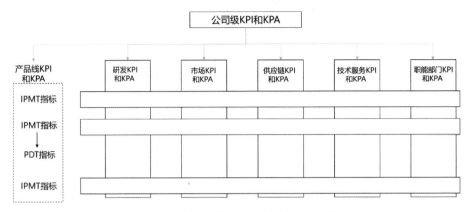

图8-4 将公司级KRA及相关KPI和KPA分解到部门和团队

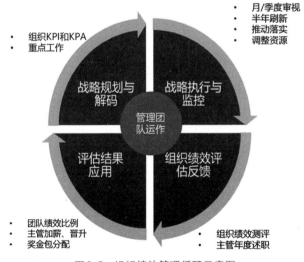

图8-5 组织绩效管理循环示意图

管理个人绩效

将绩效管理和激励在一个流程中实现

针对企业在研发绩效管理和员工激励中存在的典型问题，以5大核心理念为指导，在参考若干公司最佳实践基础上，提出了图8-6所示的绩效管理流程。该流程不包括绩效考核结果的应用。

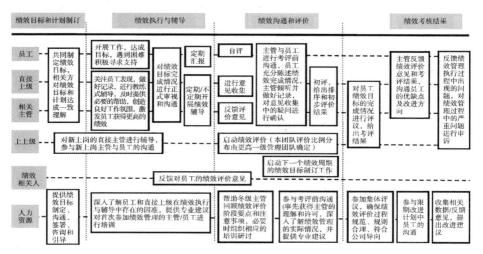

图8-6 个人绩效管理流程

流程的角色不仅包括上下级双方，还包括以下干系人。

（1）相关上级。在研发体系中项目经理就是典型的相关上级，尤其在矩阵结构下。

（2）上上级。上级的上级，简称上上级。

（3）绩效相关人。和考核对象（也就是下级）相关的员工可以归入此类，包括周边相关部门。

（4）人力资源部门。

所以，在绩效管理过程中包括6个角色，如表8-4所示。

表8-4 绩效管理过程中的 6 个角色

角色	职责
员工	与直接上级、相关主管共同制订本人绩效目标和计划，包括个人发展计划。职责包括执行绩效计划，自评，参与绩效考核讨论，制订绩效改进计划，投诉
直接上级	与员工、相关主管共同制订员工的绩效目标和计划。职责包括开展绩效辅导，进行持续沟通，制订改进计划，给出绩效考核意见，制订绩效改进计划
相关主管	参与制订员工的绩效目标和计划，参与绩效辅导，提供绩效数据和考核结果建议，参与绩效沟通和改进计划制订

续表

角色	职责
上上级	辅导下级管理者，参与部分绩效沟通，与下级管理者一起合理分析本团队内部的绩效评价结果，共同处理绩效投诉
绩效相关人	提供绩效反馈意见
人力资源	制订／优化绩效管理和激励流程制度，培训，提供全过程咨询，参与绩效沟通，接受员工投诉

典型的绩效管理过程可分为4个阶段：绩效目标和计划制订、绩效执行与辅导、绩效评价和沟通、绩效考核结果应用，表8-4中的6个角色在这4个阶段中分别都有自己对应的活动。

绩效目标和计划制订

在这个阶段，上下级共同确定下一个绩效周期的目标、实现目标的计划、可能的障碍和解决方案、绩效评价方法等，并达成一致。目标不等同于指标，这在研发绩效管理中表现得尤其明显，因为大量目标是以"化学分解"的方式进行。目标牵引不等于指标牵引，完成了指标并不等于就达成目标。例如，对产品开发项目而言，满足客户需求是目标之一，转化为指标就是一系列规格参数、功能性能指标。如果这些指标达到了，客户需求就一定能满足吗？答案取决于产品开发过程中是否做好了需求收集和分析、系统设计、概要设计等工作，不同的方案对应的指标往往是不同的。所以，在绩效目标和计划制订阶段，在关注指标的同时，更要关注目标。

一般来说，相对指标而言，目标是明确的，但不一定所有目标都可以精确量化，尤其是涉及客户感受的目标，如舒适度、外观、使用体验、客户满意度等。一旦把目标量化为具体的指标，就要小心两者之间是否产生了偏差。这种偏差会导致指标都已经实现，但是最终还是没有达成目标，客户并不埋单。

很多企业把专利数量、新产品开发数量、软件代码数量等作为考核指标也会产生类似的问题。这些指标完成并不等于它们背后所代表的目标的完成，真正的目标是技术水平、产品开发能力、软件质量等的提高。实现这些目标的计划（方案）不同，指标也不同。例如，技术水平的提高并不一定要申请专利。很多企业突击申请了大量专利，但产品技术水平和质量并没有很大提高，也没有转化为企业收益。

此外，研发团队的目标不同，衡量指标也不同，如图8-7所示。

让员工参与绩效目标和计划的制订，明白其工作与公司整体目标之间的关联，会增加其方向感和成就感。尤其对有很强目标导向的员工来说，参与制订计划的过程本身就是一种激励。员工参与计划工作的另一个好处是，可以提高员工尤其是那些有意愿往管理方向发展的研发人员的管理能力，为公司培养后备管理力量。

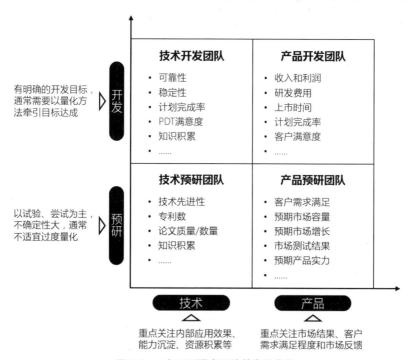

图8-7　4类不同研发团队的衡量指标

针对没有计划制订经验的员工和技术导向明显的员工，可以由主管草拟出计划框架，交给员工细化，细化后双方进一步讨论达成共识。对于有经验的员工，可以给出公司和本组织目标，由员工自己制订绩效计划，然后一起研讨。在计划阶段，主管和员工之间的沟通和交流非常重要。通过交流，可以解决下属工作中可能遇到的困难，传递对员工的期望和要求，就目标达成共识。

在实践中，研发人员是否会倾向于制定较低的绩效标准？一般来说，合格的研发人员都具有较强的成就导向，不会主动倾向制定较低的绩效标准。不过，如果绩效目标和物质报酬等紧密挂钩，员工基于风险考虑会倾向于制定较低的绩效目标，并和主管"讨价还价"。这是因为研发工作有一定风险，制定较低的绩效目标更容易达到。很多开创性的研发工作只有员工本人才能对工作做出准确的估计，信息的不对称让研发主管处于不利地位。

所以，在研发领域的绩效目标制定中，更多采用员工深度参与、相互承诺的方式进行，个人绩效承诺（Personal Business Commitment，PBC）就是这样一种绩效管理模式。PBC在IBM、华为、海尔等公司得到广泛应用，已经逐步成为一种可供参考的标准。PBC最初包括3个部分：目标、实现目标的计划及团队合作。在实践中，企业可根据自身情况进行定制，华为的PBC结构如图8-8所示，包括业务目标、组织和人员管理、价值观和行为、个人发展计划4个部分。在这个架构中，华为把个人发展计划纳入绩效循环，在实现组织目标的同时充分考虑满足员工个人需求。

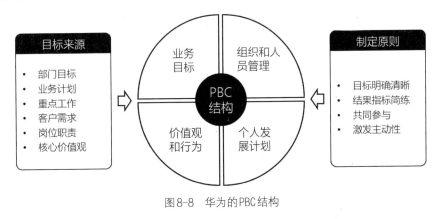

图8-8 华为的PBC结构

上下级、相关主管对绩效目标和计划达成一致后，共同在表格上签字确认。每次绩效计划结束时，可在部门/团队内召开绩效计划宣讲会，让员工讲解绩效目标和计划，一方面强化员工对绩效的承诺，另一方面让团队内部互相知晓计划，营造良好的沟通氛围，更加有利于计划的执行。

在这个阶段结束时，上下级之间应当就以下内容达成一致。

（1）应该做什么工作？

（2）为什么做这些工作？

（3）应该做到什么程度？考核标准是什么？

（4）应该什么时候完成这些工作？

（5）为完成这些工作，需要得到哪些支持，需要提高哪些知识、技能，需要得到什么样的培训？

（6）上级能为员工提供什么样的支持与帮助，需要为员工扫清哪些障碍？

华为实践:"一对一"教练式辅导帮助下属制定PBC(摘要)

2009年4月10日,华为网络产品线总裁丁耘正在为做好与下属的PBC沟通忙碌地准备着。在他的桌面上,放着各二级部门主管已经完成的PBC初稿。对于每个主管的PBC初稿,他都认真阅读,并标记出哪些地方需要改进,哪些地方是需要自己提供帮助的,准备好相关的问题提纲。同时,他还就PBC沟通过程中应采用什么样的沟通方式,需要注意什么,咨询了IBM顾问的意见,并接受了IBM顾问的辅导。

4月13—14日,丁耘与各二级部门主管"一对一"的PBC沟通如期进行。从业务目标、人员管理、价值观与行为,到能力提升计划,都在他们交流的范围之内。在这个过程当中,丁耘应用教练式辅导的方法,更多的是扮演提问者和倾听者的角色,大部分时间都是让下属说。在沟通过程中,他适时对某些问题进行发问,引导下属自己去思考,去寻找答案。例如,他经常问"在这方面,你准备怎么去做?""你在这件事情上的独特价值是什么?""你认为你在这中间能起到什么作用?",等等。而在一些关键问题上,他也会分享自己或别人的成功经验,给予正向反馈。同时,对于下属来说,他们也能通过这一次深入的沟通机会,与主管交流自己的想法和思考,校正彼此之间的认知差异,并及时进行求助。正因为如此,原定每个人1.5小时的沟通时间,由于沟通和辅导的不断深入,经常被延长,有的甚至延长到2.5个小时。通过这次PBC沟通,丁耘与各二级部门主管,很好地就绩效目标进行了深入交流,消除偏差,达成共识,实现"上下对齐"。

参加这次沟通的二级部门主管都有一个深刻的体会。"在平时,我们以为与直接主管的沟通很顺畅,但实际上很多直接主管认为重要的工作,我们并没有发现,这就是说还存在上下不一致的地方。因此,PBC的沟通还是非常有必要和有效的。以前,很多主管都以'工作忙,没有时间'为理由,很少对下属的PBC进行沟通与辅导,在潜意识中把PBC沟通当成不增值的工作。殊不知,正是因为在前期没有把工作方向和重点讲清楚,导致工作中走了很多弯路,反而要花更多时间去补救,有时还可能导致非常不好的后果。"

同时,这样的沟通过程,也是主管与下属相互学习、共同成长的过程。对此,丁耘表示,在PBC沟通中,他问的问题,有些已经有答案。但有些问题,他是期待从下属的反馈中获取信息。他只是在引导大家,这样一个双向沟通的过程能让大家的思维得到启发和碰撞。而下属也反馈,通过这一次深入沟通,不论是在工作方法上,还是在管理方式上,都获益良多。

参加"一对一"PBC沟通的部分二级主管的反馈

反馈1:丁耘给了一些很好的工作方法指导,好的工作方法可以事半功倍。虽然有些方法是我自己想出来的,但也是在丁耘的启发下思考出来的。

反馈2:这次"一对一"的PBC沟通,是一种非常好的形式。通过PBC沟通,可以实现上下对齐,一方面传达上级主管对我的期望,另一方面我的困惑也得到了解答,这样的双向沟通效果很好。

反馈3:我感触最深的是丁耘通过教练式辅导启发下属去思考。在辅导中,他不是直接告诉我答案是什么,而是牵引我主动思考。同时,丁耘与我分享他和其他人的经验,我觉得这种方式很好。在这两个多小时的时间里,我不仅学到了很多好的管理实践,而且也有机会将困难及平时想说而来不及说的话都表达出来。还有一个细节,我感觉很好,在沟通过程中,丁耘很认真地把我的意见和诉求记录在笔记本上,这表明他是将我的话当一回事。

反馈4:时间充分,可以将平时不容易讲清楚的事情讲得很清楚。在沟通中,丁耘留了很多时间让我讲,我们讨论的时间也非常多。丁耘有时会连续问"你在这件事情上的独特价值是什么?"之前我准备PBC时,通常是将述职时的很多内容拷贝上去,PBC上列了一大堆指标。后来发现,虽然每件事情是在我的推动下展开的,但是没有在其中发挥出独特的价值。还有,之前我觉得"价值观和行为"这方面没什么好写的,但与丁耘沟通后感觉收获很大,有了很多感悟。

绩效执行和辅导

在绩效执行和辅导阶段,员工的任务是执行绩效计划,上级的任务是辅导员工达成绩效目标。在绩效管理过程中,有90%以上的时间都处在这个阶段,绩效也正是产生在这个阶段。如果把绩效管理过程比喻为三明治的话,这个阶段就是三明治中的肉馅部分,是最有营养的。

但是,这个阶段往往会被管理者忽略,大量的管理者把制订好的计划放在电脑或抽屉中,等到绩效考核时才找出来对比,给员工一个考核意见。在考核时,如果发现员工所做的工作和当初的计划相比变动很大,那么管理者只能凭印象"拍脑袋"给出考核意见。这种做法无助于提升员工在当前考核周期中的绩效,因为上级没有及时介入，往往延缓了问题的解决。

无论是主管还是员工，职业生涯的大多数时间都处在绩效执行和辅导阶段。各种管理方法和技术手段都可以在这个阶段施展出来，可谓"八仙过海、各显神通"，但在这个阶段还是有几个共同点。

（1）采取定期和不定期的方式对绩效进行阶段性回顾。
（2）帮助员工及时解决绩效执行中的问题和冲突。
（3）积累相关数据，为绩效考核做好准备。
（4）如有必要，对计划做相应的调整。
（5）实现组织目标的同时，实现个人目标。

阶段性回顾

主管可采取定期和不定期的方式持续观察和介入员工的工作，进行阶段性回顾，方式包括书面报告、"一对一"交流、会议，如表8-5所示。这几种方法各有优缺点，在实践中可灵活使用。

表8-5 阶段性回顾的不同方式

方式	优点	缺点	注意事项
书面报告	正式，思考充分，留下痕迹，理性思考，便于传递共享	信息量有限，撰写和阅读报告均要花费大量时间	用标准化、简化的表格，或工作日志，或周记
"一对一"交流	互动性好，信息量大，保密性好，有助于建立"一对一"的关系	需要另行记录，耗费时间，尤其在有较多下级的情况下	上级需要相应的沟通技巧，且多听少说
会议	信息量大，团队或部门内部容易达成一致，有助于构建团队氛围	耗费时间，尤其在意见不一致情况下，需要另行做会议纪要	会前充分准备，会中提高效率，会后跟踪落实

如果说其他3个阶段的激励是从标准化和流程化的角度出发，那么绩效执行和辅导阶段的激励，则要侧重于个性化，要根据不同员工的特点结合各种激励方法进行激励。例如，对于技术导向员工来讲，要多进行技术辅导；对于有意向管理方向发展的员工，多让其参与部门管理工作，提高管理水平。在绩效辅导过程中，要从多方面提高员工的工作满意度，从而达到激励的目的。

诊断绩效问题

上级要帮助员工解决工作中的问题,可采用绩效诊断和绩效辅导工具箱,将问题分为四类,分别采取不同的措施,如图8-9所示。

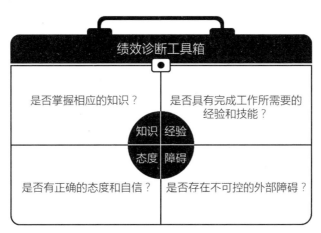

图8-9　绩效诊断和绩效辅导工具箱

在研发工作中,常有临时任务加入,这些任务来源于客户需求的变化、客户提出的特殊订单、事前没有预料到的技术难点、周边部门提出的需求或者上级领导提出的要求。这些都会对事先制订的计划产生冲击,导致计划变更。在绩效执行和辅导过程中,要记录这些变更,重新对工作的优先级进行排序,做好与上级部门、周边部门、下级的沟通。这些沟通记录非常重要,将为后面的绩效评价提供输入。接下来如果员工没有完成起初的绩效计划不能武断地认为不达标,一定要结合计划变更进行考虑。

绩效执行和辅导阶段一般不涉及物质激励,但员工的很多需求都可以在这个阶段得到满足,大部分激励因素也是在这个阶段发挥作用。

个人成长与发展是研发人员的主要需求之一,表现为职务或职级晋升、更具挑战性的工作等,但这些只是个人能力提升后的结果。上下级要达成共识:要实现个人能力的提升,只能在绩效执行和辅导阶段不断学习新知识,把解决问题和积累工作经验当作个人成长的主渠道。在这个阶段,管理者帮助员工实现个人成长计划就是对员工的最大激励。

不同员工的需求有所不同,这就要求管理者根据不同需求采取不同激励措施,这个阶段的激励建议采用灵活多样的方式进行,强化有利于实现绩效目标的行为。在这个阶段投入越多,员工绩效提升越快,达到组织绩效目标的可能性就越大。

华为实践：走动管理，深入一线

华为要求各级主管进行"走动管理，深入一线"，具体包括以下做法。

（1）每天花一个小时与下一层主管沟通。

（2）每周花一天对工作进行系统思考、梳理。

（3）每季度花一天与基层员工面对面沟通。

（4）与下属分享信息，统一方向和决策标准。

（5）在走动管理和分享信息的前提下，做到充分授权。

（6）在将问题提交到更上一级决策前，要确保已与涉及的相关人员做了充分的沟通。

（7）改变会议多、报告多、报告烦琐的局面，切实提高工作效率。

在辅导过程中，要把人放在首位，采取形式多样的辅导方式，包括会议、沟通、吃饭、喝茶等，随时随地了解员工的困难和状态。一个好的辅导者要常问员工下面三个经典问题。

（1）为了帮助你的工作，我需要开始做哪些事情？

（2）为了帮助你的工作，我需要停止做哪些事情？

（3）为了帮助你的工作，我需要继续做哪些事情？

绩效评价与沟通

绩效评价

绩效评价的同义词包括绩效评估、绩效考评、绩效考核。

绩效评价是上下级双方就考核周期内工作的完成情况进行沟通，明确哪些做得好，哪些做得不好，如何改进，最后上级对员工的工作成果给出评价意见的过程。绩效评价的目的是扫除障碍，为提高下一个周期的绩效做好准备。和前面两个阶段一样，这个阶段也不是上级单方面给员工一个评价，而是一个上下级相互沟通的过程。

绩效评价是绩效管理的一个环节，不是独立存在的，如果绩效目标和计划制订，以及绩效执行和辅导阶段没有做好，那么评价阶段能够发挥的作用就极其有限。在没有明确绩效评价标准前提下的打分和评级都是"事后诸葛亮"和"马后炮"，起不到目标牵引的作用,员工难以产生公平感,因此无论是绩效计划还是绩效考核,相关各方达成一致是关键。为了让各方的焦点放在业务目标本身而不是分数上,不建议将绩效评价标准做过细的划分。如果用百分制,谁能说清楚93分和92分的本质区别呢?尤其在针对人的考核上,即便十分制,9分和8分的区别又在哪里呢?用人为的标准进行打分不是绩效管理的目的,因为运作过程中的偏差(因为涉及人的主观感受,这种偏差总是存在的)会对员工的行为带来不必要的干扰。对研发人员而言,每个人的工作都是不一样的,8分的员工真的就会认同自己比9分的员工差吗?所以,我们建议每个目标项的等级不宜过多,3个等级足够,用A、B、C表示,A是卓越标准,B是达标标准,C是不可接受标准;如果一定要用量化的分数来区分,可分别为3分、2分和1分。

A、B、C的标准不是固定的,因而必须不断提高,今年的A在明年可能就是B,明年的B后年可能就是C。这不是企业自身决定的,而是客户要求越来越高、技术不断发展和市场竞争不断加剧的结果。如果这种外部压力不传递到每个员工身上,企业竞争力就会降低。

华为实践:华为如何确定ABC绩效标准

卓越标准(A):该标准用于牵引并激发员工不断挑战新目标,应比照业界最佳来设定。在没有成为业界最佳前,卓越标准应以业界最佳作为标准;在已成为业界最佳后,卓越标准应较去年的最佳基线标准有所提升,提升幅度不低于10%;在不清楚业界最佳的情况下,卓越标准较去年的最佳基线标准应提升30%以上。建议卓越标准至少应是产品线或子产品线的最佳。

达标标准(B):该标准应基于上一年的达标水平来适当提高;是基于目标必须达到"合格"而设的标准,不能因为照顾"能力不足"的人而设置"低一些"的标准。

不可接受标准(C):该标准是组织不能接受的标准。这一标准是基于工作目标的要求,而不是基于个人能力的高低。"不可接受标准"就是不合格标准(譬如开发经两次测试都不通过)。

每个考核项的最终评价结果就是对比实际结果与目标值,给出A、B、C的评估值。但这还不是关键,关键是要找出每个项目评价结果背后的原因,总结出好的经验,找出不足并制订改进方案。单个项目评价主要针对具体的"事情",不涉及对个人的评价,最终的个人评价结果要结合单项评价、外部环境、员工相对进步和其他员工表现等得出。

【收集绩效评价数据】

绩效考评不能凭记忆进行，要有数据支撑，否则员工可能会感到不公平，对最终考评结果提出异议。过程中的记录要由员工确认，不一定要采取亲笔签字的方式，通过邮件进行确认即可。无论考评结果如何，都不能让员工感到惊讶，我们称之为"不惊讶"原则。对于优秀员工，要提前识别，并和这些员工进行沟通，让他们准备好各种素材来分享经验。对于待改进的员工，要明确指出他们在哪些地方没有达到要求，并提出初步警告，更重要的是要通过沟通制定改进措施。只有做好了这些工作，员工才会信服最终的考核结果。

在绩效辅导和执行过程中，收集数据还有法律方面的考虑。根据《中华人民共和国劳动法》的要求，用人单位辞退员工必须提出足够的理由，否则在面临员工诉讼时败诉的可能性很大。

【自评和主管评价】

员工自评

研究结果表明，员工自评结果往往高于包括主管在内的外界评价结果，他们倾向于把成功归于自身的努力，把失败推卸给外部环境因素。这是一个普遍现象，有调查显示，80%以上的员工自评结果都高于外界评价。如何让员工的自评更加客观？我们的实践是，自我评价为A的员工必须给出足够的实例证明已经达到卓越标准，并要求在组织内部分享这些经验。一般情况下，大多数员工自评为B，他们有进一步提高的空间。员工一般不会自评为C，当发现员工可能不达标时，要提前警告，以帮助员工尽量避免最终评价为C。如果主管在没有做到警告的前提下给员工评价为C，那么这不但容易引起双方的冲突，而且主管也没有尽到帮助员工的义务。

主管评价

根据员工表现和自我评价结果，结合其他员工的表现，主管给出初步评价意见。需要特别强调的是，对人的评价不等于对具体工作的评价，工作本身的衡量结果是"无情"的，而对人的评价应当是"有情"的。大量企业把单项评价结果加权平均后的数字（或转化为等级）作为对人的评价结果，并认为这样能避免主管的"拍脑袋"行为或可能的作弊行为，会更加客观公正。事实上，对人的评价更为复杂，单项评价结果是难以或者不能量化为个人评价结果的，需要考虑以下三个因素。

（1）不可控的外部因素。研发成果的最终市场和财务表现与行业环境相关，并不完全由员工的努力决定；研发对象有难有易，越是难的项目越不容易得到A的评价。

（2）内部原因造成的衡量结果不准确。如果流程不完善，会无法对研发过程进行较为准确的量化衡量；如果在组织上没有独立的第三方对业绩进行衡量，会导致衡量结果被利益相关人操纵；如果工作量分配不均，将会使承担大量工作的员工的单项评价结果不如承担少量工作的员工的单项评价结果。

（3）员工个人能力不同。设置统一的绩效标准有助于各项工作成果之间的匹配，也有助于员工之间的业绩对比。但现实情况是个人能力有强有弱，有的员工能力强却没有进步或进步缓慢，有的员工能力不够强但是进步很快，新员工往往在所有方面的表现都暂时不如老员工。

对于前两个因素，员工不能控制，第三个因素如果处理不好，将会影响员工积极性。是不是还需要发明更"客观"、更"科学"、更复杂的数学公式来处理这些因素呢？实践证明，最好的方案是交给直接主管来把握，也就是由他们来"拍脑袋"决定。在所有同一级别主管评价完成后，再由上级组织集体评议，以便做到不同主管间的评价标准一致。在推行正态分布的企业，集体评议尤其重要，因为有的主管下属人数较少，无法在这个层级做到正态分布，这种情况下可以在上一级团队内进行正态分布。

如果主管给员工评价C，必须有足够的证据和理由，因为没有达成绩效目标，主管也有责任。主管和员工要提前沟通，制订改进计划，在员工仍然没有达成绩效目标情况下，才能给员工评C。

绩效沟通

对绩效评价结果进行沟通，是绩效管理中的一个重要环节。但如果前面的工作没有做好，这个环节对主管和员工来说都很被动，很多主管干脆选择逃避或忽略这个环节，暗地里给员工一个考评结果，我们称之为"地下考核"。"地下考核"会使上下级再一次失去面对面沟通和共同寻找改进工作的机会。

无论前面的工作做得如何，都必须面对这个过程。双方的充分准备是这个过程能够良好进行的前提条件。主管要事先准备数据，利用绩效诊断和绩效辅助工具箱深入分析问题背后的真正原因。不能把员工无法控制的原因归咎于员工，否则会对他们的积极性造成极大的负面影响，不利于未来绩效的提高，这也是主管自身的失职。如果是员工的原因，要区别是知识和经验缺乏，还是意愿和信心方面的原因，要事先考虑问题的解决思路，准备好和员工进行面谈。对员工而言，也要针对每一条绩效目标/计划和结果的差距，做好经验分享（自评为A）或改进措施（自评为C）的充分准备。

为了强化沟通在绩效管理中的重要作用，建议把考核阶段的沟通分为两次：考评前沟通和绩效反馈沟通。考评前沟通主要听取员工对绩效完成情况的陈述，核实各方面收集到的信息，做好记录，不涉及绩效评价结果；绩效反馈沟通关注员工的优缺点和改进建议，并反馈绩效评价结果。这样做的好处是把绩效沟通和反馈的重点放在绩效改进而非结果评价。

绩效考核结果应用

绩效考核结果应用虽然可以不作为个人绩效管理循环的一个步骤，但非常重要，甚至不少企业所认为的绩效管理，大部分内容就是绩效结果的应用。

绩效考核结果的应用是多方面的，但这些应用对象并非都由绩效一个维度决定，尤其是由短期绩效决定，否则就会演变为"绩效主义"，忽略了其他因素的作用。

绩效考核结果可以应用在奖金、工资、股权激励等物质激励中，也可应用在培训、晋升（承担更多机会）、任职资格等非物质激励中。但是这些应用对象一般是由很多因素综合决定的，绩效考核结果可能并不是最重要的因素，如表8-4所示。

表8-6 绩效结果应用对象的主要决定因素

维度	绩效考核结果	岗位	任职资格	责任承担	价值观	知识技能	基本素质和潜力	行为
奖金	★★★	★	—	★	★	—	—	★
工资	★	★★★	★	★	★	★	★	★
晋升	★★	—	★★	★★★	★★	★	★★	★★
任职资格	★★★	—	★	★	★	★★	★★	★★★
股权激励	—	★★	★	★	★	★	★★★	★

注：—为基本无关联，★为弱关联，★★为中等关联，★★★为强关联。

从表8-6可知，只有奖金和任职资格主要由绩效考核结果决定。工资调整除考虑岗位外，还需考虑绩效考核结果、任职资格、承担责任等因素。在管理岗位上的晋升需要考虑的因素就更多，一个不合格的管理者会给整个团队带来负面影响，可谓"兵熊熊一个，将熊熊一窝"。然而，研发体系经常出现"学而优则仕"的现象，即把一些业绩优秀但不适合做管理的研发人员提拔到管理岗位，结果在损失了一个技术人才的同时，又增加了一个不称职的管理者。

本章要点

（1）研发工作和研发人员的特点决定了研发绩效管理有其特殊性，正确理解绩效、绩效管理和员工激励等概念是基础，不能照搬供应链和营销的绩效管理方法。

（2）在绩效管理的各个环节都可以激励员工，弗雷德里克·赫茨伯格的双因素理论中的激励因子主要在绩效管理过程中起作用，不能等到绩效考核结果出来后再使用。

（3）如果缺乏基于结构化流程的量化数据做支撑，量化考核就没有基础。

（4）绩效衡量、员工考核和绩效考核结果应用（尤其是应用在物质报酬上）之间的强挂钩会改变工作原动力，引导员工提出较低的绩效目标，三者之间要适当设置人为介入的"防火墙"。

（5）绩效目标分解为指标的过程中，要确保分解后的指标与目标之间的关联性，确保指标达成后，目标也要达成。实现绩效目标的方法不同，对应的指标也不同。

（6）绩效目标和指标要聚焦，应重点改进薄弱环节，一个绩效周期设置的目标在原则上不应超过5项。

（7）绩效执行和辅导阶段是真正产生绩效的环节，但却被大多数企业所忽略。在这个阶段，主管要帮助员工实现个人目标和组织目标。

（8）绩效目标和绩效评价结果的当面沟通非常重要，上下级双方均需要做好充分的准备，贯彻"不惊讶"原则。

Chapter 09

第9章

用 IPD 方法论打造变革管理体系

引言

很多企业在注意到华为在产品和技术创新上的成功与IPD体系的导入密不可分后,于是茅塞顿开:困扰许久的产品管理、创新和研发管理问题终于有了整体解决方案。于是接下来开始看书、学习、开展培训,或者启动IPD咨询项目。有的企业通过各种渠道找来与IPD相关的流程、模板表单,要求员工立即参照模板表单去做。遗憾的是,大部分企业并没有达成预期效果,有的企业由此得出结论:IPD不适合本行业,或者不适合本企业。

过去20多年里,我们接触了大量这样的企业,它们导入一套新体系,犹如搞一场运动,来得快、去得也快,不仅在导入IPD上如此,在导入其他管理方法上也是如此。

为什么IPD在不同的企业,产生的效果如此不同呢?我们认为最关键的原因是这些企业没有掌握导入新管理体系的方法。犹如高中三年使用同样的教材和考试大纲,不同学校的高考结果却迥然不同。排除学生天资因素,就是学校教学方法的不同。同样,新管理体系的导入有其基本规律和方法。同时,IPD的导入还要考虑企业的规模大小、所处的行业、产品和解决方案特点等要素。

通过前面章节,读者知道了IPD是什么。本章将阐述如何把IPD有效导入企业并产生业务成果。

案例:"南橘北枳"的IPD

2003年左右,A、B两家公司同为家电领域的领先企业,大部分业务存在直接竞争,在市场上难分伯仲。A公司最高层认为只有在产品上充分满足客户需求,才能真正提升企业竞争力。IPD在华为的初见成效引起了他们的关注,虽然他们的行业、企业规模与华为相比有很大差别,但他们还是决定做第一个"吃螃蟹者",

力排众议，通过咨询公司引入IPD体系。

A公司董事长亲自担任项目总监，公司总经理、研发体系、市场体系、售后服务体系、供应链体系、财务和质量体系等负责人和骨干都深度参与整个导入过程，因此公司从上至下，对IPD体系的理解都非常深入。经过三年的努力，A公司全面领先于B公司，同时还培养了一批产品管理、创新管理方面的人才。

B公司发现，其与A公司差距拉大的原因在产品设计和质量，以及新产品推出的速度。更进一步的分析表明这种差距来自竞争对手引入的IPD体系。B公司决定也要引入IPD体系。考虑到两家公司行业相同，规模也相差不大，B公司认为只要把A公司的流程、模板、表单"借鉴"过来就行，华为不是倡导"先僵化、后优化、再固化"吗？而最快的办法就是从A公司引进人才。

B公司很快从A公司挖来参与变革过程的关键人员，并委以重任。他们到任后，一个月内就制订了相关的流程、制度、模板，与领导确认后便开始全面推行。但在推行过程中却阻力重重，项目组成员和中高层都认为过程太烦琐，新体系大大降低了研发效率，变革很快就偃旗息鼓，新的流程、模板和表单也被束之高阁。

"同样的IPD"在A公司运行良好，在B公司为什么就不灵了呢？

最近十年来，变革管理的价值越来越得到企业的认同。但在2007年，面对B公司这样的难题时，我们还是有些吃惊。经过调研诊断，我们发现问题出在体系导入过程上：专家单方面交付管理体系内容，而包括高层在内的各级管理者、骨干没有参与流程和制度设计，导致绝大部分执行者对体系、流程、模板、工具表单不理解，他们只是被告知要做什么，并不清楚为什么要这么做及这样做有什么好处，也就是"知其然，不知其所以然"，阻力自然就产生了。

面对这种情况，高层暂时停止了新体系导入，所有项目先按老流程运作。同时，严格按照流程进行IPD体系导入。经过近一年的努力，B公司于2008年重新开始实施"新"的IPD体系，这次非常顺利，几乎所有员工都认为只有IPD流程才能解决公司的管理问题。同时，很多员工惊讶地发现，大部分模板和表单与之前执行不起来的也十分相似。

通过导入IPD体系，B公司和A公司比翼齐飞，成为国内高端家电领域的"双雄"。在这两家公司，IPD体系本身也不断得到发展、完善。

IPD实施过程中的主要问题

通常企业引入IPD体系不能达成预期效果（不是失败），主要是以下几个原因。

企业最高层变革意志不坚定

要从"制造"走向"创造"，变革会涉及企业的研发、营销、供应链、质量管理、财务、服务、生产制造、采购、人力资源等关键领域，并且要求这些领域在行为上同步发生转变。而这些领域的共同责任人，就是企业的最高管理者，具体职位可能是董事长、总裁、总经理等，可能是一个人，也可能是一个管理团队。

很多高层把IPD变革的任务交给某一个领域负责人，比如研发部门、市场部门或流程管理部门，而自己投入的时间严重不足，导致自身对体系不理解。一个人很难支持自己不理解的变革，于是高层本人就变成了变革的阻力。

在推行过程中，因为涉及行为的改变，所以一定会遇到反对的声音，比如"学IPD浪费了大量时间""IPD不适合我们这个行业""顾问不懂我们的业务"……当这些阻力传递到最高层，如果他们变革的意志不够坚定，对变革的规律认识不足（例如，变革往往不会很快产生收益，短时间内可能还会降低效率），最高层就会顶不住压力，从支持者成为旁观者，甚至反对者。最高层是否能始终如一地支持IPD，这很容易被观察到。大家不仅在看最高层如何说，而且更重要的是在看他如何做。

例如，苏州一家通信设备企业，在推行IPD过程中，几个部门发现IPD项目占用了他们大量时间，不能产生"立竿见影"的业务成果，反而影响目前的业务开展。这些意见通过各种渠道反映给总经理，他原本（口头上）很坚定的决心开始发生动摇，要求减少相关培训和研讨活动，以业务为重，结果导致培训、研讨等活动的出勤率降低，大量员工不理解IPD。当员工去实施一个不理解的体系时，效率和效果更加不如从前。当这位总经理发现IPD"果然"不能很快产生效果，于是暂停了项目，并得出结论：IPD不适合本行业。

变革紧迫感不足

领导力大师约翰·P. 科特教授在《领导变革》一书中把"建立紧迫感"放在变革过程中八个步骤的第一步,他认为只有具备足够的紧迫感,变革才会成功。科特教授针对这个观点写了《紧迫感:在危机中变革》一书,进一步强调紧迫感在变革中的作用。紧迫感不足表现为满足于现状,不愿意尝试新方法,行动缓慢或不行动。

对于紧迫感,有以下两个主要来源。一是目前存在的问题,如果这些问题不解决,将影响企业的生存和发展,比如产品频频发生重大质量事故。二是企业面临的重大机遇,如果不抓住机遇,同样会对企业的发展带来影响。例如,目前看起来业务还不错的传统燃油车企,将来必须考虑如何运用新能源、如何运用自动驾驶技术等。

某综合性食品集团的总部研发管理机构为了加强对各个子公司研发的管理,决定引入IPD。咨询公司经过调研发现,该集团缺乏有效的产品和技术规划流程体系,没有构建可共享的技术和产品平台,产品开发流程遗漏了很多关键要素(比如客户需求分析)等。但因为该集团连续几年业务增长率都在20%以上,很多集团高层和各子公司领导都认为公司经营很顺利,要变革的必要性不大。但是,既然上级领导有要求,下端必须有所响应,最终导致表面上引入了IPD,实质上还是按照老方法做,于是IPD体系文件成了摆设。

研发部门或顾问唱独角戏

很多企业高管认为,产品开发既然是研发部门的责任,IPD体系导入自然就是"他们"的事情,其他部门只是起辅助作用。在这种基调下,其他部门很少与参,或者根本不参与,即便参与了,也不认为自己是主角。虽然最终把流程理顺了,但是责任分工与跨部门协同问题还是没解决,执行效果差也就是必然的了。

还有一种情形是,企业高管把变革的责任交给外部顾问(或内部顾问),让顾问成为主角,认为"我们花钱,就是请你们来帮我们设计体系变革的"。在这样的指导思想下,主要是顾问单方面设计方案,企业评审方案。当交付件评审通过后,项目就基本结束了。为什么说这样的咨询项目难以成功呢?因为只有企业各层级中具体运作流程的主体成为变革主角，深度参与咨询过程，才能理解物理层（流程、组织结构、模板、表单等）背后的原理，才能在过程中达成共识。

让新体系在实施前得到普遍理解和认同，是变革取得成功的关键。

河北某大型能源企业实力雄厚，与国内外知名咨询公司频繁开展合作。该公司聘请咨询公司的习惯做法是，把所有体系设计工作都交给顾问完成，自己担任评委。很多咨询公司也把咨询过程等同于调研诊断与撰写报告的过程，并在项目中锻炼新顾问。结果是，对于变革类项目，也就是需要改变人的行为的项目，在咨询结束后大量方案束之高阁，无法落地，企业的员工也没有得到成长，导致在遇到问题时首先想到的还是咨询公司，患上了严重的"咨询依赖症"。

IPD导入要达成预期效果，企业的投入一定要远远大于顾问的投入。根据经验，企业投入与顾问投入的比例为十比一，也就是顾问每投入一天，企业就要投入十天，甚至更长时间，这样才能真正做到体系与企业实际情况的结合，同时完成知识转移。

在这点上，华为是学习的榜样。华为的IPD导入的第一年（1999年），任正非说道：

不要把IPD行为变成研发部门的行为，IPD是全流程的行为，各个部门都要参与进来。每一个PDT试点小组中要增加两个财务人员、两个采购人员、两个生产计划人员……每个小组设置一名观察员和一名主要的小组成员。等PDT试点结束后并要扩展到另外一个PDT的时候，主要的小组成员退出来，观察员承担主要职责，并再增加一个观察员。经过这样不断地滚动，可以让公司所有的中高层干部参加一次实践。这样的培训也是为了对他们的前途负责。

在"物理层"上生搬硬套

任正非的一句"买一双'美国鞋'，削足适履，先僵化，后固化，再优化……"，让大量企业争相引入标杆公司的管理体系：既然华为成功了，"美国鞋"在目前"中美脱钩"大背景下不太适合，那就穿中国的"华为鞋"吧！于是很多企业把华为公司"原汁原味"的流程、制度、模板、组织方式，也就是管理体系的"物理层"照搬过来，结果"鞋子"实在硌脚，越穿越不顺。最后得出结论：IPD不适合我们！的确，华为的IPD只适合华为自己。

这些企业之所以会完全照搬华为的IPD体系，主要是因为对任正非的讲话断章取义。华为从1999年开始与IBM合作导入IPD体系，并不是完全照搬IBM的体系，而是在深入理解思想、原理的基础上，逐步形成的"华为IPD"。虽然这种理解还不够深，在形式上沿用了IBM的IPD的大量术语，但已经"华为化"了。也就是说，任正非所说的僵化的对象，已经不是IBM内部使用的IPD，而是经过华为和IBM共创的IPD。只是新的体系与1999年前的华为研发体系相比，有很大不同，在试点和推广阶段，需要不折不扣按照预先设计好的体系推行。如果不做这样的要求，将会因为人的惯性使然，很容易导致体系在推行中变形，变革难以成功。任正非所说的"僵化"只是一个夸张式的表述方式，不能完全照搬，而应学会变通。

低估变革难度，没有把变革作为一种长期投资行为

IPD体系涉及战略、流程、组织、绩效与激励、薪酬等，把这些要素都集成起来，是一项庞大的系统工程。企业规模越大，业务越复杂，需要的时间越长。华为把宏观IPD（常说的"大IPD"或"广义IPD"）的主要内容实施完毕花了近10年的时间，至今20多年过去了，还在不断优化完善。大多数企业想得到与华为类似的结果，但却没有华为的决心和耐心。那么华为为什么不在短时间内，把这些要素都准备齐全呢？

IPD体系的实施需要在整体规划下分步进行。IPD体系中的每个变革项目都需要员工投入大量的时间和精力，而他们同时还有业务工作要做。在短时间内完成过多变革项目会造成严重的资源拥堵，势必影响变革质量。在"速成"方针指导下的变革看起来轰轰烈烈、理想远大，但是因为违背了客观规律，所以效果很差。

成功的IPD变革将缩短产品开发周期、提高研发效率、提升产品质量，但是这些产出需要足够的投入支撑。很多企业在对变革的产出寄予厚望的同时，大大低估了变革的难度，这也是造成变革失败的原因。

变革投入一般包括三个部分：外部顾问的咨询费用、内部员工的投入、短时间内业绩下降所耗费的成本。支付给外部咨询顾问的咨询费仅仅是变革成本中很小的一部分，更多的是企业内部高层、中层和基层骨干在变革上的时间和精力投入。企业应当安排一位或多位专职的、有强大领导力的高管来总体负责变革，然后由他来组建变革组织和团队。还有一项变革成本往往被忽略，就是变革过程中可能

出现的业绩暂时下降。原因有两个，一个是骨干团队参与变革会减少其投入业务中的时间，另一个是试点实施过程中因为对新的工作方法不够熟悉，会影响效率，犹如换用新的输入法，短期内会影响打字速度。没有足够的投入，自然就不能享受变革带来的收益。

某纺织机械设备企业，在2006年通过咨询公司引入了包括市场管理与产品规划流程（MM）、集成产品开发流程、需求管理、组织变革、绩效管理等在内的全套IPD体系，仅在半年内全部上线运行。该企业是如何做到的呢？因为所有体系设计工作均由咨询顾问完成，企业被动接收交付，通过咨询项目得到的主要是模板和表单，而不是自身管理能力的提升。在顾问离开后，这些模板表单基本被束之高阁。5年之后的2011年，该企业再次拿出当年的模板和表单继续"填写"，但仍然无法理解。2014年，该企业不得不再次聘请咨询公司重启IPD的整体导入。

体系没有经过验证就实施

中国改革开放的成功经验之一是试点，在一个或几个地方成功后再逐步推广。试点在管理变革中也极其重要，尤其是对那些企业规模大、产品种类多、变革准备不充分的企业。试点可以验证体系是否适合本企业，同时还可以培养员工能力，商业和财务的成功不应成为试点的主要目的。

试点犹如产品开发过程中的测试，很难想象，不经过测试就把产品大规模投放市场会带来什么后果？产品质量和客户满意度一定不会高。但很多企业在变革过程中急于把成果用起来，认为在体系设计过程中已经考虑得很周全了，不用再花时间在试点上，导致在体系推行过程中流程、制度和模板并不完全符合企业实际情况。

古人云："磨刀不误砍柴工""欲速则不达"。这样的智慧同样可以用在管理变革中。

成功导入IPD体系的关键

根据我们对若干咨询项目的深入研究，结合《培思的力量：产品及周期优化法在产品开发中的应用》中PRTM公司对若干成功项目的总结,以及《从偶然到必然:华为研发投资与管理实践》中对华为变革经验的总结提炼,我们认为IPD的成功导入,有6个关键要素,并应把这些要素融入一个结构化实施流程中。

最高层对变革的支持

公司最高层可能没有时间深度参与变革的细节,但是一定要让其他高层、中层和基层员工深切感知到最高层支持变革的明确态度,当变革遇到困难,或者暂时还没有取得成绩时,最高层的无条件支持尤其重要。当最高层没有足够的时间和精力参与时,要充分授权有足够领导力的其他高层主导变革工作。另外,最高层一定要对变革的基本方法论和原理有深刻理解,因为一个人不可能支持自己不理解的东西。

如果没有任正非的无条件支持,华为的IPD绝对不能取得成功。与很多企业是在业务下滑时启动变革不同,华为是在高速发展时启动变革。华为在20世纪末处于高速发展期,营业收入每年保持50%以上的增长,包括大量高管在内的员工都认为华为的管理是有效的。1999年初,IPD项目一启动就遇到巨大阻力,IBM顾问对华为的通信业务不熟悉,显得很外行,很多人开始怀疑IBM是否有足够的咨询能力。任正非多次在会议上异常坚定地表达了对变革和IBM顾问的无条件支持,强调等哪一天华为规模超过IBM"达到2000亿美金"再去质疑顾问的方案,目前只能被动学习。

IBM在20世纪90年代推行IPD时,同样遇到了巨大的阻力。当时的董事长郭士纳把IPD地位提升到公司经营主流程高度,强调说,整个IPD重整至关重要,如果你不知道它是什么,就需要回去学习。公司的每个人都需要熟悉IPD。公司准备根据这个流程来进行经营。即便如此,IBM的一些"老臣"同样表现出抵制情绪,认为之前从事食品和信用卡行业的郭士纳并不了解IBM业务。郭士纳并不想在劝说高层支持他的变革上花费太多时间,于是打印了很多空白辞职信,谁有异议就递给他一份……

任何变革都非易事,都会遭受重重阻力,只有最高层坚定地执行变革,才能得到企业员工的支持。

持续建立紧迫感

为什么要进行变革？如果对这个问题没有一致回答，阻力随时都会出现。因此要建立变革紧迫感。建立紧迫感的关键在于要认为企业现在存在问题，并且这些问题是和自己有关的。

在顾问参与的变革项目中，咨询顾问首先会出具调研诊断报告，并组织高层进行学习和研讨，再将范围逐步拓展到中高层和骨干，甚至全员。但是，这个重要的环节却被很多企业管理层认为是多余的。他们通常会说："企业存在的问题我们都知道，调研诊断和出调研报告会浪费很多时间，还是赶快设计方案、解决问题吧……"在没有外部顾问参与的变革中，企业常会忽略这个重要步骤，想当然地认为员工已经做好了变革准备。实际上，各层级、各部门、各业务单元对问题的感知和理解非常不一致。不仅在项目的开始，而且在变革项目持续数月甚至数年的整个过程中，都要让相关人员持续保持紧迫感，不能有丝毫放松。

华为IPD项目于1999年4月启动，到2000年初一直处于"关注"阶段，工作包括开展培训，进行调研诊断，学习调研报告，员工针对调研报告撰写心得体会。1999年11月，任正非在IPD第一阶段总结汇报会上表示，第一阶段报告印5000本，彩色的，不要忘了海外人员的培训。用不完的用于明年培训新员工。

通过这些活动，让华为上下对存在的管理问题达成共识，产生强烈的变革愿望。同时，通过IPD体系的导入培训，让大家看到了"曙光"，知道这些问题是有成熟解决方案的，对2000年的"发明"阶段工作充满期待。华为认为变革首先要解决思想问题，也就是头脑的"松土"。只有土松了，才能播种，庄稼才能成长，大家才有收获。

企业是否真正地建立了紧迫感？重要的标志之一就是全公司上下、各个相关领域，是否认同调研诊断结果、变革蓝图和项目开展计划。只有在认同的基础上，后续工作才会顺利进行。

相关领域全程深度参与

很多公司错误地把IPD实施理解为研发部门的变革项目，其他部门协助即可。这种观点指导下的IPD变革会解决研发内部的一些问题，但无法从根本上实现全公司围绕客户需求进行创新。其实，IPD体系更多是对非研发部门提出新的要求，对于这些新要求、新工作，大部分都是非研发部门以前没有做过的，如果这些工作不转化为他们的"本职工作"，企业转型便无法实现，并且非研发部门还可能会因为研发部门"硬塞"给他们很多额外工作而"耿耿于怀"。

要想发挥IPD的威力，需要非研发领域的深度参与。这些领域和研发领域同等重要，不分伯仲。它们不能仅仅在项目启动和结束时象征性介入，而应全程都要深度参与。IPD中"I"（Integrated）的中文含义是"集成"，在这里体现得淋漓尽致，只要有一个领域被落下，IPD导入的效果就会大打折扣。

华为的IPD变革项目组织非常庞大，分为领导组、执行组和宣传组。领导组负责领导变革，包括提供资源、协调冲突和验收成果等；执行组负责执行变革，和顾问一起按项目进度开展各项变革工作；宣传组负责把变革成果宣贯到各大体系和部门。在成员上，三个组都涵盖了公司各大体系和部门，包括市场、销售、研发、中试、财务、采购、制造、质量、用户服务、人力资源等。项目组是动态变化的，会根据项目进展和人员绩效表现情况进行调整。

不是所有公司都必须设置像华为一样的变革项目组层级结构，但如果不想让某个领域在变革中拖后腿的话，在项目组成员的覆盖范围上，一定要向华为看齐。

对变革进行总体规划，分步实施

虽然变革可以从上到下实施，也可以从下到上实施。但在进行管理变革前，企业要根据面对的机遇、挑战和问题，结合资源状况进行规划，然后根据规划有步骤地进行，这个过程正如企业要在市场规划和产品规划基础上有步骤地向市场推出新产品。然而有规划地进行变革，并不否定可以对变革规划进行动态调整。

华为的IPD体系建设同样遵循了这个原则。1998年，IBM和华为合作ITS & P项目时建议进行IPD体系的建设，包括集成产品开发、市场管理、项目投资管理、技术和产品标准等若干个子项目，这些子项目相互关联，启动时间是错开的，体现了整体规划、分步实施的原则。但是，在实际运作过程中，双方的合作是一个"开口合同"，可以定期对变革规划进行调整，在时间上比IBM当初提出的27个月长得多，范围也进行了拓展，但始终坚持了分步建设的思想。

华为和其他公司实施IPD的成功经验表明，IPD体系的整体导入，可以分为"三步走"，如图9-1所示。

第 9 章 用 IPD 方法论打造变革管理体系

图9-1 IPD体系整体导入的一般步骤

（1）成功的单个产品和项目：该步骤解决如何把一个产品或项目做成功。所有模块都围绕如何把已明确要做的产品做成功，包括基于MM方法论的产品立项流程（立项流程可以放在"优秀的项目组合"中）、基于IPD方法论的产品开发流程、产品开发的子流程和能力建设、基于项目管理方法论的研发项目管理流程，以及相关的组织和绩效激励机制变革。

（2）优秀的产品和项目组合：该步骤解决企业如何通过产品规划和组合管理持续推出成功的产品。这个阶段需要建设基于MM方法论的规划和立项流程（立项流程可以放在"成功的单个产品和项目"中）、基于OR方法论的需求管理流程，以及进行相关的绩效和组织变革。

（3）业务和能力的均衡发展：该步骤解决内部能力提升问题。通过前面两个步骤，解决了面对外部市场如何做正确的事与正确地做事两大核心问题，接下来就是不断提升自身能力，这是一个长期的过程。这个阶段，应持续优化前两步对外的规划和开发流程，同时夯实各个子流程和能力建设，提升各个领域的能力。本质上，就是把MM、IPD、OR和项目管理方法论拓展到内部各个领域。在这个阶段，需要把企业内外部资源进行有机整合，充分整合全球资源做到开放式创新。同时，该阶段还可以引入敏捷思想，让创新过程能更快、更好地响应客户需求。

需要特别指出的是，以上步骤不完全是线性的，当企业面临的紧迫度最高的问题和三个阶段解决的问题不同时，但企业具备相应的解决能力，那么企业就可以跨越以上阶段启动IPD。例如，有的企业可以从产品和技术规划模块启动IPD变革过程。

给予内外部顾问强有力的支持

企业在进行变革时，一定要有变革引导者，要么是外部顾问，要么是内部顾问。变革引导者的工作是引导和推动变革，不仅要掌握IPD专业知识，更重要的是要有IPD实施经验。最高层始终如一地支持和亲自深度参与，或者在自己不能充分投入的情况下授权其他高层深度参与，加上内外部顾问的专业知识，是变革成功最重要的人力资源支撑，以及构建变革组织和团队的基础。

当企业缺乏合格的内部顾问时，引入外部顾问可让企业少走弯路，能从第三方角度客观认识企业面临的问题；在解决内部冲突时，更能站在中立角度进行评判。不过，外部顾问如果选择不当，不仅会让这些好处荡然无存，还会给变革带来更多不确定因素。和其他领域变革不同，IPD变革是企业涉及面最广的变革，需要各领域深度参与，这对变革引导者提出了非常高的要求，除了掌握IPD知识和IPD实施经验，还要具备一定的各领域专业知识，否则难以和功能部门进行有效沟通。

如何选择咨询公司？与其说是选公司，还不如说是选人。一些大咨询公司的顾问很多，但对IPD有足够理解的顾问极少。在选择咨询公司时，一定要明确是哪些顾问参与项目，要对顾问进行背景调查，面试通过后要在条款中明确要求顾问公司不能"调包"。

如果由企业的内部顾问来引导变革，要求也要一样的。顾问必须具有管理体系实施经验，这点非常重要，同时还要掌握足够的IPD知识，后者可以通过参加相关培训进行"恶补"。

无论由外部顾问还是内部顾问来引导变革，一经选定，管理层就必须给予顾问充分信任，对顾问不应有任何置疑，绝不能在公开场合置疑顾问。一旦员工对顾问的信任度下降，对顾问传递的知识也将产生怀疑，最终将影响变革质量。通过任正非在2001年的这段讲话，可以看出华为对顾问的支持：

我们要坚信IBM的体系，坚信IBM的顾问能对我们负责任，全力以赴做到支持、配合。在支持与配合过程中，允许有思考，但不是独立思考。为什么允许思考？IBM毕竟是一种美国模式，华为公司能不能完全接受这种美国模式还是存在一定问题的。允许思考，重在理解与推行，不要独立思考，是因为我们还提不出系统建设方案。

我们三五年内都要穿一双"美国鞋"。顾问说什么就是什么，我们试试看。当然不理解的可以思考，允许思考，但不允许独立思考。不能独立出方案，出报告。有的员工很爱公司，但我认为不要有狭隘的民族自尊心、狭隘的华为自豪感，我说过，要反对狭隘的民族自尊心，反对狭隘的企业自豪感，反对狭隘的品牌意识。这样我们在未来才会成为难以战胜的公司。

实施IPD需要跨部门团队

无论是全面实施IPD体系，还是实施其中的一部分，都需要多个角色参与。映射到企业组织中，就是通过跨部门团队方式，让各个领域参与进来。跨部门变革团队一般分为以下四种组成部分。

项目领导组

项目领导组由公司最高领导人和各领域高层共同组成，主要职责是提供变革项目所需资源、解决冲突、批准相关交付和推动实施。当我们把变革作为一项持续的业务进行管理时，领导组也可以叫作变革指导委员会，同时为多个变革项目提供服务。项目领导组成员要覆盖项目内容涉及的各个领域，并且"一个都不能少"。经验表明，一旦某个领域的高层没有纳入领导组或者纳入之后没有深度参与项目，那么这个领域就会成为变革的障碍。例如，某企业人力资源副总经理因为"事情太多"没有参与项目，不理解IPD体系对人员的要求，导致在实施过程中无法有效提供人员招聘和培训方面的服务，不得不再对其进行单独辅导，这在浪费资源的同时还影响了变革进度。可见，项目领导组成员在变革中带好头是成功的保障。

内外部顾问团队

外部顾问团队由项目总监、项目经理和顾问组成，项目总监由咨询公司经验丰富的高层担任。内部顾问团队也可参照这样的结构来进行组织。顾问团队在变革中的作用是提供方法论，参与评审和推动变革，利用其管理知识、管理经验和实施经验降低变革风险。在变革过程中，顾问要定位好自己的角色，只能工作在后台，要把聚光灯留给变革主体。内外部顾问的工作性质完全相同，下面不再做区分，统称为顾问。当企业引入外部顾问时，由外部顾问和内部顾问共同组成顾问团队。此外，顾问团队可以纳入项目管理办公室。

很多企业认为既然请了外部顾问，就应当把设计工作交给外部顾问，外部顾问做完后交还给企业去执行。设计和执行割裂的结果是执行者并不真正理解为什么要这么做，认为体系是顾问的而不是自己的。这是很多企业变革失败的重要原因。我们坚决认为顾问的作用是指导和引导变革，是来"教人干活"的，而不是"亲自干活"的。一旦这个关系颠倒，顾问就很难发挥应有的作用。

项目执行组

执行组由各个领域的中层和骨干员工组成。在有外部顾问参与的情况下,执行组的任务是在顾问带领下完成组织、流程、制度和相关模板的开发工作,并实施。执行组的工作质量决定了变革项目的质量,其执行力非常关键。执行组只有深度参与才能真正理解新体系的精髓,尤其要深度参与流程、模板、表单等的具体设计工作,并把新旧体系联系起来,进而顺利实现过渡。

对于较为复杂的变革项目,执行组可以分为三个部分。一是从事体系总体设计的人员,也就是变革的SE;二是体系设计组,任务是完成体系设计,包括体系的整体测试(沙盘);三是试点组,负责把体系应用在试点项目中。

项目推行组

项目推进组也叫项目宣传推广组,负责把相关理念、知识和经验推广到企业的各个角落。企业规模越大,这项工作越重要。宣传组可以由负责企业宣传和推广的部门负责人挂帅,组员要覆盖各个部门,同样是"一个都不能少"。在IPD变革项目期间,宣传组要采用一切可能的方法让相关部门了解、理解和认同变革内容,让绝大多数人成为变革的支持者。

此外,项目推进组也可以是项目执行组的一部分。

基于IPD方法论的变革项目开展流程

变革过程作为战略目标实现的有机组成部分,如果用IPD方法来进行管理,那么可以用图9-2来表示。

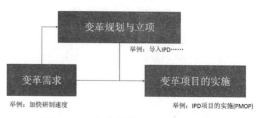

图9-2 业务变革管理体系BTMS原型

基于公司战略要求与现有的管理问题,便形成了变革需求。变革需求是企业需求管理体系的一部分,由负责管理体系建设的相关部门和团队负责。在公司进行战略规划和年度计划工作时,变革规划也是其中一个重要的组成部分。变革规划的输出之一就是分年度的变革路标,说明在什么时候要开展哪些变革,

第 9 章 用 IPD 方法论打造变革管理体系

达成什么目标和效果。对管理体系的变革与优化,有一部分需要特别立项,以项目方式开展,有一部分由相关部门以管理优化的方式进行。

和产品开发项目的立项类似,在开展具体的变革项目前,要制订变革项目任务书,可称为4W2H。

(1)为什么要进行变革(Why):要解决哪些管理问题?要满足企业哪些战略诉求?应抓住何种机遇?

(2)要进行哪些变革(What):这些变革是在一个还是若干个子项目中进行?初步的方案是什么?

(3)变革会涉及哪些人(Who):变革由谁主导?团队结构是怎么样的?是否需要外部咨询机构或顾问参与?

(4)什么时候进行变革(When):有什么样的时间规划?在时间安排上,是否和战略目标对齐了?

(5)如何进行变革(How to do):变革计划是什么样的?

(6)变革的收益和成本是什么(How much):变革需要投入多少内部和外部资源?是否需要外部咨询机构参与?变革会带来什么收益?变革作为一项投资,是否有商业价值?

变革项目立项通过后,就进入"管理体系开发过程"。本节我们将把狭义的IPD方法论用于体系开发过程,把管理体系看作产品和服务,描述如何系统解决管理问题。华为把这个过程叫作PMOP(Program Management Operation Process),如图9-3所示。

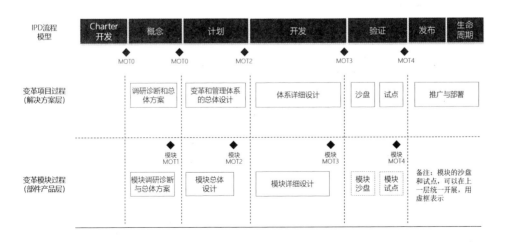

图9-3 基于IPD方法论的PMOP

PMOP的字面意思是"项目群管理运作流程",这个名称可能容易给人带来误解。变革项目过程不仅仅是一个项目管理过程,同时还是一个新的管理体系的"开发过程",核心是要通过管理体系的构建,解决管理体系对战略的支撑问题,也就是"战略与结构相互适配",这是一个典型的管理创新过程。同时,我们不否认项目管理的重要性,要让整个创新过程有序进行,需要把创新型项目管理方法,也就是RDPM的方法论运用在整个过程中。

变革项目的实施过程可以分为五个阶段,下面我们用标准的IPD五个阶段名称对其进行介绍。

概念阶段:调研诊断和总体方案

概念阶段,也就是我们通常所说的调研诊断和变革蓝图设计阶段。如果用IPD方法论来指导这个阶段的运作,其工作目标和内容会更加清晰和容易理解。这个阶段首先要探索和明确变革项目的需求,也就是要解决什么问题,和变革规划与立项阶段相比,在本阶段结束的时候,需要解决的问题应当是完整的,对问题产生的原因应当进行了深入细致的分析。问题来源于现状与企业使命、愿景、战略目标之间的差距(GAT)。对问题的探索,是这个阶段的核心工作。调研诊断方法包括战略理解、资料阅读、实地考察、各层级员工访谈(尤其是高层访谈)、典型项目剖析、对标研究、企业相关方(包括客户、供应商等)的访谈等。调研工作的最终成果是调研诊断报告。

概念阶段的另一项重要工作,是要基于"总体规划、分步实施"的原则,针对问题形成变革蓝图设计、总体方案(有时也叫"设计要点"),类似产品开发流程中的"产品概念"。如果变革项目是分期进行的,在这个阶段结束时,要确定本期项目(通常为期半年到一年)或者是下一个阶段的详细计划和资源需求,也就是计划阶段的详细计划和资源需求应当是非常明确的。

约翰·P.科特指出,变革动力来源于紧迫感,紧迫感不足是很多企业变革失败的重要原因。调研诊断报告是紧迫感的重要来源,管理问题总是可以对应到具体的部门和角色,如果这些相关人员不认同调研报告的问题,变革就会遇到阻力,甚至无法进行,犹如不认同诊断结果的病人一定会怀疑医生开出的处方。所以,必须对调研报告进行宣贯,让员工就报告中提到的问题达成共识,识别变革中可能的障碍。华为把这个过程形象地比喻为"松土",也就是营造一个适合新体系成长的氛围。"松土"的方法有很多,比如培训、考试、辩论、写心得体会、反思会、"民主生活会"等。紧迫感的营造是一个持续的过程,将贯穿变革过程的始终。

计划阶段:变革和管理体系的总体设计

计划阶段是对蓝图设计和总体方案的展开,形成总体设计,把需求分解到各个模块。针对不同的管理模块,在计划阶段的工作内容有所不同。

(1)业务流程模块的总体设计包括识别流程中的角色和职责、流程的阶段划分、流程各阶段的目标和输入输出、各阶段的主要活动、流程中的决策和技术评审点设置、角色和组织的总体对应关系等,并在这些工作的基础上形成流程袖珍卡。业务流程的总体设计,可以用APQC的PCF框架进行,通常把流程分为六个层级(L1~L6)。

(2)组织模块的总体设计是完成组织结构的框架设计,包括与战略匹配的组织模式设计、产品线或业务单元划分、部门和业务单元的概要职责设计、汇报关系、跨部门团队设置、初步的人岗匹配策略等。

(3)绩效管理模块的总体设计包括两个部分:一个是形成公司层面和产品管理体系的KRA和KPI衡量体系;另一个是确定绩效管理理念和绩效管理流程,以及考核和绩效激励关系。

总体设计和各模块概要设计完成后,要制订变革项目的详细计划,包括资源计划、时间进度计划、问题和风险管理计划等。在这个阶段结束时,要进行一次决策评审。

开发阶段:体系的详细设计

开发阶段的工作是完成详细设计,以及相关模板和表单的设计,包括流程、组织、绩效和激励等内容,在开发阶段要确保各个模块详细设计之间的匹配。

(1)业务流程模块在开发阶段的工作是把流程架构设计和总体设计进行展开,明确输入输出关系,并设计模板表单。这个阶段的展开可分为基于阶段的展开和基于角色的展开。基于阶段的展开可形成阶段流程,也就是形成各个阶段工作如何开展的详细流程，比如概念阶段工作流程。基于角色的展开可形成该领域的子流程，为该角色的工作提供详细指导，这个维度的展开必然会对其他角色提出更进一步要求。所以基于角色的子流程往往也是跨部门的，比如测试角色的子流程必然对系统工程师角色提出更加细致的工作要求。无论是基于阶段还是基于角色的展开，在这个阶段都要定义流程中的工作模板和表单。

（2）组织模块在开发阶段的工作是在组织和业务流程总体设计基础上进行详细设计，共包括纵向设计和横向设计两大部分。纵向设计包括部门和岗位的设置，以及其职责要求等。在这个过程中，必须和现有的人力资源状况进行匹配。横向设计包括各种跨部门团队的职责、团队成员的来源、团队之间的工作关系和纵向组织架构的匹配等。在组织模块的详细设计中，要把流程中的活动和能力要求，反应在组织设计中，让组织支撑流程的有效运作，实现流程型组织的设计目标。

纵向组织要形成资源池，才能支撑流程的运作。在实践中，我们可以基于流程对角色的要求，用"同心圆"模型方法，设计不同角色的能力模型。在这个阶段，可以同步开展培训工作，为沙盘和试点阶段的工作做准备。

（3）绩效和激励管理模块在开发阶段的工作包括两大部分。一个是将公司和产品管理KPI衡量指标分解到市场管理、研发管理等领域，构建详细的KPI管理表，同时形成KPI管理制度。另一个是在绩效管理流程的基础上形成绩效和激励管理制度，明确在绩效管理循环中各个角色应当完成的具体工作，并定义相关模板、表单和制度。在这个阶段一定要把绩效理念贯彻到具体的行动和表单中。在这个阶段，要对相关主管进行培训，为后续的沙盘和试点做好准备。

验证阶段：沙盘和试点

前三个阶段的工作都是紧密围绕公司战略要求和管理体系中的问题进行，但新体系是否真的能解决这些问题，还需要实践来检验。检验的方式有两种：一种是沙盘，类似产品开发过程中的Alpha测试，也就是内部测试；另一个是试点，类似Beta测试，也就是外部测试。

沙盘是一种模拟，试点是在实际工作中应用新的管理体系。没有经过沙盘就进行试点和推广，犹如没有经过内部测试就把产品投放市场。我们的实践经验表明，经过沙盘的管理咨询项目效果远远超过没有经过沙盘就进行试点、推广的项目。沙盘可以让员工在真实场景中进一步理解体系，发现新体系中的问题，为体系优化提供输入。此外，沙盘也是一个培训的过程。

经过沙盘后，有的企业已经按捺不住内心的兴奋，既然这个体系这么好，也经过了沙盘验证，还不赶快大范围用起来？正如很多企业急于向市场大规模推出仅仅经过内部测试的产品。试点是管理变革中不可或缺的重要一环，其重要性等同于产品的客户测试、外场测试、认证测试等。试点通过真实的项目验证体系是否真正适合本企业，同时可以大量培养人才，这些人将成为未来体系推广的"星星之火"。

对于开发周期较长的企业，试点阶段可能会持续一到两年。在这个过程中，企业可以不断优化流程、模板、表单等。

推广和部署阶段：体系的不断优化和完善

推广阶段是把经过验证的管理体系应用到更多的产品线、资源部门和分支机构，类似于产品开发流程中的上市阶段。在推广过程中，需要对体系不断进行优化和完善，从这个意义上讲，这个阶段是没有结束的时候。在这个阶段，要向各个分支机构进行推广，在华为也叫"部署"，就是把管理体系推广到更多的项目，推广到组织的各个角落。

和产品开发过程一样，在每个阶段的结束点，却会设立阶段评审点MOT。

管理术语：关键时刻（MOT）

关键时刻（Moment of Truth，MOT）是客户满意度研究中的一个重要概念，指客户在一些重要接触点的感受决定了整个产品和服务的质量。20世纪80年代，北欧航空的总裁卡尔森提出：平均每位顾客在接受其公司服务的过程中，会与5位服务人员接触。平均每次接触的短短15秒内，就决定整个公司在顾客心中的印象。

我们把这个概念引入变革过程。IPD体系导入的时间从几个月到数年不等，大多数员工同时还要完成业务工作，繁忙的高层也不可能时时刻刻介入其中，所以变革过程中设计和节奏感非常重要，在整个过程中要通过一些"高潮"活动来牵引其他工作。无论是内部顾问还是外部顾问，在变革过程中围绕这些重要节点开展工作可以加强节奏感，我们将这些节点称为变革过程中的MOT。MOT一般位于每个阶段的结束点，同时也是评审点，只有通过相关评审才能进入下一阶段。在这些MOT可以同时开展阶段表彰、团队建设、绩效管理和激励等工作。

在项目变革过程中，主要活动和阶段性关键输出的总结如表9-1所示。

表9-1　变革过程中的主要活动和关键输出

阶段	主要活动	关键输出
变革规划和项目任务书	（1）梳理公司的使命愿景、战略目标和路径 （2）公司整体管理体系诊断和差距分析 （3）专题分析 （4）管理变革的投资收益分析（ROI） （5）提交高层评审（MOT0）	（1）管理变革/优化的项目清单 （2）管理变革项目任务书 （3）MOT0会议
概念：调研诊断和蓝图设计	（1）理念和知识培训 （2）深入的调研诊断，形成调研报告 （3）变革愿景和蓝图设计 （4）调研报告和蓝图设计相贯穿 （5）制订总体项目计划 （6）团队建设（持续） （7）提交高层评审（MOT1）	（1）调研诊断报告 （2）管理变革蓝图设计 （3）变革项目总体计划 （4）MOT1会议
计划：总体设计和模块设计	（1）深入的各领域理念和知识培训 （2）管理体系总体设计和各个模块概要设计 （3）制订详细的项目总体计划 （4）提交高层评审（MOT2）	（1）组织框架设计 （2）流程框架设计 （3）绩效管理和激励框架设计 （4）变革项目详细计划 （5）MOT2会议
开发：管理体系的详细设计	（1）详细设计知识培训 （2）管理体系详细设计 （3）制订沙盘、试点和推广部署计划 （4）高层评审（MOT3）	（1）组织结构的详细设计 （2）流程、模板、表单的详细设计 （3）绩效指标和管理制度的详细设计 （4）沙盘、试点和推广部署计划 （5）MOT3会议
验证：沙盘和试点	（1）进行初步的组织切换 （2）进行流程沙盘和试点 （3）进行绩效沙盘和试点 （4）制定各领域培训教材	（1）含内容的模板表单 （2）各领域培训教材 （3）优化后的管理体系文档 （4）MOT4会议

阶段	主要活动	关键输出
	（5）进行体系优化 （6）提交高层评审（MOT4）	
推广和部署 （体系转运营）	（1）完成组织切换 （2）完成流程切换 （3）完成绩效切换 （4）准备体系切换会议 （5）部署到分支机构	（1）组织切换方案 （2）流程切换方案 （3）绩效切换方案 （4）整体切换会议 （5）部署方案

如何衡量IPD体系带来的成果

在某个IPD导入项目开展半年后，部分高层没有看到实际效果，感觉咨询项目"不解渴"，于是出现了不同的声音。

- "几个速赢点辅导的效果在哪里？"
- "看来顾问也解决不了我们的实际问题。"
- "报告看不太懂。"
- "术语太多，要做准确解释。"
- "说好要授人以渔，要对推进组进行管理，进步在哪里？不仅如此，人员还流失了，士气也在降低。"

……

仔细分析下来，企业的部分高层作为咨询项目的客户，对培训和调研诊断的工作总体上是满意的。但是，客户希望第一期项目能解决在IPD运用过程中非常具体的问题，比如如何做好产品规划，如何做好项目计划中的任务分解。细究下来，客户本质上关注的是，如何在长期系统化的变革效果、短期业务成果之间取得平衡。

矛盾的"既要、又要、还要"

管理方式的改变，实际上就是在进行某种程度的变革，也可以称之为体系优化、管理改进等。在时间维度上，既有短期的几周、几个月的改变，也有长时间的转型，比如IPD体系的整体导入。无论变革涉及的范围大小如何、时间长短如何，企业都关心如何衡量变革效果。例如，企业可能会重点关注以下几个方面。

- 加快产品研发速度。
- 打造高质量产品。
- 产品和技术互锁，构建核心技术能力。
- 降低产品成本。
- 打破部门壁垒，构建流程型组织，提升跨部门合作意识。
- 使设计和制造协同更加顺畅，尤其在制造外包的情况下。
- 提升过程质量。
- 提高需求满意度。
- 试点项目覆盖率要快速达到100%。
- 构建科学、先进的研发体系。
- 打造各领域人才梯队。
- ……

对于大部分企业，以上每一个目标都重要，所以每种变革效果都想要。

用平衡计分卡思路衡量变革效果

那么我们究竟应如何衡量变革效果？二三十年前，对企业价值的衡量没有一个好的框架，导致企业经理人过度关注最终财务目标，忽略能够促进企业长期发展的目标，不能很好地均衡企业短、中、长期的发展。直到20世纪90年代大卫·诺顿和罗伯特·卡普兰提出平衡计分卡方法，才系统解决了企业价值衡量指标设置问题。我们可以用类似的思想方法来考察客户想通过变革达成的目标。

首先，我们要认识到指标之间有时间关系和逻辑关系。从时间上看，先有过程，才有结果，因此过程指标先于结果指标。例如，技术能力先得到加强，才会有更高质量的产品。其次，从逻辑上看，虽然很多指标同时呈现出来，但它们之间有因果关系。例如，客户满意度和市场占有率，通常是客户满意度的变化导致了市场占有率的变化。

如果我们不先厘清这些关系，就无法正确看待业务变革和管理变革的作用。当我们迫不及待地想让管理变革早日产生效果时，可能这个效果并不是由变革带

第 9 章 用 IPD 方法论打造变革管理体系

来的,而是由市场环境变化带来的。而业绩下滑的根本原因可能是市场整体不佳,但是,我们往往会把原因归咎于变革。

从过去的历史来看,很多知名公司的管理变革,并不都是伴随着业绩的增长。例如,华为在 2000—2002 年的 IPD 整体导入关键时期,和以前相比,增长放缓,2002 年甚至出现负增长。如果从简单的因果关系来看,好像是 IPD 的导入导致了业绩的负增长。回过头来看,这个结论显然有问题。因为当时正逢互联网泡沫破灭,加上华为没有进入蓬勃发展的"小灵通"市场,导致业绩下滑,和 IPD 无关。虽然当时不少华为高管质疑 IPD,但任正非还是坚定地认为,必须坚持推行 IPD。2003 年,也就是 IPD 体系在华为推行四年后,他在公司产品投资评审委员会(PIRB)上的一次讲话中提到:

> IBM 顾问提供的 IPD、ISC 有没有价值?答案是肯定的。IPD 最根本的价值是使营销方法发生了改变。我们以前做产品时,只管自己做,做完了向客户推销,产品都能得到客户的认可。这种模式在需求旺盛的时候是可行的,我们也习惯于这种模式。但是现在形势发生了变化,如果我们仍然埋头做出"好东西",然后再推销给客户,那东西就卖不出去。因此,我们要真正认识到客户需求导向是企业生存发展中正确的道路。从本质上讲,IPD 是研究方法、适应模式、战略决策的模式改变,我们坚持走这一条路是正确的。

华为在推行 IPD 的过程中,也曾遇到巨大的反对声音。实际上,在这个讲话前,华为已有不少副总裁因为不支持 IPD 被调离岗位、降级或离职。在变革过程中,如果不能正确看待业绩、管理体系、变革之间的关系,一旦业绩有风吹草动,尤其是业绩不佳时,变革的中立者和反对者,就会不由自主把业绩与变革联系在一起,把业绩不佳归因于变革,对进一步变革带来伤害,甚至导致变革夭折。这是人性背后的基本归因错误使然:好的结果是自己的贡献,不好的结果是他人造成的。

受平衡计分卡思想启发,我们可以把前面提到的变革效果衡量指标分为以下三个层面。

(1)财务和业务结果层面,比如收入和利润、市场占有率、市场覆盖率、产品竞争力、产品质量、技术竞争力、产品开发周期、成本等。

(2)管理体系层面(含变革管理体系),比如管理体系与战略&业务的吻合度、体系的先进性、体系的相互匹配程度、管理工具方法是否适用、新体系推行程度、是否有变革管理体系等。

（3）组织和个人能力层面，比如组织创新能力、创新管理能力、个人创新能力、个人技术能力等。

以上三个层次的指标相互支撑：最终的业务成果很大程度来源于好的管理；好的管理来源于好的变革管理；以上三个层次的背后是适配的个人能力。把各个层次理顺，会降低对个人能力的要求。

因此，也就不难理解，很多公司的变革问题，就出在低估了变革难度。为了让IPD早日发挥作用，公司往往会给内外部顾问提出不切实际的短期业绩要求。最后，即便业绩达成了，他们也不一定认为是IPD的贡献，并且往往会过早宣告IPD变革成功。而事实上，变革刚刚起步，仅有少部分同事初步理解IPD体系。IPD体系没有被应用到整个公司，更不用说形成公司的主导管理体系。同时，在这个阶段，也还没有形成变革管理体系。因此，企业在进行变革时，可以使用平衡计分卡思路来衡量变革效果。

不同规模的企业如何实施IPD

很多企业对IPD存在一些误解，例如，IPD只适合大型企业；IPD只适合于通信、IT行业；IPD需要填写大量模板、表单，会浪费研发人员大量的时间；IPD流程必须采用矩阵组织结构，很复杂，一般企业做不好；IPD过时了，现在需要的是敏捷项目管理思想；IPD过度强调客户需求拉动，对技术推动考虑不足；等等。

我们在前面讨论了IPD的基本思想，本节将探讨如何把IPD应用于不同规模的企业。IPD的适配是一项非常复杂的工作，为了抓住重点和减少篇幅，我们对企业进行了简单归类，这些分类是相对的，仅供大家参考。

中小型企业

我们把小型企业定义为营业额在10亿元以下，或者研发体系人员（指参与产品和技术研发的人员，不等于研发部门所有员工）不超过200人的企业。这类企业大量存在于各行各业，很多是细分领域的领头羊。它们拥有自己的技术和产品，有的拥有自己的品牌，有产品研发的成功经验，但往往没有把规划和需求作为一项职能来建设，不一定有专职的市场和需求管理人员。同时，小企业往往也没有专职的流程与变革管理部门和人才。

小型企业在IPD体系实施过程中要牢牢抓住IPD产品开发流程这条主线，把需求管理、产品规划的工具和方法融入项目任务书和产品开发的概念、计划阶段，让需求管理、产品规划和产品开发的前期工作尽可能融为一体。最近10多年，华为实施IPD时就是把规划、立项、研发纳入一个流程，形成一个业务计划，并由一个团队完成，持续开展规划、研发和反馈。

在组织上，跨部门团队核心组往往就是各部门负责人，其任务是多方面的，既要负责产品规划、产品定义和需求管理，也要承担产品开发团队核心组的工作。

小型企业的各级管理者能近距离接触业务，他们的做事方法代表了企业管理方法的具体体现。在IPD实施过程中，要让企业总经理、各领域副总经理和负责人全部深度参与变革。只有他们在变革过程中改变了以往的工作方法，深刻体会到新方法的好处，新体系才容易落地生根。随着小型企业规模的扩大，可以在创新和变革管理上运用更加精细化的方法。

IPD的运用无关企业规模的大小，即便初创企业也可以成功运用IPD。

中型企业

中型企业是指营业规模在10亿～100亿元，或者研发体系人员在200～1000人的企业。这类企业在需求管理、产品规划和产品研发等方面的各项职能相对完整。行业中，它们在它们所在的细分市场有相当的话语权，管理体系也相对完善。

中型企业在实施IPD时要注意充分利用高层资源，分层分级进行。这类企业的高层管理者分配给IPD变革的时间往往并不多，实施过程中要注意做好项目计划，让高层管理者尽早安排时间，尽可能多地深度参与变革过程。中型企业往往人力资源较为充足，可以分别构建IPD体系的"三驾马车"：需求管理、产品规划和产品研发体系。当主流程框架运作一段时间，在企业内部达成一致后，可以启动子流程、支撑流程等流程的建设工作。

中型企业在跨部门团队建设上，各部门负责人和骨干要充分参与，各领域的公司层面的负责人要鼎力支持，这样才能支撑需求管理、产品规划和立项、市场调研、产品开发、技术研发等跨部门运作，做到良好的专业分工。

大型企业

大型企业通常是指营业规模在100亿元以上，或者研发体系员工在1000人以上的企业。大型企业管理都已步入正规化，其中很多面向全球开展业务，且大部分营业额来源于海外。这类企业的员工可能分散于全国各地或全球，需要解决异地沟通和文化融合问题。大型企业的IPD实施总体上可以更多地参照IBM、华为等公司所树立的"最佳实践"和"标杆"进行。

大型企业，尤其是大型工业企业，内部主要按照职能制进行分工，本位主义文化和部门墙是IPD导入的大敌。最高层必须认识到，其对变革的全力支持是关键，只要有一丝动摇和不坚定都会在组织内部扩散，为变革带来非常不利的影响。大型企业的变革需要花费大量时间和精力进行周密策划，要识别组织内部各种正能量和负能量，以审时度势，并采取相应的措施。

华为实施IPD时，虽然任正非已经在各种场合表达了无条件支持，但在实施中还是遇到了各种阻力，变革所花费的时间比原计划长得多，很多管理者，包括高层管理者因为不支持IPD离开了工作岗位。1999年最初计划在27个月内完成的工作，实际上直到2003年才告一段落。也是在这一年，任正非强调IPD不能说已经成功，只能说还没有失败，真正的成功需要坚持不懈的努力。

不同行业企业如何实施IPD

IPD思想、方法论和工具是对各个行业最佳实践的总结提炼，理论上适用于所有行业。但我们在具体应用时，还需要考虑不同行业的特点。

电子电器消费品

苹果蝉联全球市值最高公司，显示了消费电子产品的巨大市场空间；华为智能手机因为增长太快，引起美国政府关注，导致从2019年开始操作系统和芯片被"断供"，在全球市场暂时受挫；智能手机产品更新换代速度加快，造成产品生命周期缩短；昔日霸主诺基亚和摩托罗拉因为采用了错误的技术战略而落败；小米让客户参与产品设计环节，实现快速崛起……这一切都表明，这是个快速变化的行业，需求管理、产品规划、技术规划、产品开发和产品生命周期管理等都必须跟上时代的步伐。

电子消费品市场容量巨大，服务好一小部分客户群体就可取得不俗的成绩。步步高正是通过定位于年轻人市场，推出OPPO和vivo系列产品，从细分市场冠军逐步成为主流市场的重要厂家。规划体系建设要有利于把握技术发展趋势，避免诺基亚等公司的悲剧。需求管理和产品规划要紧抓客户核心需求，有节奏地予以满足。当前，客户购买消费品越来越重视情感需求，产品的外观和交互界面与性能指标同等重要，甚至更加重要。在这个行业，按时高质量推出新产品是必需的，所以时间进度在研发项目管理中非常重要。

对于消费电子终端产品，软件和服务变得越来越关键，重要性甚至超过硬件，在产品研发中要考虑这些特点，增加和强化相关的角色和活动。

汽车和重工业

从2009年开始，中国连续十多年保持全球最大汽车产销国地位。同时，以工程机械为代表的中国重型装备制造业呈现出群体突破的态势，在全球"开疆辟土"。汽车产品涉及的专业领域非常广，包括机械、结构、人机工程、软件、硬件、材料、流体力学、光学、服务等领域，产品开发团队规模大，此时，良好的跨部门运作极其重要。产品由很多独立部件构成，这些部件由产业链中的不同公司分工完成，开发周期也非常长。

要在这些行业取得成功，必须做好供应商管理，且供应商早期就要深度介入，这些都要体现在流程体系中。在组织设计上，产品开发团队结构要有利于管理庞大的开发队伍。另外，这些产品的测试验证非常复杂，尤其是乘用车产品，必须有独立的子流程作支撑。

而随着不同产品的加速融合——特斯拉在纯电动车领域异军突起，华为、谷歌、BAT等通信、IT企业也介入汽车行业，汽车正在演变为一个大型智能终端，无人驾驶不再是梦想。这些给汽车产品的规划和研发提出新的挑战，在IPD流程和管理体系中必须考虑这些因素。IPD体系突出的包容性和扩展性，使它可以在传统燃油车向电动车转换的过程中大展拳脚。

生物技术、药品、医疗器材和设备

该行业产品的共同特点是，取得监管机构的认证和批文是产品成功的关键。这些产品的成功开发往往需要数年时间，并且这些产品也涉及众多专业领域，设计不当带来的法律风险非常大。公司获得利润的多少与产品发布时间密切相关，产品发布的越早，越可以利用专利保护期赚取更多超额利润。

要在这些行业领域取得成功，必须把临床试验和取得政府批文作为重要的支撑流程进行精心管理。在产品研发流程体系中要强化阶段性审批，公司高层要深度介入评审过程，通过过程管理来确保产品质量，严防不符合要求的产品流入市场。在整个过程中，公司各部门的密切配合也至关重要。

要想在这些行业持续取得成功，还需要重视基础研究，要在技术研究上加大投入。

能源、化学品和材料

在这些行业和领域，基础的科学原理往往是已知的，企业能否大批量、低成本生产和销售产品是取得成功的关键。所以，产品开发过程主要涉及产品配方、工艺过程、生产线设备和客户的开发。

对于需要大批量供货的初级化工产品，研发体系的重点是要管理好小试、中试、大批量生产三个环节，深刻理解三个环节的异同，通过这三个环节的开发构建一套完整的生产工艺，提高产品的生产效率和质量，降低成本，为客户源源不断地提供符合要求的产品，同时让企业实现赢利。

对于包含多种原材料的配方产品，比如工程塑料、涂料、牙膏、饲料及添加剂、食品及添加剂等，配方开发是关键，背后往往还有一些基础研究。针对此类产品，满足客户需求最好的方法是科学和经验的有机结合，管理体系要能够支撑配方开发和验证（包括客户试样）过程，把成功和失败的历史都加以有效记录，有经验者为后来者提供经验指导。

通信和IT设备

此类高科技产品非常复杂，大多数属于B2B（企业对企业）业务，客户采购这些产品的目的要么是用于运营（运营商），要么是提高生产效率（行业和企业客户），或者是两者的结合（用于内部运营）。

这些产品往往以解决方案的方式提供给客户，所以还包括大量的服务。因此，供应商要深入理解客户的需求，并把全球各地的需求进行提炼，以平台化的方式开发产品和服务，提高研发效率，否则研发成本会很高。在该行业，公司不能一味满足客户的各种需求，要尽可能影响行业标准和客户需求，确保客户需求在可控范围内。但同时也不能"店大欺客"，否则会被以满足客户特定需求作为切入点打入市场的小公司打败。

华为成功地管理规模近10万人的研发队伍，说明IPD体系是通信和IT设备行业的最佳解决方案之一。事实上，苹果、三星和Intel等公司的研发体系同样遵循了IPD思想和方法论，只是不同企业使用的术语不同。

芯片

半导体与化工产品的研发过程颇有类似之处，也就是产品本身的开发和工艺开发过程同等重要，工艺和制造过程可能比产品更加复杂，技术含量更高。虽然很多企业将芯片的制造过程进行外包，但如果没有适当的流程把工艺和制造过程并行起来，工艺过程的开发就会成为整个产品开发的瓶颈。

华为可以开发出5G芯片，但是由于之前没有掌握制造芯片的设备和技术，只能眼睁睁被"卡脖子"。但现在，华为的芯片的国产化设计和制造已取得显著进展。

华为旗下的海思半导体为华为手机提供了强大的CPU"动力"，而其背后为管理提供"动力"的仍然是IPD。通过IPD体系，可以把产品规划、需求管理、算法开发、封装、流片等重要活动集成在一起。

软件

虽然业界素有"软件就是服务"的说法，但口号归口号，我们还是把软件和服务分为两个不同行业。这里所说的软件主要是指单独销售的软件，不包括软件服务。

软件虽然没有物理形态，但本质上是一种有形产品。软件产品研发管理的挑战是其需求的不稳定性和大型软件的复杂性。

因为软件需求经常变化，有人说 IPD 不适合软件行业，更适合的方法是敏捷项目管理思想。我们认为敏捷是软件领域的一种具体研发实践，和作为一种产品和研发管理体系的 IPD 不能放在同一个层面进行比较。敏捷为 IPD 产品开发流程中的软件角色提供了一种最佳实践，尤其当软件需求不明确且频繁变化时。

对于复杂软件研发管理，研发项目的团队结构和系统工程师（SE）角色非常重要。复杂的开发工作必须对应复杂的团队结构，才能把复杂工作进行有效分解，LPDT 和研发核心代表要加强对整个研发项目的计划和管控，与系统工程师并肩战斗。对于复杂软件，系统工程师岗位要专职设置，不建议由 LPDT 或研发代表兼任，系统工程师不是一个人单打独斗，往往是各领域的系统工程师组成一个团队共同开展工作。

除了流程和组织，合理应用各种软件设计工具和做好配置管理也非常重要。

服务

从产品物理形态角度出发，所有产品都可分为有形产品和无形产品两个部分，只是比例不同。产品的无形部分很多时候就是服务，比如汽车和手机产品的售后维修服务。IPD 的核心思想和方法论是对最佳实践的总结提炼，不仅适用于有形产品，而且对服务同样适用。例如，联邦快递公司的快递服务规划和开发就完全按照基于 IPD、PACE 的管理体系进行。在电信领域，IPD 也成功应用于提供网络接入服务和其他服务的公司。

华为公司的运营商和企业业务，大量以解决方案的形式交付给客户，其中包含网络规划、网络优化、系统维护等各种各样的服务。这些服务有的与有形产品一起提供，有的单独以纯服务方式交付。无论何种交付方式，在规划和开发过程中，都遵循 IPD 体系要求。

总之，在 IPD 实施中，要结合企业规模、行业特征、技术特征、产品结构特点、生产工艺特点、市场和客户特点、政府监管要求等，抓住当前面临的主要挑战，有重点地应用 IPD 体系的核心思想、最佳实践和方法论。

第 9 章 用 IPD 方法论打造变革管理体系

本章要点

（1）IPD思想和方法论适合各行各业、不同规模的企业，但IPD能否真正发挥作用，不仅在于方案本身，更重要的是体系导入的过程，也就是变革过程。

（2）企业在IPD导入中存在以下典型问题：高层对变革的决心和信心不足；缺乏足够的紧迫感；仅研发、市场等个别领域参与变革过程，很多重要领域参与不足；生搬硬套模板表单，知其然不知其所以然；一次导入过多的内容，没有进行总体规划、分步实施，尤其没有经过试点就大规模推行；没有把变革看作投资行为，变革投入不足，尤其没有投入最合适的变革人才。

（3）要成功导入与战略匹配的管理体系，应把导入过程作为一种变革业务，用IPD思想和方法进行管理，形成业务变革管理体系（BTMS）。

（4）BTMS是管理层提供给公司内部的一项服务产品，BTMS包括变革的需求管理流程、变革的规划和立项流程、变革过程和项目管理流程，以及相关的组织和绩效激励机制。

（5）要成功实施IPD，高层领导必须无条件支持变革过程，营造变革紧迫感。

（6）与创新相关的各个领域必须深度参与IPD，使创新成为公司全体员工在一致的思想和方法论指导下的共同行为。

（7）IPD作为一种管理思想和方法论，适用于所有行业和企业，但在实施过程中需要考虑不同行业、不用产品和不同企业的特点。

Chapter 10

第 10 章

IPD 核心思想和体系的结合

引言

本书前面内容逐一探讨了IPD体系中的七大核心思想,以及由此展开的流程和管理体系。本章将通过进一步探讨核心思想和方法论的相互融合,对全书内容进行总结。

在第2章中,我们特别指出,IPD之所以能普遍适用于不同行业、不同规模的企业,在于其始终围绕IPD的七大核心思想展开,尤其是"以客户需求为中心"和"创新是投资行为"两大核心思想。本章再次回到这七大核心思想,逐一分析这些思想是如何贯彻在流程和管理体系中的。我们再次强调,这些思想是根本,只要我们在实践中贯彻了七大核心思想,那么流程和管理体系的表现形式就可以是丰富多样的。

本章的目的在于强化读者对IPD核心思想的理解,让读者对流程和管理体系有更深的理解。在管理体系建设和管理实践中,时刻要围绕核心思想进行。IPD体系核心思想和组成部分的映射关系如图10-1所示,其中格子灰度的深浅表示思想和方法论之间关系的强弱情况(颜色越深,关系越强)。

图10-1 IPD体系的七大核心思想和七大组成部分的映射关系

以客户需求为中心

我们认为，对商业组织而言，获得商业成功的方法归根结底只有一个，就是向客户提供满足需求的产品。从这个意义上讲，企业是一部"需求加工机"，必须以需求为中心。任正非多次强调，华为的商业模式就是以客户需求为中心。在IPD管理体系的7大方法论中，必须始终贯彻"以客户需求为中心"的思想，这是IPD思想的灵魂。

MM

基于MM方法论的各层级、各领域规划，包括公司战略规划，最终的目的是要满足目标客户的长期、中期和短期需求。公司战略规划的核心内容是要明确公司在中长期要为哪些客户提供哪些核心价值，也就是满足他们的哪些核心需求。因此战略规划将展开为业务计划、产品和技术规划、市场规划、各资源部门规划等。产品和技术规划本质上是对企业在何时、以何种产品实现客户何种需求的规划。在MM方法论指导下的项目任务书开发流程，将针对系列或单个产品、项目，开展更细致的市场和需求调研、分析工作，在这个基础上进行产品概念和规格的初步定义。项目任务书获得通过后，进入IPD流程。

IPD

高质量实现客户需求是IPD的两条主线之一。概念阶段要在项目任务书开发流程的基础上，构建完整的产品包需求及产品概念。计划阶段要通过系统设计把需求分解、分配到各个子系统，并完成各个子系统的概要设计。开发和验证阶段的任务是实现各个子系统，并完成整个系统的集成测试，通过内外部验证确保产品和解决方案能最终实现客户需求。发布和生命周期阶段是把满足客户需求的产品和解决方案传递给客户。所以，基于IPD方法论的产品开发过程就是一个需求的实现过程。当把IPD方法论用于技术研发时，原理是一致的。以需求为中心的

IPD方法论，是产品和技术研发工作的灵魂，也是系统工程方法论在研发管理中的应用。研发项目管理（RDPM）确保整个过程高效率实现。

OR

作为IPD的三大核心业务流程之一，需求管理流程（OR）通过需求的探索和收集、分析、分配、实现和验证的端到端过程，为MM和IPD方法论提供支撑。很多试图以客户需求为导向的企业最终无法瞄准客户需求进行运作，很重要的原因就是没有把需求作为一个管理对象，没有构建需求管理方法论和管理体系。需求的收集和分析，一定要基于场景，深入分析客户在特定场景下要完成的任务，以及完成这些任务可能会遇到的障碍。

RDPM

任何需求都是在某一个或若干个研发项目中实现的。研发项目管理框架RDPM把实现商业目标和实现客户价值作为整个项目管理的核心，开创性地增加了"价值管理"知识域，要求项目团队不仅要关注项目范围，更要在项目过程中抓住客户的核心需求，也就是根据项目给客户带来的核心价值开展工作。RDPM框架中的项目过程基于IPD方法论，让研发域项目与产品开发项目天然对齐，从这个意义上可以认为研发项目过程包含了需求实现这条主线。

组织与团队

无论研发组织是否表现为矩阵组织结构，它都一定隐含了基于市场和客户的业务线（包括产品、项目等）和基于内部分工和能力的资源线（也叫职能线），前者为客户服务，后者为前者服务，也就是资源线要满足业务线的需求，客户需求通过业务线传递到内部资源线，形成为客户服务的价值传递链条。无论是矩阵组织，还是流程型组织，都要在组织内部构建一个虚拟的"市场"，一些部门和团队要生存下来，就一定要满足另一些代表客户的部门和团队的需求。

绩效与激励

运作良好的绩效和激励机制，一定要把员工的努力方向指引到不断满足外部客户需求上。但是很多企业的绩效指标中却没有和需求相关的内容。外部客户满意度和内部客户满意度都是非常重要的绩效衡量和考核指标。在 MM、IPD、OR 和研发项目绩效指标设计中，都要有需求方面的指标，比如长期需求占比率、新需求数量、需求质量、需求和规格变更率等。作为主管，一项很重要的工作就是激励员工（这些员工来自竞争性的人力资源市场）。有效激励员工，本质上就是要找到员工的主导需求，使这些需求与组织目标建立联系，当员工达成组织目标时，通过满足员工的主导需求来激励员工，从而间接实现对外部需求的满足。

变革管理

与前面六个方法论一样，管理变革也要有助于企业更好地满足客户需求。企业变革的需求往往就来源于公司战略方向和内部组织、管理体系不再能很好地满足客户需求。这时就必须通过变革来让组织发生变化。根据亨利·明茨伯格的观点，新的战略形成就是一个变革过程，而变革过程并非自然而然发生的。无论从上到下，还是从下到上的变革，都需要进行精心策划和管理。变革管理体系最终是围绕变革需求进行的。基于IPD方法论的变革管理把变革本身也作为一种服务产品来对待，是主导变革的部门提供给公司的一种服务，其中部分内容可以外包给咨询机构和顾问。

创新是投资行为

在IPD的七大核心思想中，"创新是投资行为"和"以客户需求为中心"是核心中的核心。这两大核心对应了IPD流程体系的两条主线：实现组织的商业目标和满足客户需求，两者缺一不可。在IPD的七大组成部分中，都需要贯彻实现商业目标的思想。

MM

对企业的投资收益影响最大的是企业的中长期战略规划、企业年度业务计划、产品立项和定义、市场规划、各个部门的规划，这些规划决定了企业要做"正确的事"。我们在前面曾经提到，MM方法论为战略、规划和立项提供了统一方法论，并形成集成的战略与运营流（ISOP），形成战略管理闭环。无论选择市场、选择产品，还是选择在何种内部能力上投入，在满足客户需求的同时，都要考虑投资收益率，在实现客户价值的同时，实现企业的价值。所以，财务和赢利分析是所有业务计划的重要内容，所有规划和立项成果都要接受财务和赢利分析的检验。MM的重要输出——"业务单元或产品线业务计划书"要从商业角度对业务单元或产品线的投资收益进行分析，重点关注多个产品的组合分析。

IPD

IPD产品开发流程（小IPD流程）中有商业实现和需求实现两条主线，从企业自身利益看，后者为前者服务。产品和技术开发流程中的决策评审点从商业和投资角度对研发项目进行评审，只有通过决策评审的项目才能继续，否则将被终止。IPD流程和MM流程一样，在关注满足客户需求的同时，必须关注研发项目的财务和赢利分析。和MM流程关注多个项目组合的综合投资收益不同，IPD流程重点关注单个产品或项目的投资收益。IPD的重要输出——"产品包业务计划书"要从商业角度对产品投资收益进行分析。

OR

MM流程和IPD流程的良好运作都依赖于需求管理流程的支撑。需求的探索和收集、分析、分配、实现和验证都需要付出成本，同时会影响收益。所以，在需求管理过程中必须考虑所做工作的投资收益，要考虑实现每一项客户需求所带来的投资收益。从商业角度看，过早或以过高的成本实现客户需求，往往并非最优选择，需求管理的要点在于，在最佳的时间点，把资源分配在客户最关注的需求上。从需求管理的角度看，对研发的投入就是对实现客户需求的投入。我们的每一项投资，都要首先考虑能否给客户带来价值。

RDPM

产品和技术研发都以项目的方式开展,项目运作管理水平决定了项目的投资收益。单个项目的投资管理水平,是良好的项目群和项目组合管理的基础。在RDPM架构中,特别增加了目标成本管理、财务管理知识域。研发项目管理和其他项目管理的不同是,研发项目管理不仅要考虑研发费用(通用项目管理中的"成本"),还要考虑研发对象的成本,也就是目标成本。同时,还要预测项目收益,进行综合的财务和赢利分析,为项目的科学决策提供依据。在产品开发项目管理过程中,要做好"四算":项目概算、项目预算、项目核算和项目决算。

组织与团队

对创新和研发的投资,很大程度上是对人才的投资。组织由人构成,组织的人员结构反映了企业的投资重点。企业要从"制造"走向"创造",在人力资源结构上也要反映出来,表现在以专业分工为主的职能结构体现了内部专业能力的投资重点,以产品、技术和项目为导向的跨部门结构反映了业务投资重点。对专业能力的投资,最终要分摊到产品和项目中。为了让矩阵良好运作,对产品和技术的投资,要直接投资到项目组,各个专业部门通过为项目组提供服务,获取"收入"。

绩效与激励

产品和技术研发的最终产出是满足客户需求,并通过产品或解决方案给企业带来利润,而不是论文、技术、专利、试制品等。无论是对跨部门团队还是对资源部门的考核,最终都要体现这样的成果导向,体现在具体的KPI指标上,就是销售收入、利润总额、利润率等。但是,在具体操作上,要区分不同项目的特点和目标,创新有风险,并非所有项目都会成功。在绩效和激励上,既要有结果导向,也要有过程导向。

另外,上级和下级共同制定目标、上级帮助下级达成目标、上下级之间沟通本身也是上级在人力资本上的投资,能够大幅度提升员工能力,即上级在员工绩效管理上的投入,是上级对下级的投资。

第 10 章 IPD 核心思想和体系的结合

变革管理

在快速变化的环境中,企业必须不断对战略、业务、管理体系进行变革和调整,才能相互适配,共同适应外部环境。所以,对研发的投资还包括对研发管理体系本身的投资,但这点往往被很多企业忽略。一个好的研发管理体系可以提高研发投资的效率。在其发展过程中,华为每年将销售收入的10%～15%投入产品和技术研发,正是不断优化的IPD管理体系在为这些投资保驾护航。为了确保IPD管理体系与时俱进,华为设有专门部门不断优化IPD体系。

平台化开发

平台化开发可以使企业在QCT(质量、进度、成本)三个相互矛盾的维度上都能得到提升。德国大众汽车公司、美国苹果公司和中国华为公司的成功都与深度实施平台化开发策略有关。要实现平台化开发,企业需要在产品和技术战略规划阶段就关注客户未来的共同需求,形成平台。是否基于平台和核心技术进行产品开发是公司研发实力的最终体现。同时,在IPD管理体系的各个组成部分中,都要有平台化思想。

MM

平台化和模块化是产品和技术规划的结果。在公司产品和技术战略规划中,必须有平台化思想。公司长期赖以生存的平台不是对现有产品和技术的总结,也不是基于公司领导和研发人员的设想,而是基于对客户未来共同需求的深入洞察,实现这些共同需求的产品和技术方案就形成了产品平台和技术平台。为了让平台服务于多种产品和技术规划,要对平台项目进行特别考虑,单独制订项目任务书,启动研发过程。在非平台项目的项目任务书阶段,要充分利用现有技术和平台。

IPD

无论是产品研发项目还是技术研发项目，都要最大限度地利用公司现有知识成果。公司要构建支持平台化开发的IT系统，便于研发人员快速检索现有平台和研发成果。IPD流程的概念和计划阶段，从总体方案到各个专业领域都要进行重用性分析，不再"重新发明轮子"。平台化、模块化的程度要纳入PDT的考核。

技术和平台开发项目的目的就是构建能够被多种产品使用的构件，也叫"货架式技术"。在这些项目的开展过程中，一定要和客户、产品开发团队、解决方案团队密切沟通。对技术和平台研发团队的考核要纳入结果指标，比如成果的使用率、成果带来的经济效益等。

OR

从表面上看，平台化似乎是一个技术问题，实质上却是一个市场需求探索和管理问题。平台化不是把现有产品的共同部分抽取出来，而是基于对未来市场需求的深入洞察，把客户的共同需求抽取出来，用同一个方案来满足。所以，平台满足了未来客户的共同需求。有共性需求的客户群越大，基于这些共性需求的平台的价值就越大。

平台可能是一种外观设计、一种材料、一种操作方式。苹果之所以具有创新力，是因为它是一个基于平台进行开发的公司。苹果公司每一类产品的每一代产品之间，以及不同类产品之间，总是存在共同之处，比如操作系统（一看就知道是苹果的产品），这就是平台，代表了客户的共同需求。

RDPM

RDPM的项目生命周期模型采用基于IPD方法论的流程，在立项、概念和计划阶段要将重用和平台化纳入考虑范围。RDPM的组织模型采用矩阵式组织，职能部门侧重于关注多个项目之间的技术和平台共享。RDPM框架同样适用于技术和平台研发项目，这些项目可以形成平台和CBB。

组织与团队

平台化开发需要组织和角色作支撑,否则理念只能"悬在空中",无法落地。起步阶段的公司,生存下来是首要任务,整个组织都在为满足现有客户需求而努力。对于度过生存期的公司,就需要在组织中设置专门的部门和角色来从事技术和平台方面的工作。

在矩阵组织中,基于专业分工的职能部门的重点工作之一就是构建平台,针对不同产品和产品线的共性需求形成平台和"货架技术",支撑跨部门研发团队,同时从跨部门研发团队汲取成果持续补充和完善平台。纵向职能部门和横向业务线的考核都需要纳入平台和CBB方面的指标。

绩效与激励

虽然有组织和流程,但是如果没有绩效和激励机制的牵引,仍然无法实现既定的结果。在对产品研发和技术研发团队、职能部门的考核中,除了产品方面的过程和结果考核指标,还要有产生和利用技术/平台方面的指标作为牵引,比如平台和CBB数量/质量、平台和CBB复用率等,杜绝"重新发明轮子"现象,鼓励研发人员优先采用外部和内部已有成果,不要盲目创新。

变革管理

当现有的管理体系不能支持平台化开发时,就要启动相应的管理变革或体系优化项目。例如,对现有产品和技术进行平台化梳理,强化市场需求探索和收集工作,为平台化打基础,构建技术/平台规划和开发流程,设置负责平台工作的组织结构,优化绩效考核指标,最终构建技术/平台规划、开发和管理流程体系,以支撑企业的平台工作。实际上,IPD体系本身就是支撑企业创新的管理平台。

结构化流程

产品和技术创新过程是有规律可循的,IPD体系中的各种流程被划分为若干阶段，在每个阶段设置了评审点。同时，每个阶段都需要若干部门和角色参与，这些角色构成跨部门团队。结构化流程就是在借鉴业界优秀实践的基础上，明确以下内容：创新要经过哪些阶段，在每个阶段每个角色需要完成哪些工作，输入输出及其标准是什么，以及如何与周边进行协作。

MM

基于MM方法论的公司和业务单元层级的市场、产品和部门规划流程都需要多个角色参与，分阶段进行。规划流程的结构化程度和规划对象的复杂度相关，越是复杂业务，其规划流程就越要结构化，参与的领域就越多，这些领域的沟通和交流就越重要。同时，要对整个规划过程进行精心设计，比如华为公司运营商业务的产品规划过程。另外，规划流程的结构化程度还和外部环境的不确定性程度相关，确定性的业务需要结构化的流程，而不确定性的业务，则更多地需要沟通、交流、碰撞。规划往往是在迭代和循环往复中完成的。

IPD

IPD（小IPD）本身就是把产品开发过程结构化的一种方法。IPD流程详细规定了研发过程分为哪几个阶段，需要哪些角色参与，这些角色在每个阶段需要开展哪些活动，每个活动输出什么交付物。因此，研发过程是严格分阶段进行的，过程中进行技术评审和决策评审，并分阶段投入资源。软件和需求不确定性较强的项目需要结合敏捷和迭代思想。

通过IPD把研发过程流程化和适度标准化，使高复杂度工作得到有效分解，从而为每个阶段配置具备相应技能的研发人员，不再由个人对项目全权负责，降低了对研发人员的要求，从而使创新可以大规模进行（注意：不是大规模复制）。华为的研发人员就是在IPD流程框架下工作的。

OR

需求管理流程的结构化方式不同于IPD产品开发流程，需求管理既是项目型工作，也是日常工作。需求管理过程包括需求探索和收集、需求分析、需求分配、需求实现和需求验证，每个阶段重点参与的角色不同。需求分配在规划和立项流程中进行，需求实现和需求验证主要在IPD研发流程中进行。企业存在的意义在于通过满足客户需求给客户创造价值，但是绝大多数企业没有建立结构化的流程体系对需求进行端到端管理，尤其没有建立组织级的需求管理框架和结构化流程。

RDPM

RDPM框架的项目生命周期模型有三个流程：项目指导流程、项目管理流程和项目使能流程。这三个流程是并行的，都是基于IPD方法论的结构化流程。不仅如此，RDPM框架中的十大知识领域所包含的活动，都是结构化的（结构化程度有所不同，比如人力资源管理和价值管理结构化程度较低，时间管理和质量管理结构化程度较高），这些知识域与其对应的流程共同构成了项目管理流程。

组织与团队

没有组织支撑的流程只能停留在纸面上。承担流程中各个角色活动的人员，往往来自不同部门，他们在部门内部有自己的"本职工作"，分别有自己的上级，如果还是按传统的职能组织方式，跨部门流程运作就会不畅。为了更好支撑结构化流程运作，IPD管理体系普遍采用跨部门团队组织方式。这样，职能组织和跨部门团队就形成矩阵结构，职能组织要负责为跨部门团队提供合格的资源。给跨部门团队赋予足够权限后，就形成重量级跨部门团队，专职的重量级团队负责人职权不低于职能部门负责人，为业务结果负责。

绩效与激励

流程型组织文化的建立，需要绩效和激励制度作支撑。为了让跨部门结构化流程运作顺畅，首先要针对流程的执行过程和最终结果设置完善的绩效衡量指标。这些指标是考核跨部门团队及其成员，以及相关纵向职能部门最重要的衡量标准，在这些指标的牵引下，纵向组织服务于横向组织，实现"上下对齐、左右对齐"。

绩效管理流程本身也是一个结构化流程，分为绩效目标、绩效辅导、绩效考核和绩效沟通四个阶段，参与角色有员工、上级、上上级、相关主管和人力资源等。

变革管理

管理体系的导入是一个变革过程，要经过变革规划和立项、调研诊断和蓝图设计、总体设计和模块概要设计、详细设计、沙盘验证、试点、推广部署等阶段，其本身就是一个服务产品的开发过程，可以用IPD方法论进行规范。变革管理同样需要结构化流程作支撑：基于MM的管理体系规划流程驱动形成变革路标规划，基于IPD的变革实施流程驱动变革并固化变革成果。

跨领域协作

战略与业务特征决定组织结构，不同部门间靠接力棒式的串行工作方式不能满足大规模创新的需要，所以，在IPD体系中，无论是需求管理、产品和技术规划、项目任务书开发、产品和技术研发、产品上市，还是产品上市后的生命周期管理，都广泛采用跨部门团队方式，汇集各个领域的专业智慧，形成合力，共同满足客户需求，为项目的商业成功负责。为此，各个功能部门"退居幕后"，为跨部门团队提供资源和支撑。同时，公司的企业文化、绩效管理和激励机制也要支撑跨部门团队的运作。

MM

战略与规划的最终实现，除了取决于内容本身，还取决于规划过程。让所有与规划相关的部门参与到业务规划过程中来，同时做好本部门的规划，并且在执行过程中不断对这些规则进行优化更新，做到"上下对齐、左右对齐、长中短期对齐、内外对齐"。MM方法论指导下的各层级规划流程都非常重视跨部门协同，最佳做法是构建常设的跨部门团队负责某一类型规划。例如，PMT负责产品规划，TMT负责技术规划，CDT负责项目任务书开发（产品定义）等。同时，我们强烈建议将规划过程作为项目进行管理。

IPD

IPD体系的一大突破就是把产品、技术、研究、开发的概念进行拓展，使研发不再仅仅是技术部门的事，各领域都有自己的产品和技术，都需要研究和开发。执行IPD产品开发流程的跨部门团队将产品开发需要的各领域资源"集成"在一起，为产品最终的财务和市场成功负责，各部门为产品开发团队提供合格的资源。在新的协同模式下，基于专业分工的职能部门成为服务和支撑部门，它们的思想和行为模式的转变是IPD变革成功的关键。

OR

需求主要分为内部需求和外部需求，内、外部需求又有多种来源。产品要在市场上取得成功，必须同时满足这些需求。如果产品包需求"缺胳膊少腿"，根据这个残缺的需求包开发出来的产品自然就不能满足客户需求。企业作为一个"需求加工机"，需求管理过程中的绝大部分工作都在职能部门中完成，但必须让这些工作协同起来。业界最佳的做法是成立常设的跨部门需求管理团队和需求分析团队支撑需求管理工作。对于规模较小的工作，需求管理工作可由组合管理团队来协调。

RDPM

绝大多数创新和研发工作以项目方式开展，所以项目管理质量是IPD体系落地关键性的"临门一脚"。RDPM的组织模型对研发项目的组织职能做了详细定义，包括项目指导职能、项目管理职能和项目执行职能，这三个层级的职能都需要跨部门团队协同作战。研发项目团队由来自不同部门甚至组织外的成员构成，团队内部的沟通管理、人力资源管理和文化管理是研发项目管理的重要内容。各部门要全力支持项目组运作。

组织与团队

跨领域协同是创新的灵魂，矩阵组织天生就为协同而生，通过明确定义跨部门团队，将跨部门协作转为常规例行化工作。矩阵组织在专业分工的同时构建横向的业务线（包括市场或产品），从而确保业务团队对市场快速灵活响应，并发挥资源共享的规模优势。IPD体系其他核心思想的落地都离不开跨领域协同。要运作好跨部门团队，需要进行大量的培训和组织发展工作。

绩效与激励

跨部门协作如果没有绩效和激励机制的支撑，就会成为空洞的口号。IPD体系中，业务的主导权从职能部门转移到团队，跨部门协作就转化为团队内部来自不同部门员工的协作。在团队工作制下，团队负责人对团队成员必须有考核权，才能确保团队的责权对等，并且考核结果要和职能部门负责人的绩效挂钩。职能部门负责人要深刻认识到IPD体系中的跨部门团队是最重要的服务对象，并自身做好跨部门协作表率，支持下属的跨部门协作行为。

变革管理

IPD体系的引入和持续优化不仅需要最高层和各部门的全力支持，还需要跨部门协作。无论是否引入外部顾问，管理变革都必须构建跨部门团队，由这个团队来主导变革，而不是由某个职能部门主导变革。体系只有在跨部门间达成共识，才能得到有效实施。变革过程必须作为项目进行管理。变革中的典型跨领域团队有变革领导组、项目执行组和项目宣传组，三个团队都是跨领域/跨部门的。

业务与能力并重

在客户需求多样化、产品生命周期越来越短的时代，无论多有竞争力的产品，终有生命周期结束之时。所以，企业在发展业务的同时，要不断提高推出新产品的组织能力。业务发展和内部能力建设是一对矛盾体。业务的快速发展可以促进能力提升，但单独进行能力构建也是必需的，正所谓"磨刀不误砍柴工"。在企业发展的不同阶段，可以有策略、有选择地把重心放在业务发展或能力构建上。

MM

MM为业务和能力规划提供了统一的方法论，无论何种层级的规划，都必须考虑内部能力能否支撑业务规划，只有相互匹配的规划才是可实现的。在规划过程中，业务规划和能力规划应当同时进行。在企业的不同发展阶段，对业务的投入与对能力建设的投入各有侧重。在行业快速发展时期，通常是业务需求拉动内部能力建设。在行业低迷期，企业要通过对内部能力的大力投资推动业务发展，比如产品和技术研究、管理体系建设、人力资源开发等。

IPD

基于IPD方法的研发过程，不仅是满足客户需求的过程，同时也是构建内部能力的过程。创新和研发是通过各类资源重组满足客户需求，同时在研发过程中充分利用公司技术和产品平台，并在一些项目中形成技术和产品平台。研发过程同时也是一个培养、提高组织和人力资源能力的过程。产品都有生命周期，而在此过程中积累的各种能力能让企业摆脱产品生命周期。

OR

从时间维度，需求可分为长、中、短期需求，短期需求满足公司短期业务需要。对中长期需求的研究和满足是公司未来业务发展的基础，构成了企业长期能力，对确保企业未来业务的成功发挥着重要作用。所以，长、中、短期的需求数量要适当。需要特别强调的是，技术和平台的形成需要对中、长期需求进行深入研究，将各个细分市场的共同需求提炼出来，满足这些共同需求的方案就是平台。

RDPM

研发项目管理作为IPD体系的"临门一脚",绝大多数业务和能力的构建是在研发项目中完成的。研发项目过程也贯穿了两条主线:满足业务需求和构建内部能力,也就是项目价值管理中的外部价值(业务)和内部价值(能力建设),同时也是项目质量管理中的外部质量和内部质量。所以,仅满足客户需求,而没有满足公司内部要求的项目管理不能算是成功的项目管理。

组织与团队

大量企业明确提出采用矩阵组织结构,并直面其带来的管理挑战,就是为了在支持外部业务和内部能力建设之间取得平衡。横向业务组织的使命是为了满足客户需求,取得业务的成功;纵向资源部门的使命是为了满足业务需要并构建各种能力。企业可根据战略需要配置内部资源,平衡横向业务或纵向能力的建设,对业务的投资形成中短期收益,对资源的投资形成中长期收益。同时,纵向资源部门应通过支撑横向业务来提高自身能力。

绩效与激励

绩效可以是业务成果,比如销售额、利润、投资回报率等,也可以是内部能力的提升,比如专利数量、管理变革进展、合格的人力资源等。绩效管理制度要通过各种指标、权重的设计来牵引纵向和横向各司其职:横向团队满足客户需求,纵向职能部门进行能力建设和积累。绩效指标设置要结合战略要求有所侧重,同时考虑外部环境。

变革管理

管理体系构建的最终目的是,既要支撑业务发展,又要兼顾能力建设,使两者并行不悖。所以,在基于IPD思想的管理体系变革中,既要强化对外的业务管理体系建设,比如需求管理、产品规划、产品开发体系建设,同时也要兼顾内部能力管理体系建设，比如各领域子流程、技术规划和技术开发体系、各个部门的管理能力建设等。

灵活发展，与时俱进

IPD不是一套固化的流程、制度、表单和组织模式，它的核心思想和七大组成部分必须根据外界环境的变化不断发展，吸取业界最新的管理理论和最佳实践。这使华为目前运行的IPD与当年在IBM顾问指导下引入的IPD已经有非常大的不同。

MM

MM为公司所有层次和类型的规划提供了一致的方法论，实现"上下、左右、内外、长中短期"四个对齐。在具体应用中，可以有步骤地把MM作为规划方法论推广到公司战略规划、业务单元的市场和产品规划、职能部门规划等，使整个组织围绕企业使命、愿景、目标、客户需求等进行运作。MM要不断吸取新的方法论，比如蓝海战略、长尾理论等。

IPD

和MM一样，IPD为企业内部所有创新工作提供了一致的方法论，具体可视新产品的研发过程，先确定问题和需求，再进行概念和总体方案设计、详细设计，在经过验证后进行推广。同时，在工作开展过程中设置若干评审点，与干系人进行充分沟通，明确期望，共同解决相关问题。IPD产品开发方法论要融入敏捷、质量管理、开放式创新、设计思维等元素，在实践中不断发展。

OR

围绕需求生命周期展开的需求管理流程同时支撑MM、IPD和RDPM，使它们保持一致和连贯。外部客户需求通过IPD流程，转化为对各部门/团队的（内部）

需求，对这些（内部）需求的管理也遵循RM。所以，以客户需求为中心的组织，可以借鉴需求管理方法，将各种需求都作为一个管理对象，用OR方法论进行管理。

RDPM

基于IPD方法的RDPM架构，根据研发项目特点，开创性地增加了价值管理和目标成本管理知识域，强化了商业目标、项目财务管理、沟通管理、团队文化的作用，是对通用PMBOK"与时俱进"的"灵活发展"。在实践中要不断扩大RDPM的应用范围，比如IPD、CDP及研发域以外的项目等，让这些项目的开展有一致的方法论，便于能力培养和内部沟通。RDPM体系要根据业务的发展而不断优化。

组织与团队

矩阵组织是最具灵活性的组织，其魅力在于可以根据战略和业务需要做相应的调整，权力向横向产品和项目倾斜就是事业部制，相反，权力向纵向专业部门倾斜就是传统的职能组织，现实组织无不是居于其间的"矩阵"。组织结构对战略和业务流程的适配是一个永无止境的过程，认识到矩阵组织的灵活性特点后，在实践中就可在不改变业务流程的前提下，通过组织调整来实现业务目标。

绩效与激励

绩效管理不等于绩效考核。绩效管理作为一个过程，要把组织目标和个人目标有机融合起来，实现两者相互促进。为此，绩效管理过程中要灵活采用各种工具方法，比如战略解码、平衡计分卡等。如何让身处IPD体系和矩阵组织的员工充满工作激情是管理的终极难题，绩效和激励体系要不断吸收各种管理方法的优点，比如教练技术、引导技术等，关注员工个人需求，让员工在实现组织目标的同时实现个人目标。

变革管理

随着外部环境的快速变化，IPD体系和推动IPD体系的变革管理方法也需要"灵活发展、与时俱进"。流程和变革管理部门可以把IPD作为变革管理方法来使用，在实践中不断发展和完善。在IPD体系推广过程中，要灵活采用多种方法，让各层级管理者和员工快速掌握IPD和基于IPD的变革管理方法。例如，很多企业通过可视化的板报、电影动画、辩论等来推动IPD的变革。

本章要点

（1）IPD体系的七大核心思想和七大组成部分是相互融合的。

（2）每个核心思想只有融入IPD的七大组成部分，"思想"才能落地。

（3）IPD体系的每个组成部分只有贯彻七大核心思想，管理体系才有"灵魂"。

（4）IPD体系的威力在于把七大核心思想有机融合在一起，解决了长期困扰企业的产品创新和研发管理难题。

（5）方法论和管理体系不是固化的，有多种表现形式，但核心思想是长期不变的。

Chapter 11

第11章

华为 IPD 体系的持续发展

引言

在引入IPD体系前,华为的业务流程与绝大多数中国企业一样,都是基于职能部门,每个部门都认为自己的流程很重要,所以核心业务流程非常多。自1999年引入IPD产品开发流程(小IPD)以来,华为开始从客户角度思考公司的主业务流程。

从客户与产品发生关系的时间场景角度出发,可以将客户分为三类:目前已经在使用产品的客户,准备购买本企业产品的客户,对公司产品提出新需求的客户。与此对应,企业的流程也分为三大类,对任何行业、任何规模的企业都适用。

(1)ITR流程(从问题到解决):客户在使用产品过程中出现问题和故障时,如何才能及时得到回应和解决。

(2)对于B2B,这个流程是MTL+LTC(从市场营销到线索+从线索到回款);对于B2C,则是渠道和零售。在该流程中,主要使用现有产品迅速满足有明确需求的客户的需求。

(3)IPD流程:是否提前考虑到客户的未来需求,并为此做好产品和技术方面的准备。

从企业角度来看,IPD体系表面上解决的是产品和技术研发问题,但当IPD思想和方法被提取出来成为企业经营管理的方法论时,将发挥更大的威力。我们认为这正是华为在过去20多年利用管理成功推动企业发展的重要原因之一。

我们从任正非在2003年和2016年的两段讲话中可以看出IPD对华为产生的深刻影响。2003年,任正非说:"在本质上,IPD是研究方法、适应模式、战略决策的模式改变,我们坚持走这一条路是正确的。"他谈到了三点。

- IPD是研究问题的方法,包括产品和技术问题、管理问题、变革问题等。
- IPD是适应外界变化的模式,包括需求的变化、产品和技术的变化。
- IPD改变了华为的决策模式,使个人决策和集体决策不再依赖于某一个人。

2016年,任正非在为华为IPD体系构建做出贡献的"蓝血十杰"表彰会上表示,IPD是华为发展的重要基石,让所有优秀人才按自己的风格来跳舞。但为什么特别优秀人才在华为无法生存下来?我们要研究这个问题。我们要允许"万里长城"大平台上有一些灵活性和开放性。各级领导要心胸开阔,允许一些特别优秀人才能在华为生存。从这些话中，我们可以得到3个启发。

- "万里长城"是不变的。
- 砖头是可以变化的。
- 大的架构是不变或相对固定的，但是构成要素是可以变化的。

本章将系统介绍华为目前的IPD流程和管理体系，及其过去24年的发展历程。

华为整体业务流程体系建设的3个阶段

华为对企业业务流程的认识和管理，主要经历了3个阶段。

1994—1998年：基于职能的流程

在通过IBM引入IPD进行变革前，和目前大多数的中国公司一样，华为的流程是基于职能的。虽然从1995年开始已有流程管理部门统一协调公司的各种运营活动，但因为没有一个总体的运营管理体系建设方法论作为指导，主要还是以职能为单位来开展。市场、销售、用户服务、研发、生产、财务等流程之间相互交错，尤其在产品研发方面最为突出。1997年开始制定和全面推广的华为"产品开发综合流程"是在PACE思想指导下，主要由研发部门制定的，开始把采购、制造、市场等环节纳入产品开发过程，但还是没有使产品开发成为全公司的行为。

1999—2009年：基于价值链的流程体系建设

从1999年引入IPD体系开始，华为有了端到端（End to End，E2E）的概念。"端到端"指的就是从需求的提出到需求的满足，一端是客户需求，另一端是满足客户需求。在端到端思想的指导下，华为开始思考究竟有哪些端到端流程。在十多年中，探索出多个版本。在这个阶段，华为主要以迈克尔·波特的价值链管理思想指导流程体系建设。

2010年至今：流程与变革成为重要的业务内容

随着华为的发展，海外市场成为公司重要的收入来源，业务越来越复杂，员工数量越来越多，机构也越来越庞杂，大公司常见的官僚病同样在华为开始出现。如何让整个公司都以客户为中心来运作，成为管理体系建设面临的大问题。为了让整个组织更加聚焦于客户的问题和需求，公司层面的主流程也进一步减少，演变成了以下的3个大类。华为强调项目是公司运作的基础和细胞，职能组织要服务于项目运作。

- 价值类流程：指为客户创造价值的流程，定义了为完成客户价值交付所需的业务活动，并在内部为其他流程提出要求，是公司的"内部客户"。
- 使能类流程：指支撑价值类流程的内部实现流程。
- 支撑类流程：指公司基础性流程，其目的是确保整个公司的高效和低风险运作。

按照任正非的观点，管理是华为核心竞争力的根本，在华为的战略规划和业务规划中，变革战略与计划是战略的重要内容。

华为IPD：24年磨一剑

IPD体系建设一直是华为管理体系建设的核心，其必要性可以追溯到1999年。自1999年，经过10年的发展，华为的业务范围从固话交换机扩展到传输、无线、数据通信等，但运营效率却不高，如图11-1所示。

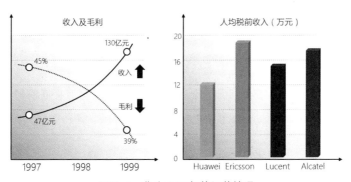

图11-1 华为1999年的经营情况

（1）公司规模越来越大，收入增长的同时毛利率却大幅度降低，人均税前收入也远低于竞争对手。

（2）新产品迟迟不能推出，开发周期比竞争对手长。

（3）产品功能不比竞争对手少，但稳定性和可靠性远不如竞争对手。

华为认识到，如果不建立一套科学规范的管理体系，就不能从本质上解决这些问题，难以大规模进入国际市场。1998年初，任正非通过下面一段话阐述了华为变革的必要性。

"企业如果缩小规模就会失去竞争力，如果扩大规模但不能有效管理，也会面临死亡，而管理是内部因素，是可以努力的。规模小时，企业面对的都是外部因素，是客观规律，是难以以人的意志为转移的，它必然抗不住风暴。因此，我们只有加强管理与服务，在这条不归路上，才有生存的基础。这就是华为要走规模化、搞活内部动力机制、加强管理与服务的战略出发点。"

在这样的背景下，华为公司1999年启动IPD项目，并将其分为关注、发明、推广3个阶段。根据1999年的计划，用两年多的时间就可以实现全面推广。实际上仅产品开发流程（小IPD）的全面推广直到2002年初才开始，可见IBM咨询顾问当初也低估了IPD的实施难度。华为选择IBM来协助推动变革，是基于IBM在20世纪90年代的成功实践。当时，有"蓝色巨人"之称的IBM利润急剧减少，甚至大幅亏损，同时产品开发周期长，新产品的市场表现远远落后于竞争对手，并且有25%的研发投资都没有产生回报，IPD是让IBM重新崛起的原因之一。

经过9个月的全方位调研，IBM的调研诊断报告出炉了。据说初稿用大量篇幅对华为取得的成绩进行了肯定，但任正非认为"这部分写得最差"，要求顾问把它都拿掉，留下的全部是华为面临的问题和挑战。报告从11个方面归纳了华为在产品和技术创新方面存在的问题：业务策略和市场管理、市场需求、系统工程、项目管理、结构化流程、组织、技术开发、IT使能器/工具、管道管理、技能和衡量标准。针对这些问题，任正非在IPD第一阶段（关注阶段）报告会上指出：

（1）华为公司想要活下去，唯一的出路就是改革。要努力提高我们的管理水平。

（2）IPD关系到公司未来的生存与发展，各级组织、部门都要充分认识到它的重要性。

（3）华为要不断进行自我批判，抛弃一切可以抛弃的东西，虚心向业界最佳学习。

到2006年，基于IPD的研发管理变革告一段落，华为总结了IPD给华为带来的变化。

（1）研发项目周期大幅度缩短。中等复杂度项目的周期从2003年的84周下降为50周，下降幅度约为40%。

（2）产品故障率从2001年的17%大幅降至1.3%。

（3）客户满意度逐年提高。

同时，IPD让华为拥有了进入国际市场的"管理通行证"。2003年以来，以IPD为代表的华为业务流程和管理体系确保华为顺利通过了国际发达运营商（英国电信、沃达丰、德国电信等）的严格认证，极大促进了华为进军发达国家（地区）运营商市场的步伐，与思科、爱立信、西门子、阿尔卡特、朗讯等国际一流厂家同台展开竞争。

这些成绩并没有让华为停止对IPD的持续优化。过去24年中，在核心思想和框架不变的前提下，华为根据业务发展需要对角色、活动、模板、支撑流程、工具等坚持不懈地进行优化，使其与周边流程的衔接更加顺畅。同时，华为还不断优化相关的组织和绩效薪酬体系，以支撑流程的运作。

华为IPD的发展过程总结

华为IPD的变革是持续的，在过去的24年中，可以分为3个大的阶段。

单个项目和产品管理的成功

1999—2002年，华为在IBM顾问的指导下进行"僵化实施"，通过变革管理为IPD导入扫除障碍，且重点聚焦在IPD产品开发流程上，实现单个项目和项目群管理的成功。主要工作如下。

（1）项目启动，完成"动员和关注阶段"，进入"发明"阶段。

（2）组建第一个IPMT和PDT，边设计流程边进行试点。

（3）正式发布IPD管理体系。

（4）从2002年开始全面推行IPD产品开发流程。

（5）启动市场管理和产品规划MM、需求管理OR和变革进展评估TPM等体系建设。

项目组合和产品/技术规划的成功

2003—2007年，在全面推广IPD产品开发流程的同时，把3大流程（MM、IPD和OR）打通，构建技术管理体系，实现项目组合的成功，同时不断完善IPD管理体系和构建关键使能流程（支撑流程）。主要包括以下工作。

（1）IPD与CMMI（能力成熟度模型）的无缝连接。

（2）建立技术管理体系，组建BMT、PMT、RMT、解决方案管理团队等。

（3）进一步细化IPD流程，明确生命周期阶段管理模式。

（4）IPD与MM、OR对接。

（5）定义使能流程（如市场规划流程MPP、集成配置器、定价、管道管理等），实现IPD流程与各个专业领域流程的打通。

（6）明确流程活动的合并与裁剪原则。

（7）在核心流程中落实以客户为中心的设计、依赖关系管理等。

全面集成的成功：业务和管理能力的均衡发展

从2008年至今，把IPD流程和管理体系融入公司整体业务和质量管理体系，以及全球化、节能减排等要求，进一步加强各项使能流程体系建设，对整个体系不断进行优化，初步实现业务和管理能力的均衡发展，向世界级的研发水平迈进。这个阶段的主要工作如下。

（1）明确决策授权原则，进一步固化分层级评审体系。

（2）与质量管理体系（Quality Management Stytem，QMS）融合。

（3）集成若干攻坚战项目成果：资料、Beta测试、LMT、信息安全等。

（4）加入全球化、节能减排等要求。

（5）明确平台开发项目同样按IPD流程运作。

（6）落实早期客户支持计划（Early Support Plan，ESP）、GA项目优化成果。

（7）在IPD中融入敏捷开发模式。

（8）把MM抽象为规划方法论，用于各层级规划，并指导战略与运营流；把IPD抽象为研发方法论，用于各种研发项目；发布RDPM，并将IPD方法论和管理体系融入研发项目中。

（9）把合规性、可信性等纳入IPD体系。

（10）把理论研究、技术发明、技术研发等纳入IPD体系。

（11）把产业生态管理纳入IPD体系。

……

华为之所以能够持续优化IPD体系，与高层的坚持和高标准要求有关。轮值CEO徐直军（目前是轮值董事长）2010年指出：

从开始引入、演练、实践到全方位推行的过程中，我们对IPD的理解在不断深化。要把IPD的很多理念、思路和要求应用到我们的日常工作中，还有很多工作要去做。华为目前仍然面临以下问题与挑战。

（1）管理者、员工普遍对IPD的理念、思路和要求理解不深或不到位。

（2）IPD流程执行中存在僵化、绕过流程及作假等现象。

（3）复杂多变的业务发展给IPD提出了很多新课题。

（4）敏捷等领域实践需要与IPD商业流程对接。

（5）QMS需要与IPD体系进行有效融合。

……

华为认为，IPD完全能够应对这些挑战，关键是要真正理解IPD，用好IPD。为此，华为在产品和解决方案体系内部，把IPD作为全体管理者和员工必须学习、考试的科目，让全体员工认真学习、理解、掌握IPD流程和管理体系的最新成果，在工作中熟练而准确地应用，达到任正非所说的"用规则的确定性来应对结果的不确定性"。

华为IPD的核心思想和理念

在IPD变革过程中，华为深刻认识到，必须转变之前"以技术推动产品，客户被动接受产品"的做法，将客户和市场的需求作为产品开发的源动力。在满足市场和客户需求的同时，华为还要实现商业目标。所以，华为的IPD体系构建在以下两个最基本的核心思想之上。

（1）市场和客户需求是产品开发的驱动力。

（2）产品开发要作为投资来管理。

华为强调，在射击场上先瞄准，再射击，没有瞄准的射击毫无意义。在开发产品前就要确定需求和产品概念。在推行过程中，华为通过3个"IPD的主要理念"的建设让IPD最基本的两大核心思想落地。

（1）做正确的事：市场管理、业务策略。

（2）正确地做事：需求管理、结构化流程、跨部门团队、技术开发、项目管理、系统工程、管道管理。

（3）支撑基础：IT使能器／工具、技能、衡量标准。

在正式引入IPD体系13年后的2012年，华为对IPD做了这样的总结。

IPD是基于市场和客户需求驱动的产品规划和开发管理体系。其核心是由来自市场、开发、制造、服务、采购等方面人员组成的跨部门团队共同管理从产品规划、客户需求、概念形成、产品开发、上市的整个生命周期过程。通过IPD管理体系，使产品开发更加关注客户需求，加快市场响应速度，缩短产品开发周期，降低报废项目，降低开发成本，提高产品的稳定性、可生产性、可服务性等。

IPD体系的精髓包括以下几个方面。

（1）研发是投资行为：IPD是商业流程，关注商业结果，将产品开发作为一项投资进行审慎管理。

（2）跨部门团队：IPD管理体系广泛采用跨部门团队方式进行项目开发。跨部门团队汇集各功能代表及其所属领域的专业智慧和资源形成合力，共同承担项目成功的责任。

（3）结构化流程：IPD流程分为不同阶段，通过决策评审实现IPMT（投资方）和PDT（承诺方）的互动，资源分批受控投入，既满足项目进展需要，又避免投资失控风险。

（4）灵活发展，与时俱进：IPD在不断吸取业界最佳实践和解决业务问题的过程中，实现与时俱进。

华为 IPD 的"3大流程"

2002年,华为在公司全面推行IPD体系中的产品开发流程,并同时开始建设其他流程和管理体系。其中市场管理流程(MM,通常指市场管理和产品规划)和需求管理流程(OR)是最重要的两个流程,再加上IPD产品开发流程,被称为华为IPD体系的3大流程,如图11-2所示。在IPD体系发展过程中,在这3大基础流程上,不断衍生出很多其他流程,最重要的是战略规划(后来被BLM取代)、技术规划和技术开发流程,加上需求管理、产品规划、产品开发,被称为IPD的"6大模块"。

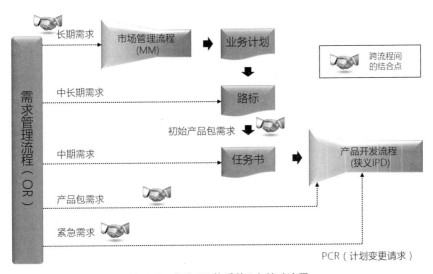

图11-2 华为IPD体系的3大基础流程

市场管理流程

市场管理流程(MM)是确保华为"做正确的事"的核心方法论和流程,是IPD产品开发流程的上游流程。

市场管理流程的输入是市场信息、客户反馈、竞争对手信息、技术趋势、现有产品组合等,通过理解市场、市场细分、产品组合分析、制订/融合业务战略和计划，形成组合策略和路标规划并管理业务计划和评估绩效。通过项目任务书启动IPD的流程，如图11-3所示。

市场管理流程为公司战略规划、业务计划、产品规划、技术和平台规划、项目任务书开发、职能部门规划等提供了一致的方法论。在华为IPD流程体系发展过程中，曾把基于MM方法论的战略规划、产品规划和技术规划列入IPD体系的"6大模块"，可见MM方法论的重要性。

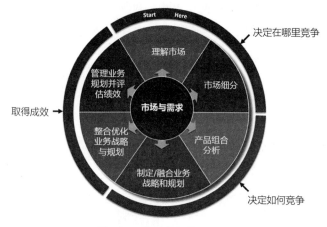

图11-3 华为市场管理流程

需求管理流程

需求管理流程作为支撑流程为市场管理流程和IPD产品开发流程产品开发流程提供输入，让市场管理流程、产品规划和产品开发"瞄准靶心"。需求管理流程分为收集、分析、分配、实现和验证5个阶段，如图11-4所示。其中，需求的收集、分析、分配主要在产品规划、项目任务书开发、IPD流程的概念阶段进行，实现和验证主要在IPD产品开发流程中实现。所以，需求管理流程和市场管理流程、IPD产品开发流程是并行的。从另一个角度来看，无论是否有公司层面的独立需求管理流程，市场管理和IPD产品开发流程都需要进行需求的收集、分析等工作，从这个意义上说需求管理流程是市场管理和IPD产品开发流程非常重要的支撑流程。

华为在集团公司、各个业务群、各个产品线、子产品线分层分级建设端到端的需求管理流程，把来自各方面的需求汇集起来进行统一管理，让它们"无处可逃"，最终实现以客户需求为中心。

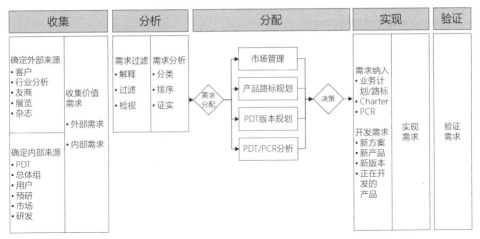

图11-4 华为公司需求管理流程和相关的跨部门团队

IPD产品开发流程

微观的IPD指IPD产品开发流程,简称"IPD流程",在华为也叫"小IPD"。相对市场管理流程,IPD流程结构化程度更高。华为的IPD流程分为概念、计划、开发、验证、发布和生命周期管理6个阶段,如图11-5所示。

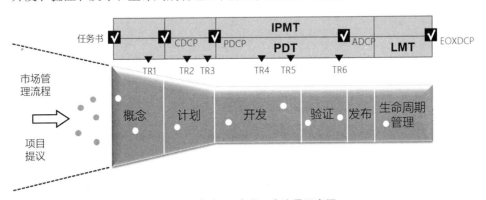

图11-5 华为IPD产品开发流程示意图

IPD流程强调按投资决策标准对产品开发进行分阶段评审。在华为的IPD体系推行过程中,已把IPD提炼为一种创新方法论,不仅应用在产品开发过程,还拓展到技术研发、变革管理、项目管理等领域中。

华为的IPD管理体系

在华为,用IPD管理体系来保障流程的有效运作。IPD管理体系除了包含前面提到的业务流程,还包括以下方面的内容。

(1)组织、角色和职责:定义支撑流程运作的各级组织,主要是跨部门团队,以及相关成员角色和工作职责。

(2)度量指标:用于衡量流程运作质量。华为针对所有流程、子流程分别制定了衡量指标。部分流程度量指标被用于员工考核,通过绩效管理和激励机制,强化行为规范。

(3)技术管理体系:通过业务的分层分级管理,构建各层级的通用构建模块,提高产品开发效率。

(4)技能提升:构建支撑IPD体系运作的个人技能,包括管理和领导能力、沟通交流能力等,通过同心圆模型构建任职资格模型,通过3E模型进行资源池建设。

(5)IT工具。构建支撑IPD体系运作的各种信息系统。

组织、角色和职责

华为在组织方式上采用重度矩阵结构,也叫重量级团队。基于专业分工的职能组织(常常叫作职能部门、功能部门、专业部门或资源部门,下面统称资源部门)和基于业务的跨部门团队在华为无处不在,每个人都处于一个巨大的网状结构中。专业能力在资源部门中构建,绝大部分面向客户的业务在跨部门团队中完成。虽然华为组织结构总在不断变化中,但其组织方式或组织模型是不变的,可以概括为以下几点。

(1)坚持华为是一个整体,在此基础上全面采用矩阵结构,资源部门支撑跨部门团队,后台支持前台。

(2)业务上根据客户群或产品类别进行事业群和产品线的设置,目前的各个行业"军团"也是一种基于前台业务的组织模式。

(3)根据各类业务流程设置跨部门团队,跨部门团队负责业务流程的运作。

跨部门团队的设置与事业群、产品线或"军团"对应。

图11-6为华为的总体组织模型。

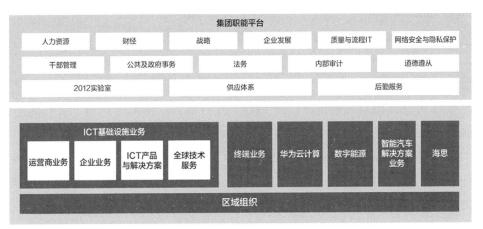

注：图片内容来自2023年3月华为官网消息

图11-6　华为的总体组织模型

在这个组织模型下，运作IPD体系的主要跨部门团队的相互关系如图11-7所示，从层级上分为公司级（或华为集团级）和产品线级（或子公司级，比如华为终端公司）。这些团队从业务类型上可分为以下几类。

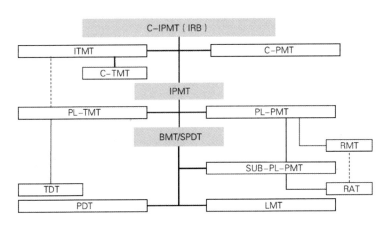

图11-7　华为公司IPD体系中的主要跨部门团队

（1）决策评审类，包括产品决策评审和技术决策评审，比如IRB、产品线集成组合管理团队（Product Line IPMT，PL-IPMT）、ITMT。

（2）规划管理类，包括产品规划类和技术规划类。产品规划类团队包括公司组合管理团队（Corporate Portfolio Management Team，C-PMT）、产品线组合管理团队（Product Line PMT，PL-PMT）、解决方案组合管理团队（Solution Portfolio Management Team，S-PMT）、公司需求管理团队（Corporate Requirement Management Team，C-RMT）、产品线需求管理团队（Product Line Requirement Management Team，PL-RMT）、产品线需求分析团队（Product Line Requirement Analysis Team，PL-RAT）、产品线生命周期管理团队（Product Line LMT，PL-LMT）。技术规划类团队包括公司技术管理团队（Corporate TMT，C-TMT）、产品线技术管理团队（Product Line TMT，PL-TMT）、技术管理组（Technology Management Group，TMG）、跨产品线TMG。

（3）执行团队，包括SPDT、SDT、PDT、TDT、产品预研团队（Product Pre-research Team，PRT）、技术研究团队（Technology Research Team，TRT），每种执行团队都有产品线级和跨产品线级。

华为IPD体系中的几大业务流程都由这些跨部门团队来运作，其对应关系如表11-1所示。

表11-1 华为IPD体系中业务流程与支撑组织/跨部门团队的对应关系

跨部门流程	支撑组织/跨部门团队	备注
IPD流程（宏观IPD）	业务群、产品线、子产品线或独立的分子公司	端到端产品管理过程，包括本表其他各个流程和团队
MM流程	C-PMT、PL-PMT、子产品线PMT	公司战略规划、市场和产品规划、各职能领域规划
OR	C-RMT 解决方案需求管理团队（S-RMT） PL-RMT PL-RAT	负责公司和产品线的需求管理，支撑IPD体系中除OR外的所有流程
CDP TCDP	CDT 技术项目任务书开发团队（Technology CDT，T-CDT）	CDP也叫产品定义流程。CDT是PMT的子集，T-CDT是TMT的子集
IPD（产品开发流程，小IPD） 解决方案开发流程	PDT SDT	PDT和SDT都负责一系列产品和项目
TPP	C-TMT PL-TMT	TPP是MM方法论的延伸，本质上是职能领域规划

续表

跨部门流程	支撑组织/跨部门团队	备注
TD	TDT	TD是IPD方法论的延伸
研究流程	PRT TRT	研究流程也是IPD方法论的延伸

华为IPD体系中，最典型的跨部门团队是IRB、PL-IPMT、PMT和PDT，对应了公司和产品线的决策层、规划层和执行层。

（1）IRB，也就是公司级的集成组合管理团队。在公司总的战略方向指导下，负责公司级战略规划和业务计划的管理和监控，协调各产品线投资方向，决定公司大的投资方向，对公司的投资回报负责。

（2）PL-IPMT，负责产品线级战略规划和业务计划的管理和监控，决定产品线要进入哪些市场，投资哪些产品，对产品线的投资回报负责。

（3）PMT，负责制定公司级战略规划和业务计划，分析市场和客户需求，制订产品规划，开发项目任务书，为各领域的规划提供输入，并协调各领域的规划。组合管理团队分为C-PMT和PL-PMT。

（4）PDT，执行IPMT的决策，负责具体的产品开发，对产品的市场和财务成功负责。PDT往往负责多个产品开发项目。

华为公司通过资源池方式培养IPD体系运作所需的各类人才。

度量指标

著名管理学家、平衡计分卡发明人罗伯特·卡普兰说"没有度量就没有管理"。作为华为IPD管理体系的一部分，度量指标支撑了IPD业务流程运作，是一种重要的管理工具和方法。度量指标的设置有4个方面的作用。

（1）通过对业务开展状况进行度量，发现问题，帮助设定更高的目标，从而促进业务能力的持续提升和改善。

（2）建立与IPD体系相关的各种能力基线，实现可预测的产品开发过程。

（3）为科学决策提供依据，包括产品线和职能部门的决策。

（4）通过IPD变革进展指标度量IPD的推行效果。

为了确保跨部门流程的运作，华为将业务方面的考核权限从职能部门转移到跨部门团队,确保后台支撑前台,职能部门为跨部门团队服务。考核关系如图11-8所示。

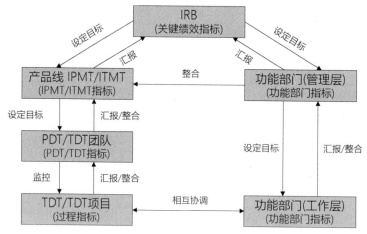

图11-8 华为IPD管理体系中的绩效考核关系

质量指标采用平衡计分卡框架,从财务、客户、流程、成长四个方面进行设计,它们相互耦合,共同支撑公司战略目标的实现。

(1)财务:指如何满足股东的期望,指标包括投资收益率等。

(2)客户:指客户是如何看待我们的,指标包括客户满意度等。

(3)流程:指必须在哪些方面胜人一筹,指标包括上市时间等。

(4)成长:指能否持续地改进和创造价值,指标包括IPD变革进展指标。

除了对流程和团队运作进行衡量,华为还定期对IPD的变革进展进行评估。评估按照事先确定的标准进行,把变革进程分为试点、推行、功能、集成和世界级5个等级(见表11-2),每个等级都从9个方面进行评估。

(1)业务分层。

(2)结构化流程。

(3)重量级团队。

(4)产品开发。

(5)度量指标。

(6)项目管理。

(7)目标。

(8)以用户为中心的设计。

(9)通用构建模块。

表11-2 变革的5个等级及其推行程度和效果

得分	级别	推行程度	效果
0	未实践	没有做流程设计，无试点	效果不明显
0.1~1.0	试点	在局部范围引入	有部分成效，流程有较大缺陷
1.1~2.0	推行	在部分产品线/产品系列中推行	关键衡量指标有部分改进，运作稳定，流程缺陷较少
2.1~3.0	功能	在大多数业务单元/产品线/产品系列中推行，行为发生重大变化	大多数衡量指标得到改进，实施有成效
3.1~4.0	集成	完成推行，文化已经改变。流程运作顺畅	大多数指标有很大改进，实施非常有效，流程没有缺陷
4.1~5.0	世界级	不断根据外部环境进行优化改进。灵活发展，与时俱进	各项指标持续改善

2014年6月，轮值CEO郭平在华为"蓝血十杰"表彰大会上的讲话回答了这个问题。

通过持续渐进的管理变革，我们建立了一个"以客户为中心、以生存为底线"的管理体系，研发、销售、供应、交付和财经等各个领域内部的能力和运营效率有了很大提升。但我们必须清醒地看到，公司各大流程之间的结合部依然是管理变革中"难啃的硬骨头"。管理变革出现了"流程功能化、变革部门化"的突出问题，使流程能力和效率的进一步提升受到制约。IPD变革开展了15年，TPM近几年却一直徘徊在3.3分而无法提升，就是一个很好的例子。

显然，他对3.3的TPM得分是非常不满意的。那么，华为目前的TPM得分是多少呢？虽然华为的IPD变革一直在推行，但现在的TPM得分还不到4分。可见，管理变革并非一朝一夕、一蹴而就的。所以，在华为，IPD永远都在路上。

技术管理体系

技术管理体系（Technology Management System，TMS）和产品管理体系既紧密关联，又有一定的独立性。构建技术管理体系的基础是产品和技术的分层，即在此基础上进行技术和平台的规划、研发、CBB管理。图11-9是华为的技术管理体系架构图。

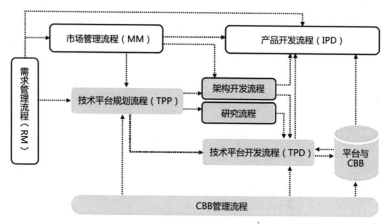

图 11-9　华为的技术管理体系架构图

华为尤其重视平台化开发，可以说整个技术管理体系都是按照这个思想来构建的。在产品开发启动前，技术体系会先构建可以在多个产品间共用的平台和CBB，也就是"货架式技术"，以加快产品上市速度。同时平台化开发还可以提高产品质量，从整体上降低公司的运作成本，为各个领域都带来好处（见表11-3）。

表 11-3　平台化为各领域带来的好处

领域	好处
研发	（1）缩短开发周期和上市时间 （2）提高产品质量 （3）节省开发资源
采购	（1）降低采购成本 （2）提高采购效率 （3）减少供货风险
制造	（1）降低库存 （2）减少废料 （3）降低制造成本
服务	降低维修维护成本、备件成本等

技能提升和IT工具

成功的变革离不开个人技能和IT工具的支撑。

IPD实施需要的个人通用技能包括领导技能、沟通技能、项目管理能力、系统工程能力等。

IPD体系实施需要的IT工具包括产品生命周期管理、软件开发工具、项目管理工具、项目群管理工具、项目组合管理工具、办公软件工具等。

华为IPD进入全面集成时代

2014年6月,华为轮值CEO郭平在"蓝血十杰"颁奖上致辞称:

在下一步的变革中,我们也要遵循"云、雨、沟"的规律,不断提炼和归纳华为过去20多年的经营管理思想、变革的经验和教训,以我们对经营管理规律的认识(云),指导公司未来的战略规划和经营管理工作,持续提升运营效率和赢利能力(雨),并通过持续渐进的管理变革,使华为的管理从目前带有很强部门特色的"段到段",逐步走向以"面向客户做生意"(大LTC)和"基于市场的创新"(大IPD)两个业务流为核心的、"端到端"的数字化管理体系(沟)。我们的管理方式要从定性走向定量,实现基于数据、事实和理性分析的实时管理。

经过24年的持续努力,当前IPD已成为华为最核心的业务管理体系。IPD不再是产品开发流程,而是包括从客户需求到各层级规划、项目任务书开发,再到产品和技术开发、上市,直到生命周期管理,打通所有职能部门运作的端到端管理体系。

IPD为战略与运营流提供统一方法论

早在2002年,IBM顾问给华为培训市场管理需求流程时就曾指出,市场管理需求为公司、产品线、细分市场、产品包的业务计划提供了统一方法论,但直到2008年左右,华为才真正实现MM方法论在全公司的拓展,形成"集成战略与运营流"(ISOP),实现华为管理体系的集成。

如果狭义的IPD方法论实现了各个功能部门在产品开发上的集成与协同,战略运营流则是管理的"IPD流程",使各个功能部门(战略、市场、产品与解决方案体系、销售与服务、供应链、HR、财经、质量等）的管理实现了有机集成与协同。同时，这个流程也是组织的绩效管理流程。

战略与运营流通过战略制定、战略展开、战略执行与监控、战略评估4个步骤实现了管理的"集成"，如图11-10所示。

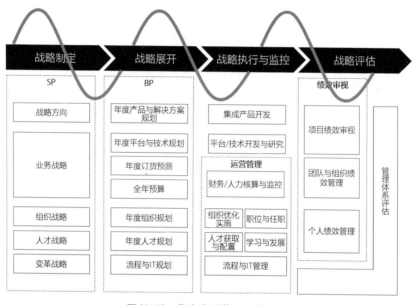

图11-10 华为公司的ISOP架构图

基于MM方法论的战略与运营流从时间维度上集成了战略规划和业务计划，在业务维度上集成了产品和解决方案规划、平台和技术规划、市场规划、运营规划、年度预算等。因为战略与运营流是闭环的，这些业务规划的执行、监控与评估也被纳入一个统一的流程。

"战略与运营流"中的战略与规划不只是市场、产品、技术等业务的战略与规划，还包括了组织、人才、流程、管理体系的变革战略与规划。

IPD方法论应用于变革管理

管理体系的优化（变革）本身也需要进行规划和"开发"，也就是变革项目的规划和实施。通过咨询公司来规划和实施变革只能是补充，更多的变革应当由企业自己主导。管理变革对企业而言，是一种无形产品，同样可以用IPD体系中的方法论进行管理。

管理变革项目规划的输入主要有两个来源：一个是公司战略（SP和BP）需要，另一个是管理实践中面临的问题和挑战。规划流程分为以下5个步骤。

（1）内外部环境及需求分析。

（2）进行问题调研诊断。

（3）形成项目清单。

（4）项目的投资收益分析。

（5）变革项目的评审、发布和管理。

管理变革项目过程和IPD产品开发流程非常相似，此处不再介绍。

IPD思想用于个人工作管理

华为还在内部大力倡导把IPD思想和理念用于个人工作管理。

在工商业社会，几乎每个人的工作产出都不是用于自我消费，工作成果都可以被视为产品，要满足需求方提出的要求。在工作中，IPD思想的启示是首先要确保做正确的事，也就是要和需求方进行充分沟通，包括上级领导、项目经理、相关部门或外部合作伙伴、客户，明确需求和目标，保证工作沿着正确的方向推进，避免无效劳动和返工。

在工作开展过程中事先制订计划，在计划中设置里程碑点。计划制订好以后，要和需求方进一步沟通，确保计划和里程碑点与需求方的要求是一致的，做到目标的及时"对齐"。

在计划实施过程中，要在里程碑点及时和需求方确认，保证自己的工作始终走在正确的路上，在出现偏差时及时进行调整，做好变更管理。

做到这些后，每个人都可以在工作中活学活用MM和IPD，确保高质量交付工作成果。

终曲：华为最新IPD架构解读

华为从1999年开始导入IPD，至今已有二十多年。读者可能好奇，最新的华为IPD流程体系框架是怎样的？图11-11为华为IPD体系架构图（2021年），内容来自2021年初华为和"得到APP"合作的节目《华为的选择》第三讲"放下自己：怎么迈过做大那道坎"。那么，企业应当如何学习标杆，如何学习华为？

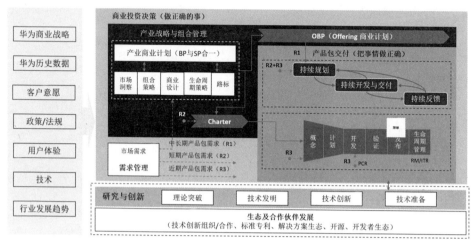

图11-11　华为IPD体系架构图（2021年）

图11-11比较准确地描述了华为最新IPD框架。图的左边是IPD的七大输入：华为商业战略、华为历史数据、客户意愿、政策/法规、用户体验、技术、行业发展趋势。两大主题从左至右展开："做正确的事"与"把事情做正确"。IPD的三大"经典"流程框架，也就是市场管理流程、需求管理流程和产品开发流程（MM、OR和IPD）被完整保留，只是表现形式有所不同，尤其是IPD产品开发流程的六个步骤，在20多年的演变中，始终没有变化。

本节先从做正确的事、把事情做正确、研究与创新三个方面对华为最新IPD框架进行解读。然后以思想方法上的"僵化"与具体做法上的持续创新为出发点，回顾华为20多年的IPD导入历程，再次强调体系导入中管理思想和方法论的作用，以此作为本书的结尾。

做正确的事：产业战略与组合管理

对于"做正确的事"，关键是要做好商业投资决策。在图11-11中，华为经典IPD框架产品规划中的MM流程演变为"产业战略与组合管理"，其核心是包括五大部分（或五个流程的输出）的"产业商业计划（SP和BP合一）"。五大部分分别是：市场洞察、组合策略、商业设计、生命周期策略和路标。这一表述和20多年前华为刚刚引入IPD时的MM方法论的六个步骤相比，表面上看起来似乎有很大不同，但是在MM方法论中都涉及，并且更加系统。华为在运用MM方法论解决华为问题的过程中，把理论与自身实践（或华为要强调的部分）进行结合，为我所用，让MM方法论"华为化"，犹如"马克思主义的中国化"。"产业战略与组合管理"的五大部分仍然依据MM方法论展开，尤其在具体的工具层面。

所以，要深刻理解目前华为的"产业战略和组合管理"，还要从MM方法论的六个步骤开始，一步步学习和领会，只有从原理上理解了，然后才能根据企业的具体情况进行运用，这也是我们一再强调"理论是最好的实践"的原因。

要"做正确的事"，必须管理好需求，华为最新IPD框架的需求管理流程的输出，在时间维度上分为三类：中长期产品包需求（R1）、短期产品包需求（R2）、近期产品包需求（R3）。R1主要进入产业战略与组合管理，R2主要进入项目任务书开发流程，R3主要进入IPD产品开发流程。值得注意的是，在敏捷持续规划（Offering Definition Process，ODP）流程中，围绕业务计划（Offering Business Plan，OBP），R1加上R2和R3，进入产品包的持续规划、开发、交付和反馈中。

把事情做正确：基于系统工程的IPD方法论是基础

要理解和正确运用IPD，必须理解流程和管理体系背后的基本原理和逻辑，否则容易陷入某个具体做法中，很难举一反三。

华为最新的IPD流程架构强调了敏捷在产品规划、立项和开发中的应用。在图11-11的右上角，需求管理、产品规划、立项、开发的思想和方法被整合成ODP，ODP围绕核心输出产品包OBP进行，实现产品包的持续规划、开发、交付和反馈。在组织上，把产品的规划、开发、交付和反馈授权给一个团队完成。在ODP模式下，产品的商业决策和需求决策被分离，高层通过年度商业计划，对产品的商业结果评审把关，把大量与需求和技术相关的工作授权给研发团队。这一新的研发模式，主要针对竞争激烈、需求不确定且经常变化的软件和云服务，其他具备这些特点的业务也可以参考。

一个团队负责完成规划、立项、开发、交付等所有的事情，这种做法是否似曾相识？包括华为在内的大多数企业在没有构建IPD流程体系前，都是使用这种非常"敏捷"的开发模式。

大规模敏捷模式的良好运作，需要两个条件，一个是合格的各领域资源准备，尤其是人力资源准备；另一个是扎实的单个产品开发项目的运作能力。否则，"敏捷"只是缺乏管理的高大上的称谓而已。

导入敏捷的最佳具体实践，和系统导入IPD并不矛盾。每个研发项目，尤其是软件类项目都可以引入敏捷实践。但是IPD的整体导入，需要考虑企业战略、产品规划、组织和团队架构、产品开发过程与逻辑、系统设计能力、员工专业能力、企业文化、团队协作、绩效与激励等，牵涉的面非常广，一定要总体规划、分步实施，不能奢望"一步到位"，不能把IPD大体系的构建和敏捷实践混在一起。尤其在IPD导入的早期，需要用至少3年以上的时间把基础打扎实，在变革过程中培养人才，尤其是高层决策团队、产品经理、项目经理、系统工程师、变革和流程管理人才，在这个过程中，逐步巩固和扩大IPD的运用范围。要形成强大的创新活力和创新管理能力，变革过程很重要，要在变革过程中培养能力、训练队伍，最终产生业务成果，同时形成管理体系。"过程"的英文是Process，也翻译为"流程"。过程的力量，也就是流程的力量。

研究与创新管理：华为IPD体系面临的新课题

华为最新IPD体系框架，强化了产品背后的技术的重要作用，也就是图11-11下方的"研究与创新"板块，包括理论突破、技术发明、技术创新、技术准备。如果"传统"的IPD强调以客户为中心，用客户需求拉动产品和技术的研发，那么华为的最新IPD框架，把技术推动放在了同等重要的位置。这和华为的研发投入是对应的，在过去二十多年中，华为研发投入与收入的占比，从20世纪90年代的10%提高到了2021年的22.4%，高居中国企业研发投入的榜首，比第二、三、四名（阿里巴巴、腾讯、百度）的总和还多。2022年，华为研发投入为1615亿元，占全年营收的25.1%，2023年一季度研发投入占季度营收的比例高达27.98%，再次达到新高。在美国的打压下，华为2021年和2022年的整体营业收入比2020年有所下降，但是研发上的投入绝对值还是在增加。在研发投入中，基础研究和技术研发的占比也越来越高。

华为IPD体系经过20多年的发展，从最初强调客户需求导向，到目前强调客户需求和技术的"双轮驱动"，两者相互"拧麻花"。

图 11-11 下方的"生态及合作伙伴发展"板块是华为最新 IPD 体系的重要内容，包括技术创新组织/合作、标准专利、解决方案生态、开源和开发者生态。华为自 1987 年成立以来，用十多年时间从行业中的跟随者成为领先者，在这一过程中，IPD 体系中的合作支撑流程和采购支撑流程，始终注重对合作伙伴和供应商的管理。最近十多年，华为从领先者成为很多领域的领导者，进入"无人区"，对合作伙伴和供应商的管理随之上升为产业生态系统的打造、发展和管理，比如鸿蒙生态系统（Harmony OS）。

从华为 IPD 体系的最新发展可以看出，IPD 是与时俱进、灵活发展的。面对新的问题和挑战，可以纳入业界最新的管理模式，比如敏捷。同时，IPD 的运用对象和运用场景也在不断拓展和完善，比如扩展到对理论研究、发明、产业生态的管理。

过程决定结果：抓住基本思想和方法，持续改进

IPD 变革的最终目标是取得良好的业务效果，但 IPD 刚开始推行的两到三年内，业务结果是不明显的。那么，如何衡量 IPD 推行的进展和效果呢？华为采用 IPD 变革进展指标来衡量。

IPD 从来不是一个死的体系，看今天的 IPD 与 20 年前的 IPD，很多地方出现了根本性的变化。基于 TPM 评估，华为每年都会讨论 IPD 怎样优化、怎样改进，同时还会不断审视和优化 TPM 的评估问卷，这样就使整个 IPD 变成了一个有生命的体系。

以上说明了华为成功导入 IPD 背后的方法：不奢望 IPD 在短时间内能够产生最终的财务和市场成果。很多企业导入 IPD 之所以没有达成预定目标，不如华为成功，就是因为太过于急于求成。IPD 作为一整套环环相扣的管理体系，需要总体规划、分步导入。

但是，在长达三五年甚至更长时间的 IPD 导入期，如何衡量导入的效果呢？这是 TPM 要解决的问题。TPM 有一个隐藏的核心观念：过程决定结果，过程做到位了，最终的业务成果自然就会产生。这与 BSC 的理念是一致的：持续的最终财务和市场成功，需要内部流程和能力的支持，各项指标之间要"平衡"。

从 1999 年开始的华为 IPD 变革，正是体现了"过程决定结果"。1999 年，华为用了将近一年时间，进行深入调研和全员培训，让全公司建立紧迫感，在此基础

上制定变革愿景和蓝图，按照计划一步步导入IPD。华为深刻认识到，要在通信和IT领域活下去，必须有规模，否则只能出局，但要扩大规模，就一定要有好的管理，否则消失得更快。这点很多企业家可能都认识到了，也愿意在管理上投入，但是像华为这样有清晰认识并持续投入的并不多。华为除了认识到管理的重要性，还不断在自我完善上下功夫，才在今天真正构建起一套不依赖于个人的体系。

华为管理体系的自我完善背后的方法论是什么呢？就是把IPD的思想方法用在管理体系的创新和优化上，也就是我们前面说过的BTMS。所以，华为过去20多年在IPD导入上的经验充分表明，抓住事物背后的核心思想和原理，不断扩展其运用范围，就会事半功倍。

我们坚信：华为能，你也能！

本章要点

（1）华为的IPD体系是灵活发展的。基于MM的规划体系将整个公司的管理"集成"为ISOP；IPD与QMS结合，成为质量管理体系的一部分；IPD体系本身可用于变革管理和个人工作管理。

（2）华为最新IPD框架继续保留和强化了IPD的三大核心流程：需求管理OR、市场管理和产品规划MM、IPD产品开发流程。同时，将敏捷思想融入IPD，形成具有持续规划、持续开发和持续反馈特征的OBP流程。

（3）华为最新IPD框架强化了技术愿景、理论研究、产业生态，让这些内容成为IPD的重要组成部分，这和华为这几年遇到的挑战和在业界的地位相匹配，也反应了IPD与时俱进、灵活发展的核心思想。

术语表

简称/英文缩写	英文全称	中文名
BAT	Baidu, Alibaba, Tencent	百度、阿里巴巴、腾讯
BB	Building Block	组件/构建
BG	Business Group	业务群
BLM	Business Leadership Model	业务领先模型
BMT	Business Management Team	业务管理团队
BP	Business Planning	业务计划
BTMS	Business Transformation Management System	业务变革管理体系
CB	Capability Baseline	能力基线
CBB	Common Building Block	共用构建模块
CDP	Charter Development Process	项目任务书开发流程
CDT	Charter Development Team	项目任务书开发团队
CRM	Customer Relationship Management	客户关系管理
CP	Check Point	检查点
C-PMT	Corporate Portfolio Management Team	公司组合管理团队
C-RMT	Corporate Requirement Management Team	公司需求管理团队
C-TMT	Corporate Technology Management Team	公司技术管理团队
DCP	Decision Check Point	决策评审点
E2E	End to End	端到端
EOL	End of Life	生命周期结束
ESP	Early Support Plan	早期客户支持计划
GA	General Available	通用可获得性
IFS	Integrated Financial System	集成财务体系
IPD	Integrated Product Development	集成产品开发
IPMT	Integrated Portfolio Management Team	高层决策团队
IR	Initial Requirement	初始需求
IRB	Investment Review Board	投资评审委员会
ISC	Integrated Supply Chain	集成供应链
ISOP	Integrated Strategy & Operation Process	集成战略与运营流
ITMT	Integrated Technology Management Team	集成技术管理团队
ITR	Issue to Resolution	从问题到解决
JIT	Just in Time	准时制

简称/英文缩写	英文全称	中文名
JTBD	Jobs to be Done	待办任务
LMT	Life-cycle Management Team	生命周期管理团队
LPDT	Leader Of Pdt	产品开发团队经理
LTC	Lead To Cash	从销售线索到回款
MM	Market Management	市场管理，市场管理及产品规划
MOT	Moment of Truth	关键时刻
MVP	Minimum Viable Product	最小可行产品
ODM	Original Design Manufacture	原始设计制造商
OEM	Original Equipment Manufacture	原始设备生产商
O/SBP	Offerings/Solutions Business Plan	初始产品包商业计划书
OR	Offerings Requirement	产品包需求，需求管理流
PACE	Product and Cycle-time Excellent	产品及周期优化法
PBC	Personal Business Commitment	个人绩效承诺
PDM	Product Data Management	产品数据管理
PDT	Product Development Team	产品开发团队
PLM	Product Life-cycle Management	产品生命周期管理
PL-IPMT	Product Line Integrated Portfolio Management Team	产品线集成组合管理团队
PL-LMT	Product Line LMT	产品线生命周期管理团队
PL-PMT	Product Line Portfolio Management Team	产品线组合管理团队
PL-RAT	Product Line Requirement Analysis Team	产品线需求分析团队
PL-RMT	Product Line Requirement Management Team	产品线需求管理团队
PL-TMT	Product Line Technology Management Team	产品线技术管理团队
PMBOK	Project Management Body of Knowledge	项目管理知识体系
PMI	Project Management Institute	美国项目管理协会
PMOP	Program Management Operation Process	变革项目管理运作流程
PMT	Portfolio Management Team	组合管理团队
PR	Product Roadmap	产品路标
PRT	Product Pre-research Team	产品预研团队
PSST	Products and Solutions Staff Team	产品和解决方案体系
PTIM	Product & Technology Innovation Management	产品技术创新管理
QMS	Quality Management System	质量管理体系
RAT	Requirement Analysis Team	需求分析团队
RDPM	Research&Development Project Management	研发项目管理

简称/英文缩写	英文全称	中文名
RDR	Research&Development Review	研发（领域内部）评审
RM	Requirement Management	需求管理
RMT	Requirement Management Team	需求管理团队
RR	Raw Requirement	原始需求
SDCP	Selection DCP	决策选择评审点
SDT	Solution Development Team	解决方案开发团队
SE	System Engineer	系统工程师
SF	System Feature	系统特性
SP	Strategy Planning	战略规划
SPDT	Super Product Development Team	超级产品开发团队
S-PMT	Solution Portfolio Management Team	解决方案组合管理团队
SR	System Requirement	系统需求
TDCP	Temporary Decision Check Point	临时决策评审
TDT	Technology Development Team	技术开发团队
TMG	Technology Management Group	技术管理组
TMS	Technology Management System	技术管理体系
TMT	Technology Management Team	技术管理团队
TPM	Transformation Progress Metrics	变革进展指标
TPP	Technology & Platform Planning	技术和平台规划
TR	Technology Review	技术评审点
TRT	Technology Research Team	技术研究团队
XR	X-review	某个领域的评审

参考文献

［1］罗伯特·G. 库柏. 新产品开发流程管理：以市场为驱动［M］. 5版. 刘立，师津锦，于兆鹏，译. 北京：电子工业出版社，2019.

［2］迈克尔·E. 麦格拉思. 培思的力量：产品及周期优化法在产品开发中的应用［M］. 徐智群，朱战备，等译. 上海：上海科学技术出版社，2004.

［3］IBM全球企业咨询服务部. 软性制造：中国制造业浴火重生之道［M］. 北京：东方出版社，2008.

［4］夏忠毅，从偶然到必然：华为研发投资与管理实践［M］. 北京：清华大学出版社，2019.

［5］亨利·明茨伯格. 战略规划的兴衰［M］. 张猛，钟含春，译. 北京：中国市场出版社，2010.

［6］奥利弗·E. 威廉姆森，西德尼·G. 温特. 企业的性质：起源、演变与发展［M］. 姚海鑫，邢源源，译. 北京：商务印书馆，2020.

［7］张维迎. 理念的力量［M］. 西安：西北大学出版社，2014.

［8］布莱恩·阿瑟. 技术的本质：技术是什么，它是如何进化的［M］. 曹东澳，王健，译. 杭州：浙江人民出版社，2014.

［9］宋柳丽，韩秋冰，史妍妍. 航空发动机产品开发流程评审体系优化设计［J］. 航空动力，2020（3）：44-47.

［10］杨继刚. 微软十年转型：组织变革赋能于人［J］. 中国工业和信息化，2018（11）：50-55.

［11］萨提亚·纳德拉. 刷新：重新发现商业与未来［M］. 陈绍强，杨洋，译. 北京：中信出版社，2018.

［12］丹尼尔·平克，驱动力［M］. 龚怡屏，译. 杭州：浙江人民出版社，2018.

［13］罗伯特·卡普兰，大卫·诺顿. 平衡计分卡：化战略为行动［M］. 刘俊勇，孙薇，译. 广州：广东经济出版社，2013.

［14］习风. 华为双向指挥系统——组织再造与流程化运作［M］. 北京：清华大学出版社，2020.

［15］约翰P. 科特. 变革加速器：构建灵活的战略以适应快速变化的世界［M］. 徐中，

译．北京：机械工业出版社，2016.

[16] 石晓庆，卢朝晖．华为能，你也能：IPD产品管理实践[M]．北京：北京大学出版社，2019.

[17] 亨利·明茨伯格，布鲁斯·阿尔斯特兰德，约瑟夫·兰佩尔．战略历程：穿越战略管理旷野的指南[M]．魏江，译．北京：机械工业出版社，2012.

[18] 克莱顿·克里斯坦森．创新者的窘境[M]．胡建桥，译．北京：中信出版社，2014.

[19] 克莱顿·克里斯坦森，泰迪·霍尔，凯伦·迪伦，等．创新者的任务[M]．洪慧芳，译．北京：中信出版社，2019.

[20] 克莱顿·克里斯坦森，迈克尔·雷纳．创新者的解答[M]．李瑜偲，林伟，郑欢，译．北京：中信出版社，2013.

[21] 克莱顿·克里斯坦森．颠覆性创新[M]．崔传刚，译．北京：中信出版社，2019.

[22] 安东尼·W.伍维克．产品经理的设计思维[M]．郭紫娟，译，北京：电子工业出版社，2016.

[23] 杰弗里·摩尔．公司进化论：伟大的企业如何持续创新[M]．陈劲，译．北京：机械工业出版社，2007.

[24] 曾路，孙永明．产业技术路线图原理与制定[M]．广州：华南理工大学出版社，2007.

[25] 李兴华．产业技术路线图：广东科技管理创新实践[M]．广州：广东科技出版社，2008.

[26] 顾新建，杨青海，纪杨建，等．机电产品模块化设计方法和案例[M]．北京：机械工业出版社，2014.

[27] OTTO K N, WOOD K L．产品设计[M]．齐春萍，宫晓东，张帆，等译．北京：电子工业出版社，2017.

[28] Projcet Management Institute．项目管理知识体系指南（PMBOK指南）[M]．6版．北京：电子工业出版社，2018.

[29] 罗伯特·巴克沃．绩效管理：如何考评员工表现[M]．陈舟平，译．北京：中国标准出版社，2000.

[30] 亨利·明茨伯格．卓有成效的组织[M]．魏青江，译．北京：中国人民大学出版社，2007.

［31］杰伊·R. 加尔布雷斯. 如何驾驭矩阵组织：像IBM与宝洁那样运作［M］. 张浩林, 译. 北京：清华大学出版社, 2011.

［32］罗恩·阿什克纳斯, 迪夫·乌里奇, 托德·吉克, 等. 无边界组织［M］. 2版. 姜文波, 译. 北京：机械工业出版社, 2005.

［33］李仪. 研发能力持续成长路线图：向华为学习研发管理, 助推企业持续发展［M］. 北京：电子工业出版社, 2013.

［34］卢刚. 向华为学习卓越的产品管理［M］. 北京：北京大学出版社, 2013.

［35］张利华. 华为研发［M］. 2版. 北京：机械工业出版社, 2009.

［36］周辉. 产品研发管理——构建世界一流的产品研发管理体系［M］. 2版. 北京：电子工业出版社, 2020.

［37］唐纳德·高斯, 杰拉尔德·温伯格. 探索需求：设计前的质量［M］. 章柏幸, 王媛媛, 译. 北京：清华大学出版社, 2004.

［38］田涛, 吴春波. 下一个倒下的会不会是华为：任正非的企业管理哲学与华为的兴衰逻辑［M］. 北京：中信出版社, 2012.

［39］马克·C. 莱顿等, 敏捷项目管理［M］. 3版. 傅永康, 郭雷华, 钟晓华, 译. 北京：人民邮电出版社, 2022.